Darren McGarvey
Armutssafari

Darren McGarvey

Armutssafari

Von der Wut der abgehängten Unterschicht

Aus dem Englischen
von Klaus Berr

Luchterhand

Dieses Buch ist meinen wunderschönen und zerbrechlichen Geschwistern Sara Louise, Paul, Lauren und Stephen gewidmet. In verschlüsselter Form ist in diesem Buch alles enthalten, was ich in 33 Jahren über das Leben gelernt habe. Es tut mir leid um die Zeit, die ich nicht bei euch gewesen bin oder ihr euch von mir oder sonst jemandem im Stich gelassen gefühlt habt. Ich liebe euch und freue mich auf den Tag, an dem wir wieder als Familie an einem Tisch sitzen können.

PS: Nehmt keine Drogen.

Beziehungskoordinator

Nachdem der uns gesagt hat
was richtig ist
was falsch und so
über dies und das
und alles

sag ich zu dem Kerl
und was genau ist
dein Job Jimmy

ich bin Beziehungskoordinator
sagt er und nun gut sag ich
ein Beziehungskoordinator

bei all der Arbeitslosigkeit
und der Sauferei
und den Amok laufenden Jungs
und den zerbröselnden Häusern
und den Frauen auf Tranquilizern
haben sie uns wenigstens
einen Beziehungskoordinator geschickt

einen Kerl mit 'nem Diplom
in Scheißwas
kriegt Geld dafür dass er nicht weiß
was er damit anfangen soll

Tom Leonard

Vorwort

Dieses Buch, das zunächst als Nebenprojekt meiner Arbeit als Rapper und Kolumnist entstand, nahm allmählich jeden wachen Moment meines Lebens in Anspruch. Ich musste alle anderen Verpflichtungen herunterfahren oder ganz einstellen, um es fertigzustellen. Letztlich habe ich über zweieinhalb Jahre dafür gebraucht. Am 14. Juni 2017, zwei Tage vor meinem endgültigen Abgabetermin, wachte ich zu der Nachricht eines Feuers auf, das in einem Wohnsilo in Westlondon ausgebrochen war.

Wie alle anderen auch war ich schockiert, entsetzt und bestürzt, als ich die Bilder sah. Im Verlauf des Vormittags drangen immer neue Nachrichten aus der schwelenden Schale des Grenfell Tower. Wir hörten Geschichten von Leuten, die in den oberen Stockwerken gefangen waren und ihre kleinen Kinder aus dem Gebäude warfen, bevor sie selbst von den Flammen verzehrt wurden. Dann gab es Geschichten von Heldentum und Opfern, von Menschen, die, ohne auf ihre eigene Sicherheit zu achten, ins Gebäude rannten, um schlafende Nachbarn zu wecken. Ich dachte an die Handys, die in den Taschen der Toten geklingelt haben mussten.

Später an diesem Tag erfuhren wir von den Abschiedsbotschaften in den sozialen Medien – Botschaften von Leuten, die wussten, dass sie im nächsten Moment sterben würden. Mir kamen die Tränen bei dem Gedanken an eine dermaßen hoffnungslose Situation. Gefangen in der Hülle aus Rauch und Flammen, die ihre Wohnung umschlossen hatten, während sie schliefen, begegneten diese tapferen Seelen ihren letzten Augenblicken mit einer unglaublichen Würde. Ich dachte an meinen Sohn und stellte mir vor, ich hätte nur die Wahl, ihn aus dem Fenster zu werfen – mit der geringen Chance, dass er überleben würde –, oder ihn in den Armen zu halten, bis die Flammen uns verzehrten. Darüber nur nachzudenken ist schon schrecklich genug. Die Bewohner des Grenfell Towers hatten diese Entscheidung tatsächlich treffen müssen.

Der grausame Großbrand, der in einer Wohnung seinen Ausgang nahm und dann auf das gesamte Gebäude übersprang, wurde nicht von jemandem verursacht, der Schaden anrichten wollte. Das Feuer war nicht die Folge eines terroristischen Anschlags. Vielmehr ist es eine vermeidbare Katastrophe gewesen, das Zusammenwirken von menschlichem Versagen und Fahrlässigkeit in industriellem Maßstab.

In den folgenden Tagen stand das Vereinigte Königreich, bereits destabilisiert durch ein Wahlergebnis, das die Zentralregierung stark geschwächt hatte, am Rand von Bürgerunruhen. Die Premierministerin Theresa May, der man in ihrer Reaktion auf das Feuer schlechte Führung vorwarf, wurde hastig in ein Auto geschoben, nachdem sie von den Bewohnern des Grenfell Towers ausgebuht worden war. Die Berichterstattung zeigte eine tief traumatisierte Gesellschaft, die versuchte, sich in einem Führungsvakuum neu zu organisieren. Vor Ort bemühten sich die Behörden, auf die Krise zu reagieren. Es entstand Verwirrung darüber, wie die Opfer an Hilfe gelangen könnten, auch Verwirrung über die Zahl der Toten. Ebenso wenig wie der Zentralregierung gelang es den Kommunalbehörden, ihre grundlegendsten Aufgaben zu erfüllen.

In Abwesenheit konkreter Informationen fing die wütende, trauernde Öffentlichkeit an, die Leere mit Spekulationen und Schuldzuweisungen zu füllen. Als die Menge sich lautstark vor den Gemeindeverwaltungen von Kensington und Chelsea versammelte, zogen sich die Amtsträger still in ihre eigene Verbotene Stadt zurück, wo sie der Öffentlichkeit verborgen blieben. Obwohl es Gerede über Unruhen gab, verhielten sich die Menschen des Grenfell Towers vorbildhaft. Während die Opferzahlen weiterhin stiegen, schliefen eine Woche nach dem Feuer noch immer viele Überlebende in ihren Autos und den öffentlichen Parks.

Das Ausmaß, in dem die Stimmen der Grenfell-Bewohner routinemäßig überhört wurden, spielte eine Schlüsselrolle in der Abfolge der Entscheidungen, die zu dem Feuer führten. Nicht zuletzt waren aus Gründen der Kosteneinsparung brennbare Materialien für die Verkleidung und Dämmung gewählt worden, welche die schnelle Ausbreitung des Feuers im ganzen Gebäude begünstigt hatten.

> Die vorgeschlagenen Materialien werden dem Gebäude ein frisches Erscheinungsbild verleihen, das der Gegend und ihren Sichtachsen nicht schaden wird. Wegen seiner Höhe ist der Turm von den angrenzenden Denkmalerhaltungsgebieten Avondale im Süden und Ladbroke im Osten aus zu sehen. Die Veränderungen an dem existierenden

> Turm werden sein Aussehen verbessern, vor allem von den umgebenden Vierteln aus betrachtet. Deshalb werden Blicke in die und aus den Denkmalerhaltungsgebieten durch die Vorschläge verbessert.
>
> *Bauantrag, 2014,*
> *für die Modernisierung des Grenfell Tower.*

Ich fühle mich den Menschen des Grenfell Towers stark verbunden. Ich kenne die Hektik, die mit einem Leben im Hochhaus einhergeht, die dunklen und dreckigen Treppenhäuser, die launischen Aufzüge, die nach Urin und feuchten Hundehaaren riechen, den mürrischen Hausmeister, das ungute Gefühl, das man beim Betreten oder Verlassen des Hauses bekommt, vor allem nachts. Ich kenne das Gefühl, abgeschnitten zu sein von der Welt, obwohl man durch ein Fenster im Himmel einen so wunderbaren Blick hinaus hat, das Gefühl der Isolation, obwohl man umgeben ist von Hunderten anderer Menschen, über, unter und neben einem. Vor allem aber verstehe ich das Gefühl, unsichtbar zu sein, trotz der Tatsache, dass das Haus, in dem man lebt, meilenweit sichtbar ist, eines der herausragenden Merkmale der Skyline.

Die Gemeinschaft rund um den Grenfell Tower ist wie viele, die ich kenne: eine Gemeinschaft, die als »sozial benachteiligt« gilt, in der es einen pathologischen Argwohn gegenüber Außenseitern und den Behörden gibt, in der der eingefleischte Glaube herrscht, dass eine Teilhabe am demokratischen Prozess nichts bringt, weil den Mächtigen die Sorgen der »Unterschicht« gleichgültig sind.

Was wirklich einen Nerv traf, war die Nachricht, dass die Ortsansässigen seit Jahren vor den Sicherheitsrisiken im

Grenfell Tower gewarnt hatten und das Feuer vermeidbar gewesen wäre. Gegen Mittag am Tag des Brandes entdeckte ich den Blog der Grenfell Action Group, in dem eine Unmenge von detaillierten Artikeln über ein breites Spektrum komplexer gemeinschaftlicher Belange veröffentlicht worden war. Ich erfuhr, dass die Einwohner speziell vor einem Feuerrisiko gewarnt hatten, weil die Sicherheitsvorschriften im Brandfall ungenügend waren. Verstörenderweise hatte der Blog vorausgesehen, dass die Opferzahlen katastrophal sein würden; man hatte dem jedoch keine Beachtung geschenkt.

Im Verlauf der Tage öffnete sich ein Fenster in den Grenfell Tower und damit in das Leben der Unterschicht. Zahllose Zeitungsartikel, Flugblätter und Radiosendungen versuchten einzufangen, wie das Leben im Silo funktionierte. Nachdem man es ignoriert – und abgetan – hatte, interessierte sich plötzlich jeder für das Leben in einer solchen Gemeinschaft. Aber die meisten rauschten, trotz ihrer edlen Absichten, in einer kurzlebigen Expedition einfach nur hindurch.

Eine Art Safari, auf der die einheimische Bevölkerung eine Weile aus sicherer Distanz beobachtet wird, bevor das Fenster in diese Gemeinschaft sich wieder schließt und das Geschehene allmählich in Vergessenheit gerät.

Das ist ein Muster, das ich in meinem eigenen Umfeld wiederholt beobachtet habe, ein Muster, das es gibt, solange ich zurückdenken kann, und deshalb möchte ich mit *Armutssafari* vor allem Menschen ansprechen, die sich missverstanden und ungehört fühlen. Das Buch soll den Gefühlen und Sorgen dieser Menschen eine Stimme verleihen. Die im Folgenden besprochenen Themen und Probleme sind eindeutig von großer Bedeutung für Gemeinden wie Grenfell, in denen die Menschen von den Entscheidungsträgern routinemäßig ignoriert werden, weil diese glauben zu wissen, was getan werden muss, sich letztendlich aber fatal irren. Was ich hier erkunde, könnte dem Wutausbruch, der auf das Feuer im Grenfell Tower folgte, einen Kontext geben und, was entscheidend ist, die Erkenntnis vermitteln, dass es bei dieser Wut nicht nur um das Feuer und den tragischen Verlust von Menschenleben geht. In Gemeinden in ganz Großbritannien, in denen die Menschen in unterschiedlichem Ausmaß einen Mangel erleben, im Gesundheitswesen, der Wohnsituation und der Bildung, an Orten, wo die Menschen effektiv vom politischen Leben ausgeschlossen werden, ist die Wut spürbar. Und diese Wut ist etwas, woran wir uns gewöhnen müssen, wenn die Dinge sich nicht ändern. In *Armutssafari* habe ich, in Anlehnung an meine eigenen Erfahrungen und als Ausdruck meiner persönlichen politischen Perspektive, versucht zu skizzieren, wie diese Veränderungen aussehen könnten.

Einleitung

Leute wie ich schreiben keine Bücher – das sagt mir zumindest mein Kopf. »Ein Buch schreiben«, höhnt die Stimme, »du hast nicht genug gelesen, um so was auch nur versuchen zu können.« Das stimmt. Ich bin kein gewohnheitsmäßiger Leser von Büchern, allerdings bin ich ein regelmäßiger Konsument von Wörtern. Seit der Schulzeit interessiert mich sehr, wie Wörter aussehen, klingen und was sie bedeuten. Als Kind wollte ich mich immer an den Erwachsenengesprächen beteiligen, versuchte immer, neue Wörter zu sammeln und meinem Vokabular hinzuzufügen. Man hat mir erzählt, dass ich schon mit fünf Jahren naseweis die furchtbare Grammatik meiner Mutter korrigierte, was sie sehr ärgerte. Mit zehn formulierte ich meine ersten Kurzgeschichten, wobei ich, wie man das in dem Alter so macht, mich ausgiebig bei meinen damaligen Haupteinflüssen bediente: Oma und Batman.

Aber ich kann mich nicht erinnern, irgendwelche Bücher gelesen zu haben. Ich weiß noch, dass ich gelegentlich eins zur Hand nahm und ein wenig darin herumblätterte, oder in einem Buch nach einer spezifischen Information suchte, zum Beispiel nach dem Namen der Hauptstadt der Türkei –

der nicht Istanbul lautet. Ich kann mich nicht an den Augenblick erinnern, von dem so viele erzählen, in dem sie das eine Buch verschlangen, das ihr Leben veränderte und ihre Leidenschaft fürs Lesen entfachte. Doch habe ich noch sehr lebhafte Erinnerungen an meinen Kampf mit den Büchern und an die Angst, die mir ihre rein physische Größe und die darin enthaltene Wortmenge einflößten. Allein der Gedanke an ein dickes Buch überwältigte mich.

In der Sekundarschule, in der mein Talent zum Schreiben mich im Englischunterricht zum Klassenbesten machte, verlor ich sofort den Boden unter den Füßen, wenn es um Literatur ging. Man sagte mir, ich hätte das richtige Buch einfach noch nicht gefunden, ich sollte dranbleiben. Immer wieder sagte man mir, dass ich einfach nur mein Gehirn trainieren müsste wie einen Muskel, dann werde das Lesen weniger zur Qual. Insgeheim aber verachtete ich diesen Rat – und diejenigen, die ihn mir gaben. Ich klammerte mich an den Glauben, dass es eine unsichtbare Barriere gäbe, die mich an einer Beschäftigung mit Literatur hinderte. Es war ja nicht so, dass ich an meiner Schule der Einzige gewesen wäre, der mit dem Lesen haderte. Regelmäßige Leser waren die Ausnahme. Lesen wurde nicht als Freizeitaktivität gesehen, eher als notwendiges Übel, etwas, das man durchstehen musste. Was mich von vielen meiner Klassenkameraden unterschied, war, dass ich mich insgeheim danach sehnte, jedes Buch zu lesen, das mir in die Finger kam. Zu meiner Frustration fand ich dann, kaum dass ich es begonnen hatte, immer heraus, dass ich es niemals durchbekommen würde.

Leichtgewichtige Taschenbücher lockten einen oft mit einem interessanten Cover, aber ich stellte auch sie schnell ins Regal zurück, sobald ich bemerkte, dass sie keine Illustrationen enthielten. Diese Bücher waren so vollgestopft mit Wörtern, dass sie in meinen Augen überladen und chaotisch wirkten – und mich mit der Angst erfüllten, die auch ein bevorstehender Umzug weckt, wenn man zu lange darüber nachdenkt. Die winzige Schrift erzeugte, in Kombination mit dem sehr engen Satz, in mir ein Gefühl der Unmöglichkeit, das im Verlauf der Zeit nur noch schlimmer wurde. Nach nur ein paar Seiten von *Herr der Ringe* war ich demoralisiert. Man erzählte mir immer von Frodos berühmten Abenteuern in Mittelerde. Ich muss zu meiner Schande gestehen, dass ich mich bereits vor dem Ende von Bilbos Party verdrückt habe.

Hardcover wirkten leichter zu lesen, weil die Schrift größer war, ich fand jedoch ihren Umfang und ihr Gewicht abschreckend. Mein Englischlehrer bestand darauf, dass ich für meinen Englischabschluss John Irvings *Owen Meany* las und interpretierte. Schön zu wissen, dass er mir eine solche Großtat zutraute (bei einem Roman von weit über 800 Seiten), doch sein großzügiges Vertrauen reichte nicht, um mir meinen heftigen Widerwillen gegen das Projekt zu nehmen. Es war eine Fehleinschätzung meiner Fähigkeiten, ähnlich als würde man einen Säugling auf eine Bergwanderung schicken. Wir einigten uns schließlich auf Tennessee Williams *Endstation Sehnsucht,* was ich weniger herausfordernd fand, weil es ein Theaterstück war und die Seiten weniger unaufgeräumt wirkten. Ein zusätzlicher Vorteil war die Filmversion, der ich mich zuwenden konnte, wenn meine Ausdauer nachließ.

Für mich kamen mehrbändige Sagen wie *Harry Potter* einfach nicht in Frage. Wenn ich an Diskussionen über, sagen wir Roald Dahls *Der fantastische Mr. Fox* oder Anne Fines

Das Baby-Projekt teilnehmen musste, konnte ich aus einzelnen Texthäppchen genug Informationen ziehen, um so zu tun, als hätte ich das ganze Buch gelesen.

Ich saugte noch immer Unmengen neuer Wörter auf, inzwischen vor allem aus Zeitungen, aber ich war auch darauf angewiesen, anderen Leuten bei ihren Diskussionen und Debatten zuzuhören, um zu erlauschen, was ich sonst aus einem Buch hätte lernen können. Ich versuchte unterschiedliche Blickwinkel einzunehmen und begann, meine eigenen Überzeugungen und die der Menschen um mich herum zu hinterfragen, manchmal sehr zu deren Verärgerung.

Diskussionen waren fesselnder und machten mehr Spaß, ich mochte die Interaktion mit den anderen. Indem ich redete und mir anhörte, was sie zu sagen hatten, und indem ich darauf achtete, wie sie es sagten, lernte ich mit den unterschiedlichsten Leuten und Charakteren über ein breites Themenspektrum zu reden, woraus man vielleicht sogar schließen konnte, ich wäre ein eifriger Leser. Der Akt des Lesens, und eigentlich alle akademischen Leistungen, wurde von vielen meiner männlichen Altersgenossen entweder als weibisch oder als die Domäne von Snobs oder Sonderlingen abgelehnt. Wäre ich in einer Gegend auf die Sekundarschule gegangen, in der das Klugsein sozial akzeptierter war, wäre ich vielleicht ein besserer Leser geworden.

Lyrik löste bei mir nur Frustration und Verwirrung aus. Es waren nicht nur die unverständlichen Metaphern und die bizarre Zeichensetzung, die mir vor den Kopf stießen, sondern auch der Inhalt selbst. Die Gedichte waren in einer so hohen Sprache abgefasst, dass sie höhnisch auf mich herabzuschauen schienen. Ich betrachtete jeden mit Skepsis, der Gedichte verstehen oder ihre Lektüre genießen konnte.

Meine Bemühungen, eine Bedeutung in diesen Zeilen zu finden – oder genauer, meine Bemühungen, die Bedeutung zu finden, die vom Lehrplan vorgeschrieben wurde, und damit den nächsten Test zu bestehen –, brachten mich dazu, Gedichten und Dichtern eine immer größere Feindseligkeit und Skepsis entgegenzubringen, was zu meiner inzwischen aggressiven Haltung gegenüber den Lesern und dem Lesen passte. Unter meinem Störverhalten lag natürlich eine Kränkung, weil ich mich abgelehnt und ausgeschlossen fühlte vom Kreis der Leser – das vernichtende Gefühl persönlichen Versagens. Das Reich des gedruckten Wortes fühlte sich so unerreichbar exklusiv an, dass ich eine Heidenangst vor den Büchern entwickelte, trotz meines Interesses für ihren Hauptbestandteil: Wörter. Irgendwann einmal traf ich die Entscheidung, dass große Bücher nur für ganz bestimmte Leute da seien – für Leute, die schnieke Schulen besuchten, in schnieken Häusern wohnten, einen schnieken Akzent sprachen und schniekes Essen aßen.

Das war ein Irrglauben.

Da ich aber diesen Irrglauben in meine damalige Persönlichkeit integriert hatte, musste ich mir Gründe ausdenken, warum ich recht hatte. Ich konnte nicht einfach akzeptieren, dass das Lesen oder jede Form von Konzentration meine Fähigkeiten überstieg, konnte nicht akzeptieren, dass ich spezielle Hilfe brauchte und sie mir hätte suchen sollen; zumal ich für die schriftlichen Arbeiten, die ich einreichte, ja ganz vernünftige Noten bekam. Ich war gefangen zwischen der hochmütigen Anmaßung, ich sei intelligent, und der demütigenden Wirklichkeit, dass ich kein Buch lesen konnte.

Anstatt mich gedemütigt zu fühlen, fing ich an, mir eine komplizierte, großspurige Legende zu konstruieren, die mein

Dilemma erklärte. Meine Unfähigkeit, ein Buch zu Ende zu lesen, war kein Zeichen mangelnder Intelligenz, sondern der Beweis meines unabhängigen Geistes. Ich konnte kein Buch lesen, weil die Bücher, die ich lesen sollte, die man mir als gut empfahl, in Wahrheit großer Mist waren. Ich konnte kein Buch lesen, weil der Lehrplan uns einen überheblichen Oberschichtsblödsinn aufzwang, der nichts über mein persönliches Umfeld und meine Erfahrungen aussagte. Ich gelangte zu der Überzeugung, dass mein Wert als Person lediglich aus der Fähigkeit abgeleitet wurde, mir eine Reihe kultureller Vorgaben und Stichwörter zu merken und zu wiederholen. Stichwörter von Lehrern, die selbst zu Autoritätspersonen aufgestiegen waren, weil sie sich auf diese Vorgaben eingelassen hatten.

Vielleicht lag in diesem Glauben ein Kern Wahrheit. Trotzdem hatte ich keine Ahnung, warum überhaupt ich zu diesem Glauben gekommen war. Es ging nicht, wie ich damals glaubte, um kritisches Denken und einen unabhängigen Geist. Es ging vorwiegend darum, von meinen Defiziten und Unzulänglichkeiten abzulenken. Ich wäre tief gekränkt gewesen, wenn man mir das damals gesagt hätte. In meiner Frustration, dass ich kein Buch lesen konnte, und dem Gefühl des Ausgeschlossenseins, das die Bücher mir noch immer vermittelten, nahm ich eine Weltsicht an, die mich fast gegen jeden Menschen, jeden Ort und jede Sache, die ich kennenlernte, aufbrachte. Das blieb so, bis ich an einem Morgen viele Jahre später betrunken in einer Arrestzelle aufwachte und erkannte, dass mein Leben sich radikal verändern musste.

Ich habe viele Bücher gelesen, oft nicht so, wie man sie eigentlich lesen sollte. Ich befürchte, das spiegelt sich in meiner Art zu denken und zu schreiben wider. Der Gedanke, dass Leute wie ich keine Bücher schreiben dürfen, hallt mir immer noch in den Ohren. Vielleicht habe ich eine Reihe nur lose zusammenhängender Tiraden verfasst, die den Anschein eines Buchs vermitteln, so wie ich den Anschein eines Lesers vermittle. Ich versuche in *Armutssafari* viele Dinge auszudrücken, nicht zuletzt meine unkonventionellen Lesegewohnheiten. Ich habe versucht, für Leute wie mich zu schreiben, die Schwierigkeiten mit dem Lesen haben; ich möchte sie einladen, ganz nach Belieben in die Texte ein- und wieder daraus aufzutauchen, kleine Stückchen in der falschen Reihenfolge zu lesen oder nach einzelnen, kürzeren Kapiteln zu suchen. Zugleich bin ich mir selbst treu geblieben in der Art, wie ich denke, spreche und schreibe, und habe die ganze Bandbreite meines Vokabulars eingesetzt, die Wörter, die ich im Verlauf meines Lebens gesammelt habe.

Ich weiß, dass über die Armut größere Bücher geschrieben wurden als meins. Ich habe bloß keins davon gelesen.

1

Schuld und Sühne

Die Frauen betreten im Gänsemarsch, in lila Jacken und grauen Jogginghosen das Zentrum für Darstellende Kunst. Man sollte bei der Begrüßung sicher auftreten, den Augenkontakt suchen und die Hand anbieten, bei Zurückweisung aber nicht brüskiert reagieren. Als die Letzte aus einer Gruppe von fünf Frauen den Saal betritt, wird hinter ihr die Tür von genau dem großen, stämmigen Mann in Uniform geschlossen, der sie Augenblicke zuvor herbegleitet hat. Nachdem er sich überzeugt hat, dass der Raum gesichert ist, verschwindet er zu seinem Kollegen in den Kontrollraum auf der Rückseite, und ich bitte die Frauen zu einem Stuhlkreis, der vor einer schwarzen Flipchart aufgestellt ist.

Das Zentrum für Darstellende Kunst, tief im Herzen des Gefängnisses, ist ein Anblick, den man so schnell nicht vergisst. Mit einer voll funktionierenden Theaterbühne, einem Probenraum und einem allgemeinen Veranstaltungssaal kann das Zentrum für Workshops, Seminare und Filmaufführungen genutzt werden. Der Raum ist kühl und dunkel, was einem beim ersten Betreten sofort auffällt, da er damit in starkem Kontrast zum Rest des Komplexes steht, der, je nach Aufenthaltsort, grau oder weiß ist. In einer Ecke wartet eine Auswahl von Musikinstrumenten, wobei die akustische Gitarre das beliebteste ist. Über der kleinen erhöhten Bühne in der Mitte der Stirnseite des Saals hängt eine bescheidene Beleuchtungstraverse über einer Tonanlage mit mehreren Lautsprechern. Die technische Ausstattung ist besser, als ich sie aus den meisten öffentlichen Einrichtungen kenne. Normalerweise müsste man eine Ausrüstung von dieser Qualität mieten, was hier drinnen aus offensichtlichen Gründen aber unpraktisch ist; wenn man das Gefängnis am Haupteingang betritt, hat man das Gefühl, man müsste durch den Zoll. Das Personal, das hier arbeitet, durchläuft diese Sicherheitskontrolle jeden Tag beim Kommen und Gehen. Für Freischaffende wie mich ist allein diese Erfahrung furchteinflößend – vor allem, wenn man schon mal Schwierigkeiten mit der Polizei hatte oder vor einem Gericht stand. Wenn man dann im Zentrum für Darstellende Kunst ankommt, spürt man, wie die Anspannung von einem abfällt, die in dieser bedrückenden und potentiell feindseligen Umgebung herrscht; man muss allerdings auch sagen, dass man nur einige wenige Besuche in schneller Folge braucht, bis man sich eingewöhnt hat und das Procedere als normal empfindet.

Ich vermute, dass sich viele der Frauen nur deshalb für den heutigen Rap-Workshop gemeldet haben, um herkommen zu können. Im Kontext des Gefängnisses ist das Zentrum für Darstellende Kunst fast wie eine Oase, und wenn es der einzige Ort wäre, den man in dieser Einrichtung besucht, würde man wohl bezweifeln, überhaupt in einem Gefängnis gewesen zu sein.

Nach ein wenig Smalltalk, der aus allgemeinen Bemerkungen über die Örtlichkeit besteht, versuche ich, mit dem Workshop zu beginnen, obwohl ich gestehen muss, dass ich nervös bin.

»Was glaubt ihr, warum ich hier bin?«, frage ich. In anderen Situationen ist diese Frage meiner Erfahrung nach eine effektive Eröffnung, denn obwohl sie vage und fast ein wenig einfach wirkt, erfüllt sie mehrere wichtige Aufgaben. Zum Beispiel nimmt die Frage mich sofort aus der Pflicht, weitersprechen zu müssen, was mir angenehm ist, denn ich bin schlecht vorbereitet. Oder genauer gesagt, ich habe unterschätzt, wie unsicher ich bin, sobald ich mich im Fokus eines mir unbekannten Publikums wiederfinde.

Die Frage »Warum bin ich hier?« bringt mir ein paar Minuten, um mich zu orientieren und meine Nerven zu beruhigen. Doch sie dient auch noch einem anderen Zweck, soll nicht allein meine Haut retten. Die Frage »Warum bin ich hier?« wird die Leute beschäftigen und das Potential für weitere Interaktionen schaffen, die mir dabei helfen, die Teilnehmer schneller kennenzulernen. Durch die Beobachtung ihrer Reaktionen werde ich die verschiedenen Persönlichkeitstypen, ihre Begabungen, kommunikativen Fähigkeiten und Lernstrukturen besser einschätzen können und ein Gefühl für die Hierarchie innerhalb der Gruppe bekommen. Ihre Antworten und Reaktionen helfen mir herauszufinden, welche Erwartungen sie an mich haben – wenn überhaupt.

Die Einrichtung ist eine Anstalt für junge Straftäter und ursprünglich für ungefähr 830 männliche Insassen geplant gewesen, auch wenn die tatsächliche Zahl der Insassen höher ist. Die meisten Insassen sind zwischen 16 und 21 Jahren alt. Die Insassen, von Profis auch JS, jugendliche Straffällige, genannt, werden abhängig vom Alter und der Art ihres Verbrechens in Gruppen unterteilt. Ein Teil der Insassen sind Untersuchungsgefangene, was bedeutet, dass sie erst noch vor Gericht erscheinen müssen, um abgeurteilt zu werden, ihre Freilassung auf Kaution jedoch von einem Richter abgelehnt wurde. Diese Gruppe ist gekennzeichnet durch ein andersfarbiges T-Shirt, das normalerweise rot ist. Alle anderen tragen Dunkelblau. Dann gibt es noch die Sexualstraftäter, die, zusammen mit denen in »Schutzhaft«, vom Rest der Insassen abgetrennt sind. Die Schutzhäftlinge sind zu ihrer eigenen Sicherheit in diesem abgesonderten Bereich. Hintergrund ist meist, dass gegen sie eine Drohung ausgesprochen wurde oder sie sich in Gefahr glauben oder sie als »Petzer« gebrandmarkt wurden. Unterschiedliche Leute sind aus verschiedenen Gründen in Schutzhaft, aber weil sie mit den Sexualstraftätern im weiteren Sinne in einen Topf geworfen werden, betrachtet man sie alle als »Triebtäter«, »Pädos« oder »Perverslinge«. Hier drinnen unterscheidet man nicht zwischen Petzen und Sexualstraftätern. Für viele der jungen Männer ist das »Nicht-Petzen« die Grundlage ihres moralischen Kompasses. Für einige ist kein Verbrechen so schändlich wie die Informationsweitergabe an die Polizei.

Das ständige Anwachsen der Gefängnispopulation hat einen Platzmangel zur Folge, der bedeutet, dass viele junge Männer, die nur kurze Strafen wegen geringfügiger Vergehen wie etwa Drogenbesitz oder Ladendiebstahl abzusitzen haben, in denselben Trakten leben wie die schweren Gewaltverbrecher, von denen viele lange Haftstrafen wegen Mordes – oder eines missglückten Mordversuchs – verbüßen. Die Auswirkung dieser Kreuzbestäubung zwischen gewalttätigen und nicht gewalttätigen Verbrechern ist ganz einfach eine Erhöhung des Gewaltpotentials, das in jedem Winkel des Gefängnisses ohnehin beachtlich ist. Komischerweise sind die Sexualstraftäter die am wenigsten aggressive und zudem kooperativste Gruppe; der Kontrast zwischen ihnen und allen anderen ist verblüffend.

In dieser Umgebung kann der geringfügigste Streit schnell eskalieren. Eigentlich gedacht als Ort der Rehabilitation – wie auch der Strafe –, ist das Gefängnis der brutalste Ort in der Gesellschaft. Die Gewalt ist so deutlich zu spüren, dass man an diesem Ort nicht lange wohnen kann, ohne auf die eine oder andere Art verändert oder deformiert zu werden, und das ist der Grund, warum die Leute sich sehr schnell an die Gewalt gewöhnen. Einige gewöhnen sich daran, indem sie selbst aggressiv oder gewalttätig werden, andere indem sie Drogen wie Valium, Heroin oder in jüngster Zeit auch Spice konsumieren. Dabei ist die Allgegenwart der Gewalt für den Gefangenen nicht so erschreckend wie für jene, die nur gelegentlich zu Besuch kommen. Diese beängstigende Pulverfassatmosphäre spiegelt sich in den Familien und Haushalten wider, in denen viele der Gefangenen aufwuchsen und in denen die Gewalttaten so häufig sind, dass man abstumpft und über die entsprechenden Vorfälle eher leichthin spricht, fast so wie über das Wetter.

Vor ein paar Monaten wurden jemandem wegen eines Streits um eine Scheibe Toast das Gesicht aufgeschlitzt. In diesem feindseligen sozialen Klima ist Gewalt nicht nur eine praktische Machtdemonstration, sondern auch eine Form der Kommunikation. Wird jemand dabei ertappt, wie er einer Konfrontation aus dem Weg geht, wird sich derjenige mit weiteren Bedrohungen und Angriffen vonseiten der Personen konfrontiert sehen, die seine Verwundbarkeit spüren. Jemandem wegen einer Scheibe Toast das Gesicht aufzuschlitzen, mag brutal, hirnlos und barbarisch erscheinen, aber in verquerer Weise kann eine solche Tat auch der Versuch sein, das Risiko von Gewalt gegen einen selbst zu reduzieren. Niemand legt sich mit jemandem an, der einen anderen allein wegen einer Scheibe Toast aufschlitzt, und bei dieser Argumentation, die in einem gewalttätigen Umfeld pathologisch ist, geht es sowohl ums Überleben wie um den eigenen Stolz oder Ruf. Im Grunde genommen sind Stolz und Draufgängertum oft nur eine soziale Erweiterung des Überlebensinstinkts. Ungeachtet des Kontexts der Gewalt ist ihre Funktion oft dieselbe: Sie ist nicht nur praktisch, sondern zugleich performativ und dazu gedacht, potentielle Aggressoren abzuwehren und eine direkte Drohung zu eliminieren. Nicht jeder, der hierherkommt, ist gewalttätig, aber es ist schwer, nach der Ankunft nicht in die Kultur der Gewalt hineingezogen zu werden. Oft ist es so, dass Leute das Gefängnis viel gewalttätiger verlassen, als sie es betreten haben. Dies trifft auch auf die Drogenprobleme zu, die oft eskalieren, sobald die Realität des Gefängnislebens sich bemerkbar macht.

Im Allgemeinen sind Frauen weniger gewalttätig. Die Gruppe, mit der ich mich an diesem Vormittag traf, war erst kürzlich herverlegt worden, nach der Schließung von Schottlands einzigem Frauengefängnis, Cornton Vale. Das Gefängnis hatte pro Jahr 12 Millionen Pfund gekostet und etwa 400 weibliche Gefangene und junge Straftäterinnen beherbergt. 2006 hatten 98 Prozent der Insassen in Cornton Vale Suchtprobleme; 80 Prozent litten an psychischen Störungen; 75 Prozent waren Missbrauchsopfer.

Die neue Unterkunft dient nun vorwiegend der Resozialisierung junger Männer, wohingegen diese Frauen jedoch Erwachsene sind. Einige von ihnen haben eigene Kinder, die draußen in Freiheit in der Obhut von Verwandten oder in öffentlichen Einrichtungen leben. Vielleicht denken einige von ihnen an sie, während sie mit leerem Blick ins Nichts starren, verwirrt von meiner ergebnisoffenen Frage.

Zugegeben, ich habe schon stärkere Gesprächseröffnungen hingelegt. Manchmal gleite ich wie auf Flügeln durch diese Anfangsphase, und die Leute fressen mir sofort aus der Hand. Aber an diesem Tag fühle ich mich gehemmt von denselben Selbstzweifeln, die ich auch bei den Frauen feststelle. Ich weise sie darauf hin, dass niemand verpflichtet ist, auf meine Frage nach dem Grund ihres Hierseins zu antworten, aber insgeheim hoffe ich natürlich, dass jemand es tut. Sollte eine der Frauen den Sprung wagen und als Erste antworten, könnte mir das etwas Wesentliches über diese Person und über die Gruppe sagen. Zum Beispiel heben einige die Hand, bevor sie sprechen, und das lässt entweder, je nach Kontext, auf gute Manieren oder auf Unterwürfigkeit gegenüber Autoritäten schließen. Einige gehen dazwischen, bevor man die Frage ganz ausgesprochen hat, und das kann auf Begeisterung, großes Selbstbewusstsein oder ein starkes Abgrenzungsbedürfnis hindeuten. Es ist allerdings sinnvoll, nicht zu viele Vermutungen allein aufgrund des Anfangsverhaltens einer Gruppe anzustellen. Jemand, der gewohnheitsmäßig das Gespräch unterbricht, kann auch Hörprobleme oder Lernschwierigkeiten haben. Ich kann nun nicht alle Hypothesen aus meinem Kopf verbannen, aber ich kann versuchen, mich von meinen Annahmen nicht allzu sehr steuern zu lassen. Diese Annahmen sagen ebenso viel über mich aus wie über die Menschen, die ich beobachte.

Wenn ich in der Gefängnisumgebung eine Diskussion leite, versuche ich, jede verbale Kommunikation zuzulassen, zumindest in der Anfangsphase. Es ist wichtig, nicht zu früh Regeln aufzustellen – solange ich noch keine grundlegenden Informationen darüber habe, mit wem ich spreche. In diesen ersten Augenblicken versuche ich, ein gutes Verhältnis aufzubauen, das auf gegenseitigem Respekt fußt und es mir später leichter macht, Zugang zur Gruppe zu finden.

»Was glaubt ihr, warum ich hier bin?« Die Frage gibt einen kollegialen Ton vor und fungiert als Absichtserklärung. Viele dieser Frauen (und der Gefängnisinsassen im Allgemeinen) sind daran gewöhnt – sogar darauf konditioniert –, von Autoritätspersonen angesprochen zu werden, die Macht über sie haben. Auch wenn das in der Gefängnisumgebung nur recht und billig ist, ist es oft so, dass diese Autoritätspersonen im Lauf der Zeit den Insassen nicht mehr aktiv zuhören, sondern sie als sozial oder beruflich minderwertig betrachten. Eine Kluft öffnet sich zwischen Angestellten und Insassen, und wenn jemand versucht, diese zu überbrücken, kann es zu schweren Missverständnissen kommen. Deshalb neigen die Leute dazu, unter sich zu bleiben und dem jeweiligen Rollenmodell zu entsprechen, das auf ihrer jeweiligen Seite der Trennlinie als üblich gilt.

Indem ich meinen Workshop mit einer Frage eröffne, signalisiere ich der Gruppe, dass diese Dynamik zeitweilig außer Kraft gesetzt wurde. Dass der gewohnte Fluss der Macht unterbrochen wurde. Anstatt so zu tun, als würde ich die Antwort auf grundsätzlich jede Frage kennen, signalisiere ich ihnen, dass ich ohne ihre Hilfe rein gar nichts weiß. Die Frauen können, da ich ihnen eine Frage stelle, davon ausgehen, dass ich den Wert ihrer Erfahrungen und Erkenntnisse achte.

»Du bist der verrückte Rapper«, sagt eine Frau mit Narben an den Armen, die sie sich vermutlich selbst zugefügt hat.

»Wir sind hier, um Songs zu schreiben«, sagt eine andere mit einem langsamen Näseln, das auf den Gebrauch von Methadon oder Beruhigungsmitteln hindeutet.

Mit jeder Antwort vervollständigt sich mein Bild davon, mit wem ich hier zu arbeiten habe.

»Das stimmt«, antworte ich, bevor ich die Frauen nach ihren Namen frage und ihnen ein paar Hintergrundinformationen über mich gebe, was ich, wie immer, mit einem kurzen Rap tue. Das Stück heißt »Jump« und wurde speziell geschrieben, um das Interesse einer Gruppe zu wecken, was wesentlich ist, wenn man mit Leuten arbeitet, die an Konzentrationsstörungen oder geringer Selbstachtung leiden. Je schneller sie den Eindruck bekommen, sie wüssten, worum es geht, desto besser. Je schneller sie das Gefühl haben, mitgestalten zu können, was passiert, desto unwahrscheinlicher wird es, dass sie zu rebellieren beginnen oder in Apathie versinken. Je schneller sie ins Buch hineinkommen, desto schwerer wird es ihnen fallen, es wieder wegzulegen.

Unsicherheit oder Angst in Bezug auf eine Aktivität oder eine Aufgabe zeigen sich oft in einer entweder desinteressierten oder feindseligen Haltung. Im Lauf der Jahre habe ich ein paar Tricks gelernt, wie man die Leute bei der Stange hält. Einer ist, dass man etwas Positives über sie sagt. Jede Interaktion bietet Gelegenheit, dem Teilnehmer eine gewisse Anerkennung oder Bestätigung zukommen zu lassen. Das funktioniert am besten, wenn man etwas anerkennt, das sie gut können; Fähigkeiten oder Persönlichkeitsmerkmale, die sie bereits besitzen und nicht von einem anderen erwerben müssen. Jemanden zu seiner Handschrift, seinem Humor, zu einer interessanten Beobachtung oder Formulierung zu beglückwünschen, kann viel bewirken. Wenn jemand sehr still ist, hat derjenige vielleicht ein interessantes Tattoo oder einen guten Kleidungsstil. Diese Dinge deuten auf Tiefe, Komplexität und eine souveräne Handlungsfähigkeit hin, und das verdient es, anerkannt zu werden. In der Welt des Gefängnisses sind winzige Dinge ungeheuer wichtig, und so wie jemand einen anderen wegen einer Scheibe Toast aufschlitzen kann, kann der Tag eines Menschen von Grund auf umgekehrt werden durch den schlichten Austausch von Freundlichkeiten.

»Du hast eine schöne Handschrift.«

In dem Augenblick, da man etwas Positives sagt, wird der Teilnehmer dies instinktiv abwehren und eine vertrautere Negativzuschreibung bekräftigen.

»Ich? Eine schöne Handschrift? So ein Quatsch. Ich bin blöd. Ich kann nicht schreiben.«

Aber wenn man aufpasst, wird man bemerken, dass die Gesichter aufleuchten und sich Verlegenheit darin spiegelt, kaum dass die Angesprochenen glauben, man schaue nicht mehr hin. An einem guten Tag kann es sogar passieren, dass die Teilnehmer später noch über dieses Kompliment nachdenken oder sich vielleicht eingestehen, es könnte einen Funken Wahrheit enthalten. Diese winzigen Interaktionen helfen einem selbst und den Teilnehmern, einander näherzukommen, eine Chemie zu erzeugen, die nötig ist, um innerhalb der Gruppe Vertrauen und Selbstbewusstsein entstehen zu lassen.

Teilnehmer, die mit Bildungsbarrieren wie schlechter Alphabetisierung oder geringer Selbstachtung zu kämpfen haben, kommen normalerweise – allerdings nicht immer –

aus einem familiären Zusammenhang, in dem ihre Fähigkeiten nicht gewürdigt oder gefördert wurden, und das macht es ihnen schwer, Risiken einzugehen. Für diese Gruppe kann allein schon das laute Vorlesen eines Textes oder das Formulieren einer Meinung entmutigend oder einschüchternd sein, was bedeutet, dass man die Bedürfnisse einer Person intuitiv erfassen muss, wenn man sie über ihre Komfortzone hinaus ermutigen will. Für diejenigen, die im Gefängnis landen, ist die Situation oft noch schlimmer; ihre Talente werden unterdrückt, verlacht oder aktiv kleingeredet, sodass sie schließlich zu einer Quelle der Verlegenheit und Scham werden. All jene Aspekte der eigenen Persönlichkeit werden unterdrückt, die auf Verletzlichkeit hindeuten; der Glauben verstärkt sich, dass man dumm ist. Wenn sich eine Stunde oder Lektion anfangs träge dahinschleppt, dann schalten die Leute ab, weil sie annehmen, es läge an ihnen und ihrer mangelnden Intelligenz – auch wenn es eigentlich an einem schlecht vorbereiteten Moderator wie mir liegt. Dieser Kernglaube, dass sie nicht klug genug sind, manifestiert sich oft als konfrontative oder aggressive Haltung. Das herausfordernde Verhalten wird benutzt, um jede Interaktion abzuwehren, die ihre Ängste, ihr Gefühl der Unzulänglichkeit oder ihre Verletzlichkeit enthüllen könnten.

Bei Workshops wie diesen benutze ich als Eisbrecher normalerweise einen Song wie »Jump«. Die erste Zeile geht so:

Growing up, I never knew who to trust, looking at
the world through the window of a school bus,
gob-stopper in my mouth, I didn't mind school,
it got me out the house.

»Als Kind wusste ich nie, wem ich trauen sollte, wenn ich durchs Schulbusfenster auf die Welt sah, den Lutscher im Mund, gegen die Schule hatte ich nichts, da kam ich aus dem Haus.«

Der Text ist autobiografisch und beschreibt meine Schulzeit sowie den plötzlichen Tod meiner Mutter. Allerdings ist der Song bewusst überladen mit der Sprache und den Bildern der Unterschicht, mit Verweisen auf alkoholische Getränke wie MD 20/20 und Buckfast oder auf Rapper wie Tupac Shakur. Themen wie der Zusammenbruch der Familie, Verlassenheit, Alkoholismus und Verlust, auch die spielerischen Sticheleien gegen die Mittelklasse und die Gesetzeshüter reflektieren nicht nur die eigenen Erfahrungen der Insassen, sondern erkennen eben auch den Wert dieser Erfahrungen an. Der Song, der als derb, anstößig oder schlicht gesehen werden kann, gefällt ihnen, weil er den Reichtum ihrer eigenen Erfahrungen zeigt, die Poesie in dem, was von der breiteren Gesellschaft als die Vulgarität ihres Lebens abgetan wird.

Die Vollstreckung von Strafe ist die Rolle des Staates. Mein Job ist es, diesen Leuten dabei zu helfen, ihre Menschlichkeit in einer Umgebung auszudrücken, in der genau diese Menschlichkeit sie umbringen kann.

Die Teilnehmer, ob in einer Gefängnisumgebung oder jeder anderen Umgebung, die von Menschen unterprivilegierter Herkunft bevölkert wird, beobachten mich oft beim Reden, suchen nach Hinweisen, ob man mir vertrauen kann, ob ich »sauber« bin. Sie achten genau darauf, wie ich rede, welche Wörter ich benutze und in welchem Dialekt sie formuliert sind. Sie versuchen instinktiv, den Unterschied zu ermitteln zwischen dem, der ich wirklich bin, und dem, der ich behaupte zu sein. In dieser Umgebung ist Authentizität der Maßstab, an der alle gemessen werden. Das ist der Grund, warum man selten Menschen von hohem Status findet, die hochsprachliche Sätze formulieren und trotzdem in einem solchen Umfeld arbeiten – außer sie sind umringt von Sicherheitspersonal oder können auf besondere rechtliche Befugnisse zurückgreifen. Wenn Leute hierherkommen, um zu arbeiten, spielen sie oft Rollen, von denen sie glauben, dass sie bei den Teilnehmern ankommen, und sie vergessen dabei, dass die Gefängnisse voll sind mit den emotional intuitivsten und manipulativsten Menschen, die man sich vorstellen kann.

Obwohl Menschen aus den verschiedensten Gründen im Gefängnis landen, besteht ihr gemeinsamer Nenner fast immer darin, dass sie emotionalen, psychologischen, körperlichen oder sexuellen Missbrauch erfahren haben. Misshandlungen oder die Vernachlässigung vonseiten der Eltern und Betreuer scheinen eine bedeutende Rolle bei der Verstärkung der Grundfaktoren zu spielen, die zu kriminellem Verhalten führen: geringe Selbstachtung, niedriger Bildungsgrad, Drogenmissbrauch und gesellschaftliche Ausgrenzung.

Gegen Ende des Workshops erwähnt eine Frau, die bis zu diesem Zeitpunkt still gewesen ist, eher beiläufig, dass ihre Eltern und ihre Schwester kürzlich gestorben seien, nachdem sie auf der Straße gefälschtes Valium gekauft hatten. Dennoch nimmt sie selbst auch im Gefängnis weiter Drogen. Sie ist hier, weil sie die Schuld für etwas auf sich nahm, das ihr Freund getan hatte. Er selbst landete schließlich ebenfalls im Knast, weil er angefangen hatte, Heroin zu nehmen, kurz nach dem Mord an seinem besten Freund, den er in seiner eigenen Wohnung miterlebte. In dem Streit ging es um Drogen. Sie erzählt die Geschichte über ihre toten Eltern mehrmals im Verlauf meiner Arbeit mit ihr, fast so, als würde sie das Erzählte anschließend sofort wieder vergessen. In der vierten Woche vergießt sie eine Träne. Sie sagt mir, dass es die erste Träne sei, die sie im Gefängnis vor anderen geweint hat. Das ist ihre Art, mich wissen zu lassen, dass sie mir vertraut. Als sie anfängt zu schluchzen, trösten die anderen Frauen sie mit all der Fürsorge und Zärtlichkeit einer treusorgenden Familie, etwas, das viele von ihnen vielleicht nie kennengelernt haben.

Viele der Leute in diesem Gefängnis sind Wiederholungstäter. Viele verdienen es, wegen dem, was sie getan haben, hier zu sein. Viele haben Verbrechen gegen unschuldige, rechtstreue Bürger begangen, die nach Strafe verlangen. Wenn man im Gefängnis arbeitet, ist es einfach, die Opfer der Verbrechen zu vergessen. Aber auch wenn deren Berücksichtigung wesentlich ist, trifft es doch zu, dass vieles von dem zerstörerischen und sozial schädlichen Verhalten, das wir bei den Straftätern sehen, einen eindeutigen Ausgangspunkt hat. Egal, wen man sich in diesem Gefängnis aussucht – Psychopathen und kriminelle Geisteskranke einmal ausgeschlossen –, wenn man das Leben dieser Person zurückdreht bis vor die Zeit, zu der sie kriminell wurde, dann wird man wahrscheinlich sehen, dass sie als Kind das Opfer irgendeiner Form von Gewalt war.

2

Eine Geschichte der Gewalt

Mit zehn Jahren hatte ich mich daran gewöhnt, dass mir Gewalt angedroht wurde. In gewisser Weise war die Gewalt selbst der Gewaltandrohung vorzuziehen. Wenn man geschlagen – oder gejagt – wird, schaltet sich ein Teil von einem ab. Es kommt zu einer Trennung; man wird körperlich taub, löst sich ab von dem Gewaltakt, der gegen einen begangen wird. Der Körper schaltet in den Selbsterhaltungsmodus, bis die Bedrohung vorüber ist.

Zum Glück verfliegt die Wut eines Angreifers schnell. Deshalb ist der Schlüssel, um eine gewalttätige Episode zu überstehen, normalerweise, sich zu unterwerfen und zu hoffen, dass man keine ernsthaften Schäden davonträgt.

Gewaltakte sind furchteinflößend, aber eine anhaltende Gewaltandrohung ist noch schlimmer. Häusliche Gewalt zum Beispiel spürt man in der Luft. Man passt sich an die Drohung an, indem man hyperwachsam wird. Dieser erweiterte Bewusstseinszustand kann in kurzen, scharfen Episoden der Sensibilität auftreten und ist dann ausgesprochen effektiv. Wenn die Angst vor der Gewalt jedoch zum Dauerzustand wird, dann wird die Hyperwachsamkeit zu einer emotionalen Grundeinstellung, die es einem sehr schwer macht, sich zu entspannen oder im Hier und Jetzt zu leben.

In einem Zuhause, in dem die Gewalt oder die Gewaltandrohung zur Normalität geworden sind, lernt man früh, damit umzugehen. Man wird ein Profi für den Gesichtsausdruck, die Körpersprache und den Tonfall anderer, da man die potentielle Bedrohung ja erkennen und abwehren muss. Man wird zum geschickten emotionalen Manipulator, lernt, die Wut desjenigen in Schach zu halten, der üblicherweise für die Misshandlung zuständig ist, indem man intuitiv dessen Bedürfnisse und den möglichen Auslöser der Wut erspürt und das eigene Verhalten entsprechend anpasst. Für viele Menschen bleiben diese Überlebensstrategien in ihre Persönlichkeit integriert, auch wenn die Gewaltandrohung längst nicht mehr akut ist.

Leider funktioniert die beschriebene Strategie nur eine gewisse Zeit lang, danach versagt sie unausweichlich. Denn wenn man versucht, sich um die Bedürfnisse ausgerechnet der Person herumzuverbiegen, vor der man sich fürchtet, vergrößert man lediglich das Gefühl der Bedrohung, durch das die Hyperwachsamkeit befeuert wird. Bedrohung meint in diesem Kontext die ängstliche Erwartungshaltung, die einer Gewalttat vorausgeht. Es ist ein Dilemma. Einerseits will man nicht, dass es zur Gewalt kommt, andererseits weiß man, sie ist unausweichlich, und man würde ihr am liebsten aus dem Weg gehen.

Ein entscheidender Vorfall in meinem Leben ereignete sich, als ich ungefähr fünf Jahre alt war. Wir waren erst vor Kurzem auf die andere Seite von Pollok gezogen, wo ich aufwuchs. Pollok ist ein sogenanntes Problemviertel im Süden Glasgows, das Anfang der 1990er-Jahre weit oben stand in der europaweiten Rangliste der sozial benachteiligten Stadtgebiete. Unser neues Zuhause war eine Doppelhaushälfte mit drei Schlafzimmern, einem Gärtchen hinten sowie einem Vorgarten. Ich erinnere mich, dass ich an diesem Abend im oberen Stockwerk im Bett lag, aber nicht einschlafen konnte wegen des Lärms, der von unten kam. Meine Mum hatte Leute eingeladen; sie tranken, lachten und hörten Musik. Als Nächstes erinnere ich mich, dass ich vor einer Gruppe von Gästen in der Wohnzimmertür stand. Meine Hoffnung war, dass meine Mutter mich aufbleiben lassen würde, weil sie angetrunken war. Mir war sie lieber, wenn sie etwas getrunken hatte, sie war dann viel entspannter, lustiger und liebevoller. Aber an diesem Abend blieb sie hart und schickte mich wieder nach oben. Es gab ein kleines Hin-und-Her. Ich nehme an, ich wollte vor ihren Gästen ein wenig angeben; ich zog sie wahrscheinlich auf und versuchte, sie in eine besonders schlaue Argumentation zu verwickeln. Dann veränderten sich ihr Tonfall und ihre Haltung, und sie befahl mir ein letztes Mal, nach oben zu gehen. Ich weigerte mich.

Sie starrte mich einen Augenblick an, bevor sie aus ihrem Sessel aufsprang und in die Küche rannte. Sie riss die Besteckschublade auf, griff hinein und zog ein langes, gezahntes Brotmesser heraus. Dann drehte sie sich um. Ich wusste natürlich, dass ihr Verhalten zuweilen unberechenbar war, aber dieser Moment war anders als alles, was ich bis dahin erlebt hatte. Ich rannte aus dem Zimmer und dämlicherweise auf die Treppe zu, als sie, nur Sekunden hinter mir, aus dem Wohnzimmer in den Gang stürmte. Ich hastete die Treppe hinauf, so schnell ich konnte, aber sie kam mir nach.

Der Abstand zwischen uns schmolz. Da ich mich nirgendwo verstecken konnte, rannte ich in mein Zimmer und warf die Tür hinter mir zu, was jedoch nichts half. Die Tür prallte von meiner Mutter ab, die mit dem Messer in der Hand hereinstürzte wie das Monster in einem Albtraum.

Wenn ich nur so schlau gewesen wäre, stattdessen zur Haustür hinauszurennen. Noch Sekunden zuvor hatte meine Mutter sich so gut amüsiert, dass es mir sicher erschienen war, sie vor den anderen ein bisschen zu ärgern. Jetzt war ich in meinem Zimmer gefangen, wurde gegen die Wand gedrückt und hatte ein Messer an der Kehle. Ich weiß nicht mehr, was sie zu mir sagte, aber ich erinnere mich noch gut an den Hass in ihren Augen. Ich weiß noch, dass ich dachte, jetzt werde ich gleich aufgeschlitzt, und dann werde ich sterben. In dem Augenblick, als sie das Messer an mein Gesicht hob, wurde sie von meinem Dad nach hinten gerissen und auf die andere Seite des Zimmers geschleudert, wo er sie festhielt, während einer der Gäste mich packte und in sein Auto schaffte.

Ich kann mich nicht erinnern, dass meine Mutter oder sonst jemand danach je etwas über diesen Abend sagte. Um ehrlich zu sein, ich vergaß den Vorfall selbst wieder, bis er mir viele Jahre später plötzlich in einem Flashback vor Augen stand.

Es ist schwer zu ermessen, was eine solche Erfahrung mit einem Menschen macht, und noch schwerer ist es, die langfristigen Auswirkungen auf den Verlauf eines Lebens zu bestimmen. Ich kann nur sagen, dass derartige Ereignisse, so merkwürdig normal sie für mich in dem jeweiligen Moment auch waren, später meine Ansichten über die Welt und die Menschen stark beeinflussten. Wenn man in seinem eigenen

Zuhause nicht sicher ist, in der Obhut der eigenen Mutter, wie soll man da woanders seine Vorsicht ablegen können?

Nach Vorfällen wie diesen – ob nun körperliche Gewalt involviert ist oder eine nichtkörperliche Aggression – bleibt immer die schwache Hoffnung, dass die Reue des Täters ihn oder sie zu einem besseren Verhalten antreibt. Auch wenn man nicht das Gefühl hat, dass sich tatsächlich etwas ändern wird, bleibt doch der Reiz der leeren Versprechung. In diesen Augenblicken, wenn der Täter reuig vor einem steht, zeigt er eine Verletzlichkeit, Zärtlichkeit und Aufrichtigkeit, die derart ungewohnt und rührend ist, dass man ihr kaum widerstehen kann. Man will nichts anderes von dem Betreffenden, als geliebt zu werden, und diese Sehnsucht hat Bestand auch auf Kosten der eigenen Sicherheit und geistigen Gesundheit.

Gewalt war in unserem Haushalt nichts Alltägliches, vor allem aber die Unberechenbarkeit meiner Mutter erzeugte in mir ein chronisches Gefühl der Bedrohung. Manchmal reichte es schon, dass ich aufgeregt oder verängstigt war, um in Schwierigkeiten zu geraten. Einmal warf sie mein Fahrrad in den Fluss, weil ich nicht aufhörte zu weinen. Für mich als ihrem Sohn waren ihre aggressiven und gewalttätigen Impulse natürlich schwer zu verstehen. Im größeren Kontext unseres sozialen Umfelds waren sie das allerdings nicht.

In Pollok war die Gewalt ein Teil des täglichen Lebens. Schon der einfache Gang zum Laden an der Ecke konnte zur Gefahr für die eigene Sicherheit – und den eigenen Stolz – werden. Es gab unterschiedliche Formen der Gewaltandrohung, von kleineren Rangeleien bis zu richtigen Kämpfen, und unterschiedliche Qualitätsstufen der Gewalt, Schläge mit der Faust oder Messerstechereien. Was sich nicht änderte, war das permanente Bewusstsein für das Vorhandensein der Aggression und dafür, dass die Lage jederzeit eskalieren konnte.

In einem Umfeld wie diesem ist die Atmosphäre der Gewalt so allgegenwärtig, dass einen auch in Situationen, in denen man keinen Grund zu Angst hat, die Hyperwachsamkeit in Alarmbereitschaft hält. Das macht den Alltag ziemlich stressig. Außerhalb des eigenen Hauses, in der Schule, hatte die Gewalt eher den Charakter einer öffentlichen Inszenierung. Leute wehrten die eigene Bedrohung ab, indem sie die Gewalt an anderer Stelle entfachten, etwa den Spielplatz aufheizten, bis die ersten Schläge fielen. Ob zu Hause oder auf der Straße, angesichts einer Gewaltandrohung erlebt man die schlimmstmögliche Angst. Körperlich zu kämpfen ist eine schreckliche und gefährliche Sache. Ich habe früh im Leben gelernt, dass Gewalt unausweichlich ist. Ich hatte keine Wahl. Also suchte ich mir meine Kämpfe schlau aus, sofern das möglich war, und verdiente mir in der Grundschule meine Sporen mit einem Jungen, mit dem ich mich so oft prügelte, dass die anderen schließlich stehen blieben, um uns zuzuschauen.

Sein Haus lag näher an der Schule als meins, deshalb musste ich immer daran vorbeigehen; es war unmöglich, ihm aus dem Weg zu gehen. Ich erinnere mich, dass ich an einem Tag so erschöpft und verängstigt von unseren Kämpfen war, dass ich mich übergeben musste. Als ich nach Hause kam, machte ich den Fehler, meiner Mutter zu erzählen, was passiert war. Anstatt mich zu trösten, packte sie mich am Ärmel und schleifte mich zu seinem Haus, wo sie seine Mutter zur Rede stellte und wahrscheinlich von mir erwartete, dass ich den Kampf noch einmal aufnahm – um zu beweisen, dass ich keine Angst hatte. Ich weiß noch, dass sie auch bei ein paar anderen Gelegenheiten so reagierte, manchmal auch wenn es um Jungen ging, die älter waren als ich. Einmal marschierte sie direkt ins Klassenzimmer, um einen Lehrer zu bedrohen, der mich gezwungen hatte, für etwas einzustehen, das ich nicht getan hatte. Der Auslöser ihres Verhaltens schien zu sein, dass es ganz offensichtlich jemanden gab, vor dem ich Angst hatte. Zuzugeben, dass man Angst hatte, war die größte Schande. Ich gestattete mir den vielleicht naiven Gedanken, ihre Liebe für mich sei so groß, dass allein die Vorstellung, ich könnte verängstigt oder hilflos sein, sie überreagieren ließ. Doch was immer der Grund für ihre Ausbrüche gewesen sein mag, er wurde in den Hintergrund gedrängt von ihrem Wunsch nach Vergeltung. Ihre Lösung für das Problem der Gewalt war immer noch mehr Gewalt.

Der einzige Grund, warum ich meine Angst vor den Schlägern überwand, war der, dass sie in den Schatten gestellt wurde von der Angst vor meiner Mutter. Nachdem sie uns verlassen hatte, blieb die Bedrohung bestehen; ich wurde zum Teenager und besuchte eine Sekundarschule, an der die Gewalt auf der Tagesordnung stand. Sogar ein paar Lehrer waren aggressiv und neigten zur Gewalt. Die Folge war, dass wir Schüler viele Gedanken und viel Energie darauf verwandten, so zu wirken, als hätten wir vor gar nichts Angst, während wir gleichzeitig die eigene Sicherheit im Verhältnis zu einer Vielzahl potentieller Bedrohungen einzuschätzen versuchten.

Es bringt nichts, mit jemandem an einem Ort zu kämpfen, den der andere zuvor festgesetzt hat. Er wird den Ort immer so aussuchen, dass sich ihm ein taktischer Vorteil bietet. Wenn ich einen Kampf nicht vermeiden konnte, war meine größte Sorge, dass ich einen frühen Vorteil gewinnen könnte, denn das provozierte möglicherweise eine extreme Reaktion meines Gegners, etwa Beißen oder Kopfstöße. Bei jedem Kampf, den ich einging, hatte ich etwas zu verlieren. Die meisten Leute, gegen die ich kämpfen musste, hatten das nicht, und das verschaffte ihnen einen deutlichen Vorteil. Deren Angst war wie die meiner Mutter. Am meisten fürchteten sie, vor anderen aus der Gemeinschaft das Gesicht zu verlieren, und das war für sie ein Pluspunkt. Wären die Leute ehrlich, würden sie zugeben, dass ein Kampf eine extrem unangenehme Sache ist. Nur leider macht einen das Eingeständnis, dass man nicht kämpfen möchte, anfällig für die Demütigungen der anderen – und für weitere Aggressionen. Es ist diese Angst, lächerlich gemacht oder verstoßen oder angegriffen zu werden, die das eigene Denken und Verhalten in einem gewalttätigen Umfeld auf subtile Weise steuert.

3

Ruf der Wildnis

Umgeben von so vielen potentiellen Bedrohungen ist es nicht einfach, sich selbst auszudrücken – außer man verhält sich aggressiv. Alle anderen Formen des Gefühlsausdrucks werden in Schach gehalten – durch den Spott und die Gewalt der anderen. Das macht das Aufwachsen in sogenannten unterprivilegierten Gemeinschaften zu einer bedrückenden Erfahrung. Dieses Gefühl des Unterdrücktwerdens erstreckt sich auf alle Möglichkeiten des individuellen Ausdrucks – was auch der Grund ist, warum sich bei uns im Viertel so ziemlich alle gleich anzogen und gleich redeten. Wenn man sich nicht an die vorherrschende Norm hielt, wurde jeder Tag zu einem Spießrutenlaufen.

So wie man die Aufmerksamkeit auf sich zog, wenn man eine Hose mit mehr als zwei Taschen trug, merkten die anderen es sehr deutlich, wenn man anfing, hochgestochene Wörter in die Unterhaltung einzuflechten. Ich erinnere mich an einen Sommernachmittag, als ich im Schulbus vor mich hin schmorte, während einige störrische Klassenkameraden für den wöchentlichen Ausflug auf den Fußballplatz an Bord gezerrt wurden. Nach zwei Minuten im Bus war klar, dass die Jungs in keiner guten Stimmung waren; sie fauchten durch die Nase und balgten sich homoerotisch, während sie das Wort »schwul« als Adjektiv für alles verwendeten, das außerhalb ihres Bezugsrahmens lag. Ausgerechnet an diesem Tag machte ich eine beiläufige Bemerkung über eins der Mädchen in unserer Klasse, das eine attraktive neue Frisur trug.

»Hey, habt ihr Nicolas neue Haare gesehen? Scheiße, sind die schön.« Dieser Satz mag nicht sehr kontrovers wirken, aber in jeder Art von Umgebung gibt es eine bevorzugte Art zu sprechen. Wenn man frech genug ist, in einer potentiell aggressiven Gruppe den Mund aufzumachen, sollte man so schlau sein, sich vorher genau zu überlegen, was man sagen und wie genau man es formulieren möchte, sonst riskiert man eine Konfrontation. Zum Glück war mein Instinkt dafür, was ich sagen sollte und was nicht, zu der Zeit bereits ausgeprägt, und ich konnte auf jede Situation schnell und entschlossen reagieren. Wenn ich zum Beispiel im Lehrerzimmer war, in Gegenwart von Erwachsenen mit Autorität, war es natürlich, alles ein bisschen aufzupolieren und Verweise auf das politische Tagesgeschehen oder andere Entwicklungen einzuwerfen – wenn keine anderen Jungs mit dabei waren. Aus irgendeinem Grund fühlte es sich ganz selbstverständlich an, die Sprechweise zu ändern, wenn ich mit Lehrern sprach. Sehr wichtig war mir die Gewissheit, dass ich intelligent war. In einer Schule wie der unseren, in der Spott und Gewalt immer in der Luft lagen, war die Intelligenz ein Attribut, das man aus Gründen der persönlichen Sicherheit zu verbergen lernte. Wenn sich eine Gelegenheit ergab, meine intellektuellen Muskeln spielen zu lassen, fiel es mir deshalb schwer, sie nicht zu nutzen.

Nicht alle Erwachsenen in der Schule rechtfertigten diese Herangehensweise. Verweise auf Politik oder gegenwärtige Entwicklungen waren weniger angemessen, wenn man mit dem Hausmeister oder einer Kantinendame plauderte. Nicht weil sie sich nicht für Politik interessierten (vielleicht taten sie das ja), sondern ganz einfach, weil sie nicht zu der Sorte Mensch gehörten, die über intellektuelle Dinge redeten – das nahm ich zumindest an.

Das wesentliche Fachgebiet des Hausmeisters war die Hausmeistertätigkeit. Wenn man kein Anliegen hatte, das unmittelbar das Schulgebäude betraf, gab es wenig zu besprechen. Der Hausmeister in unserer Schule war ein großer, kräftiger Mann, fett, wie wir ihn hinter seinem Rücken nannten, und er redete nicht sehr viel. Und wenn doch, dann für gewöhnlich, um einem bewusst zu machen, dass man etwas falsch gemacht hatte. Er betrachtete uns mit Argwohn, und seine Nähe war unangenehm, weil er ein unglücklicher Mensch zu sein schien. Wenn er in der großen Pause nicht am Eingang zum Schulhof stand oder sich mit eisigem Blick durch die Schule bewegte, um ein eingeworfenes Fenster mit Brettern zu vernageln oder einen Heizkörper zu entlüften, saß er in seiner Hausmeisterkabine am Haupttor und trank Tee, das lange Gesicht in einer Boulevardzeitung vergraben. Wer weiß, vielleicht interessierte er sich für Politik? Vielleicht hatte er den sehnlichen Wunsch, sich für die Wahl zum Gemeinderat aufstellen zu lassen? Vielleicht versteckte er hinter seiner Boulevardzeitung eine Ausgabe des *National Geographic,* dessen treuer Abonnent er war? Aber etwas an seinem Verhalten deutete, zumindest nach meiner Interpretation, darauf hin, dass er keine Lust hatte, mit mir zu sprechen. Manchmal hob er nicht einmal den Kopf aus der Zeitung, wenn man hereinkam; er gab dann einfach ein Brummen von sich und deutete zum Schlüssel für die Toilette.

Die Kantinendamen waren viel freundlicher und besser gelaunt. Sie gaben einem nicht nur das Essen, sondern fragten auch, wie es einem so ging. Obwohl ihre sozialen Fähigkeiten also weit über die des Hausmeisters hinausreichten, schien es zu keiner Zeit angebracht, ihnen eine wirklich persönliche Frage zu stellen. Ich fand es surreal, sie außerhalb der Schule zu sehen, beim Einkaufen etwa oder an der Bushaltestelle. In meinem Kopf waren sie einfach nur die Kantinendamen. Der Gedanke, dass man von anderen als von den Lehrern etwas lernen konnte, schien mir zu jener Zeit absurd. Nur die Lehrer besaßen die Art von Wissen, das wissenswert war.

Wenn ich mit einem Mädchen redete, was sehr oft passierte, eröffneten sich ganz andere Möglichkeiten, da ich nicht mehr länger den großen Macker spielen musste. Die Mädchen waren in den meisten Fällen reifer als Jungen in vergleichbarem Alter, und ich spürte, dass viele von ihnen erschöpft waren vom endlosen Gezappel der Jungs. Eine Unterhaltung mit einem Mädchen bot die Chance, eine andere Seite meiner Persönlichkeit zu zeigen, die Gelegenheit, mich kurz von der schweren sozialen Last zu befreien, die in der männlichen Arena auf mir lastete.

Hingegen eingesperrt zu sein in einem Schulbus voller hormongesteuerter Jungs auf dem Weg zum Fußball, nun ja, das war eine ganz andere Geschichte.

Hier konnte ich nicht ich selbst sein. Hier durfte ich mich

nicht einmal bei einem solchen Gedanken ertappen lassen: Was bedeutete es, ich selbst zu sein? Mein einfacher Wunsch, der neuen Frisur eines attraktiven Mädchens meine Anerkennung auszusprechen, war gar nicht so einfach in die Tat umzusetzen. Die Sache verlangte sorgfältigste Überlegungen vorab. Ich konnte nicht einfach mit dem Wort »schön« herausplatzen. Ohne die übliche sprachliche Verklausulierung oder sonst eine Form des Puffers wäre das Wort »schön« für die Jungs zu schrill gewesen. Neue Wörter und Ideen erschreckten sie, provozierten unberechenbare Reaktionen, je nachdem, wo man selbst stand und wie groß die Gruppe war. Ich wusste intuitiv, dass die Verwendung des Wortes ein Risiko bedeutete. Deshalb schwächte ich es mit einem derberen Wort ab, um den Schlag zu mildern.

»Hey, habt ihr Nicolas neue Haare gesehen? Scheiße, sind die schön.«

Hatte ich wirklich erwartet, dass der nicht genehmigte Begriff unentdeckt bleiben würde? Kaum war mir das Wort über die Lippen gekommen, entstand ein Schweigen. Die Jungs schauten einander verdutzt an, wie Primaten, die zum ersten Mal mit einer Flamme konfrontiert werden. In einer solchen Situation wusste niemand, wie er reagieren sollte. Jeder hatte ein Gefühl dafür, wie er aus sich heraus reagieren würde, aber nicht den Mumm, es auch zu tun, weil seine Reaktion ja von der Meute abgelehnt werden könnte. Einige waren vermutlich meiner Meinung, dass Nicolas Frisur schön war, suchten aber in der Gruppe nach Hinweisen, ob es okay war, so zu empfinden. Für andere war meine Wortwahl vielleicht etwas Blödes, das lächerlich gemacht werden musste, aber wie die anderen brauchten auch sie Rückendeckung, bevor sie sich zu ihrer Meinung bekannten. Wahrscheinlich gab es auch mindestens zwei, die nicht wussten, was das Wort bedeutete, weil sie es falsch verstanden oder noch nie gehört hatten, dass ein männliches Wesen es benutzte. Obwohl jede mögliche Reaktion im Bus verwurzelt war in dem Wunsch, als harter Kerl zu erscheinen, hatten sie alle eine Heidenangst, in diesem Augenblick ihre wahren Gedanken oder Gefühle zu zeigen. Sie hatten sogar Angst, beim Nachdenken über ihre Gefühle und Gedanken ertappt zu werden, und diese Angst, die ihnen überallhin folgte, war der Motor eines Großteils ihres Verhaltens in der Schule – und außerhalb.

In absurden Szenarios wie diesem, zu denen es mindestens einmal am Tag kam, konnte man »beschuldigt« werden, schwul zu sein – als wäre es ein Verbrechen –, wenn man offen sein Interesse für das andere Geschlecht bekundete. Absurderweise wurde diese Anklage vorgebracht von einer Horde Jungs, die nur glücklich waren, wenn sie auf dem Fußballplatz miteinander rangelten, sich in einem Rugby-Gedränge aufeinanderwarfen oder sich in der Gemeinschaftsdusche die nackten Ärsche mit ihren Handtüchern peitschten. Diese Idiotie beherrschte jeden meiner Schultage von 1996 bis 2001. Ich kann nicht genug betonen, wie zuwider mir diese Busfahrten waren, so kurz sie auch gewesen sein mögen. Alles an ihnen, wie auch die Schule selbst, war zutiefst bedrückend. In jedem Augenblick waren die Leute so gehemmt von den sozialen Erwartungen ihres Umfelds, dass die schlichte Feststellung der Realität, in diesem Fall die Frisur eines hübschen Mädchens, zu einer radikalen politischen Aktion wurde.

»Hey, habt ihr Nicolas neue Haare gesehen? Scheiße, sind die schön.«

»Schön?«, erwiderte einer. »Ha, ha, ha. Er hat grad ›schön‹ gesagt. Ha, ha, ha, Kumpel, du bist schwul.«

Zu meiner Überraschung war das daraufhin ausbrechende Gelächter für mich eine willkommene Befreiung. Es ist nie lustig, ausgelacht zu werden, wenn man nicht komisch sein wollte, aber mein Stolz war nicht der einzige Ball, der hier im Spiel war. Das kollektive Lachen der Jungs war zwar demütigend, aber auch ein Signal dafür, dass sie wieder so waren wie vorher, bevor ich sie aus der Fassung gebracht hatte. Mit einer Vorstellung, die, so einfach sie für mich war, sie in gewisser Weise bedroht hatte. Derartige Situationen waren ziemlich häufig und produzierten unterschiedliche Ergebnisse: Manchmal erhielt man Beifall, wenn man schlau oder witzig war oder dem Versuch des Gegners, einen schlechtzumachen, mit einem vernichtenden Einzeiler den Wind aus den Segeln nahm. Man konnte aber auch in einer hitzigen Konfrontation landen, ganz einfach, weil ein nicht genehmigter Begriff oder Verweis ein Geplänkel entfachte, dem niemand aus dem Weg gehen konnte, ohne weitere Aggressionen zu provozieren. In einem solchen Umfeld können die Leute extrem feindselig werden – wenn sie sich schlechtgemacht oder bedroht fühlen.

War es das Wort »schön« an sich, das die Spannung erzeugte? Oder war es das, was das Wort »schön« implizierte? Vielleicht war es die Erwartung, die, wie sie meinten, das Wort an sie stellte? Der Druck, irgendwie reagieren zu müssen und nicht zu wissen, wie? Oder die Angst davor, eine Reaktion zu zeigen, die sozial nicht akzeptabel war? Der Zwang, zustimmen oder widersprechen zu müssen, und die Unsicherheit, was die eine oder die andere Reaktion über sie verraten könnte? Was, wenn ein beiläufiges Grinsen oder ein unwillkürliches Nicken eine geheime Leidenschaft verriet, einen Spleen, eine tiefe Verletzlichkeit, die man vor den anderen besser nicht preisgab?

Ich weiß nur, dass Nicolas Haare so schön waren, dass ich es aussprechen musste, wie viel Ärger mir das auch bereiten mochte. Andererseits war, dank meiner Mutter, die Grenze meiner emotionalen Belastbarkeit ohnehin erschreckend hoch.

4

Herren des Westens

Meine Mum verließ unser Zuhause, als ich zehn Jahre alt war. Ich weiß noch, wie ich eines Tages heimkam und sie mit meiner Schwester vor dem Haus stehen sah, obwohl sie bereits vor Wochen verschwunden war. Für eine Weile kamen sie ins Haus, und ich erinnere mich an einen Streit zwischen ihr und meinem Dad. Dann ging sie mit meiner Schwester weg und kam nie mehr zurück. Es war nicht das erste Mal, dass meine Eltern sich getrennt hatten. Schon komisch, wie man sich in jungen Jahren die Schuld an diesen Dingen gibt. Wahrscheinlich ist es eine Mischung aus Wunschdenken und kindlichem Egoismus, dass man glaubt, wenn man selbst irgendwie besser wäre, könnten die Eltern ihre Differenzen beilegen.

Von da an sahen wir meine Mum nicht mehr regelmäßig. Wenn wir es überhaupt taten, dann war die gemeinsame Zeit eher durchwachsen. Das lag vorwiegend daran, dass sie bereits betrunken war oder aber nichts anderes im Kopf hatte, als sich den nächsten Schnaps zu beschaffen. Im Kindesalter rauscht vieles an einem vorbei, entweder weil man vom Naturell her etwas abwesend oder weil das Leben dann leichter zu ertragen ist. Ich erinnere mich an eine kurze Schonzeit, kurz nachdem meine Mutter gegangen war, als sich unser Zusammensein viel friedlicher anfühlte. Meine Beziehung zu meinem kleinen Bruder fing mit der Hilfe von Fußballspielen und freundschaftlichen Ringkämpfen an, wirklich zu gedeihen. Erst als ich ein paar Jahre später auf die Sekundarschule ging, begann ich, die Auswirkungen ihres Weggangs zu spüren. Ich empfand eine tiefe Unsicherheit.

Dieses Gefühl zeigte sich auf viele Arten, und in seiner schlimmsten Form war es körperlich unerträglich. Es fing an mit der Angst, dass die Leute mich nicht mögen könnten oder ich in Gefahr wäre. Außerdem sehnte ich mich nach einer Verbindung, die meine Unsicherheit lindern könnte, und ich ging tiefe emotionale Beziehungen mit Leuten, vor allem Mädchen, ein, die mir nur die geringste Aufmerksamkeit schenkten. Weil ich es gewohnt war, von meiner Mutter im Stich gelassen und abgewiesen zu werden, lebte ich in der beständigen Angst, dass die Menschen, denen ich mich verbunden fühlte, mich verletzen, verraten oder verlassen könnten. An diesem Punkt meines Lebens war das Verlassenwerden ein so wichtiges Thema, dass ich unbewusst in allen meinen Beziehungen aktiv nach dem entsprechenden Muster suchte. Ich verwechselte das Gefühl tiefer emotionaler Unsicherheit mit dem Verliebtsein.

Meine psychologischen Schwierigkeiten machten es mir, zusammen mit der generell aggressiven sozialen Umgebung, schwer, mich auf die schulische Arbeit zu konzentrieren. In meinem Kopf tobte ununterbrochen ein interner Dialog über meine verschiedenen Ängste und Befürchtungen. Beständig probte ich Unterhaltungen, die ich vielleicht irgendwann führen würde, oder ging vergangene Gespräche noch einmal durch. Das schlug sich vor allem auf die Fächer nieder, in denen ich ohnehin Schwierigkeiten hatte. Darüber hinaus war das Lernen an dieser Schule auch deshalb schwierig, weil so viele Schüler ähnliche Probleme hatten.

Die Crookston Castle Secondary School wurde Anfang der 1950er-Jahre erbaut. Sie war so entworfen worden, dass sie, wenn nötig, in ein Militärkrankenhaus umfunktioniert werden konnte. Wer hätte damals, zu Beginn des Kalten Kriegs, gedacht, dass die Schule selbst einmal zum Kriegsgebiet werden könnte? Die Schule hatte ihren Namen von dem mittelalterlichen Burggelände, auf dem sie stand. Crookston Castle befand sich 500 Meter vom Rand des Schulhofs entfernt auf dem höchsten Punkt von Pollok und war umgeben von einem tiefen Graben. Auch wenn es ein sehr gut erhaltenes historisches Monument war, schien sich kaum jemand dorthin zu verirren. Ich fand das immer eine Schande, denn die Kuppe bot einen umwerfenden Blick auf die Gegend, die, trotz ihrer eklatanten Mängel, ein ziemlicher Anblick war – aus sicherer Entfernung zumindest.

Direkt im Zentrum von Pollok befand sich ein bescheidenes Einkaufsviertel, das 1979 eröffnet wurde und den Namen Pollok Centre erhielt. Es erstreckte sich auf die Länge von einer halben Meile und beherbergte eine Vielzahl von Einzelhandelsgeschäften und Supermarktfilialen. Die Hauptattraktion des Pollok Centre war eine große Kuckucksuhr, die jede Viertelstunde Generationen von Kindern in ihren Bann zog. Unter der Uhr befand sich ein Sitzbereich für Leute, die verschnaufen, etwas essen oder eine Zigarette rauchen wollten.

Das Pollok Centre war etwa eine halbe Meile von einer

weiteren Sehenswürdigkeit entfernt, am Rand eines Projekts namens Pollok Park. Es war ein ausgedehnter Landsitz, den die Familie Maxwell Anfang des zwanzigsten Jahrhunderts der Bevölkerung von Glasgow gestiftet hatte. Von der Spitze der Burg aus sah man deutlich, dass das Gelände mehr oder weniger aus der Landschaft herausgeschnitten worden war. Im Lauf der Jahrzehnte hatten sich die städtischen Bezirke Glasgows ausgedehnt und waren verschmolzen, doch Pollok existierte am Rand dieses neuen Gebildes und hatte noch immer eine starke Verbindung zu seiner ländlichen Vergangenheit – zumindest ästhetisch. Obwohl es im Viertel viele Bäume, Sportplätze und Freizeitanlagen gab, war die Ungleichheit der Wohnverhältnisse zu beiden Seiten des Flusses offensichtlich – die eine Seite war viel heruntergekommener als die andere. Nun hätte man meinen können, dass sich hier ein Hinweis auf die entsprechenden Klassenunterschiede verbarg, tatsächlich war es jedoch eine Frage des Glücks, welche Unterkunft man durch die städtischen Behörden zugeteilt bekam. Ständig wurden neue Häuser gebaut und alte modernisiert, während andere Teile »umgestaltet« wurden.

Die meisten Leute, die in Pollok lebten, taten dies in einer Sozialwohnung, doch das hielt uns nicht davon ab, so zu tun, als hätten wir mehr Geld, als wir tatsächlich besaßen. Ich nehme an, das tiefe Gefühl der Scham, das viele von uns wegen unserer Armut empfanden – und das überwältigende Bestreben, sie zu verstecken –, war der Grund, warum das Pollok Centre so beliebt war. Hier bekam man alles, was man brauchte, um wohlhabender zu wirken, als man war: neue Turnschuhe, Trainingsanzüge, Ketten, Fußballtrikots und -schuhe. Diese Artikel und Accessoires waren teuer, doch arm auszusehen, konnte man sich noch weniger leisten.

Die Geldverleiher von der Provident Finance (auch *provy-men* genannt) kamen vielen Alleinerziehenden im Verlauf eines Schuljahrs zu Hilfe. Und dann gab es immer noch den zwielichtigen Kerl an der Ecke, der ein paar Scheine hatte – solange man sie ihm nur rechtzeitig zurückzahlte.

Es gab Inseln des Wohlstands, doch die existierten lediglich in den »Außenposten«, die normalerweise einen anderen Namen erhielten (oder behielten). In Pollok existiert zum Beispiel eine Gegend namens »Old Pollok«, die näher am Pollok Park liegt und ein merklich angenehmerer Ort zum Leben ist. Wenn man sich nach »Old Pollok« verirrte, ließen die Leute einen den Unterschied spüren und machten deutlich einen Unterschied zwischen ihrer eigenen Nachbarschaft und der Gegend, die als »unterprivilegiert« galt.

Südlich des Flusses stand eine lange Reihe Mietskasernen mit Flachdächern aus grauem, roh verputztem Beton und mit blauen Balkonen, die auch als Aussichtsplattformen dienten, inklusive Wäscheständer und Aschenbecher. Es wird Sie nicht überraschen, dass in den Flachdachhäusern die Feuchtigkeit ein Problem war; das Regenwasser lief nicht über ein abgeschrägtes Dach ins Abwassersystem, sondern stand auf der horizontalen Fläche, bis es einen Weg in die Wohnungen der Leute fand. Auf der anderen Seite wirkte auf der Südseite alles weniger beengt. Es gab weite, offene Flächen, Fußballplätze, Wälder, Parks und Boulevards, die strukturiert wurden von ordentlich arrangierten Doppelhaushälften und Vierer-Reihenhäusern, die sich, von der Burg aus gesehen, den Hügel hinaufzuwinden schienen wie der Wirbel einer Softeis-Tüte.

Von diesem Aussichtspunkt auf der Burg konnte man die verschiedenen Entwicklungen sehen, die stattgefunden hatten, noch immer stattfanden oder mitten im Prozess aufgegeben worden waren, während die Gegend weiter expandierte, um mit dem Bevölkerungswachstum mithalten zu können. Aber mit jedem glänzenden Neubau, der errichtet wurde, verfiel ein anderes Haus, oftmals während die Menschen noch darin wohnten. Insgesamt vermittelte Pollok eine schlampige Aura der Unfertigkeit. Es fühlte sich an wie die Skizze eines richtigen Viertels, und deshalb war es schwer, stolz darauf zu sein. Alle Bemühungen, die Gegend sauber und ordentlich zu halten, waren vergeblich; es war definitiv üblicher, den Abfall auf die Straße zu werfen als in einen Korb. Vieles in der Gegend war nicht für die Dauer gebaut; ganze Straßenzüge waren für den Abriss vorgemerkt, obwohl die Häuser architektonisch noch relativ jung waren. Wie auch immer, meine Schule war eine Ausnahme zu dieser Regel und schien fest entschlossen, alles und jeden in der Nachbarschaft zu überdauern.

Die Schule stand am Südufer des Levern, der weniger ein Fluss war als ein Bewusstseinsbächlein, das Plastiktüten zum Clyde trug – einem richtigen Fluss. Wir nannten ihn einfach *»the burn«*, den Bach. Für uns war seine Funktion vor allem die einer klaren territorialen Bruchlinie, über die hinweg Bandenkämpfe ausgetragen wurden. Seit Generationen versammelten sich Banden junger Männer – und manchmal auch Frauen – zu beiden Seiten der diversen Brücken, die über den Bach führten, und provozierten einander, bis ein Kampf losbrach. Das war eine Tradition, die bis in die 1970er-Jahre zurückreichte. Meistens war die Sache harmlos. Man schrie einander Beleidigungen oder betrunkene Drohungen zu und jagte sich ein bisschen durch die Gegend, bevor man auf die eigene Seite zurückkehrte. Aber manchmal wurde es ernst, und es gab Verletzte. Und manchmal gab es auch Tote.

Die Schule zwang viele dieser gewalttätigen Stammesfraktionen für fünfunddreißig Stunden pro Woche unter ein Dach. An einem grauen Tag sah das Gebäude eher aus wie ein Gefängnis oder eine Fabrik, auch dank des stählernen Staketenzauns, der das Gelände umgab. Es war eine dieser kurzlebigen Designideen, die zu ihrer Zeit futuristisch und modern gewirkt haben mochten. Außerdem hatte die Schule, wie die zum Abriss bestimmten Mietsblöcke auf der anderen Straßenseite, ein Flachdach. Sie war so hässlich, dass wir sie nicht nur verlachten, sondern auch einen gewissen Stolz für sie empfanden. Wir betrachteten alles um uns herum als entweder heruntergekommen, dreckig oder kurz vor der Baufälligkeit. Manchmal war das unfair und ungenau, aber diese Wendung, dass die Schule ein »Scheißloch« und »voller Junkies« sei, wurde so oft benutzt, dass ihr Wahrheitsgehalt längst unwichtig geworden war.

Ich wurde 1996 in die Sekundarschule aufgenommen, dem Jahr, in dem Danny Boyles Leinwandadaption von Irvine Welshs *Trainspotting* in die Kinos kam. Ich entfernte mich nie zu weit von Pollok, da es bis ins Stadtzentrum eine ziemliche Odyssee war – vierzig Minuten mit dem Bus –, was die Politiker beheben wollten, indem sie grünes Licht für eine neue Autobahntrasse gegeben hatten, sehr zum Ärger vieler Ortsansässiger. Gegen Ende meiner Schulkarriere wagte ich mich über die Grenzen von Pollok hinaus, über den Clyde und ins legendäre, fast mythische West End, wo ich wöchentliche Sitzungen mit einem Kinderpsychologen hatte. Ich freute mich jede Woche auf diesen Termin, denn er brach nicht nur die Monotonie eines normalen Schultags auf, sondern schenkte mir auch ein paar Stunden Freiheit, in denen ich unbeaufsichtigt die große Stadt erkunden konnte. Am Donnerstag verließ ich mittags die Schule und machte eine kurze Busfahrt bis Govan, wo ich in die U-Bahn nach Hillhead stieg.

Das Erste, woran ich mich erinnere, war dieses merkwürdige Gefühl der Entkrampfung, als ich von der Rolltreppe auf die belebte Straße hinaustrat. Die Leute hier sahen anders aus und klangen anders – auf eine Art, die einem sofort auffiel. Wo ich aufwuchs, war es ungewöhnlich, Farbige zu sehen, außer hinter einer Ladentheke, aber hier schien es sehr multikulturell zuzugehen, so wie in der Welt, die uns im Sozialkundeunterricht beschrieben wurde. Wo ich aufwuchs, war es ungewöhnlich, saubere Bürgersteige zu sehen, hier hingegen waren die Straßen in makellosem Zustand, ganz und gar nicht der Hundehaufenparcours, den ich jeden Tag durchlaufen musste. Die Hunde hier wurden von ihren Besitzern an der Leine geführt, ein krasser Gegensatz zu den halsbandlosen, halb wilden Kötern, die in der Nähe unseres Hauses herumliefen.

Nachdem ich mir einen Augenblick gegönnt hatte, um meine Augen an diese wunderbare Welt in Technicolor zu gewöhnen, war mein nächster Gedanke: »So ziehen sich also Leute an, die keine Angst haben, abgestochen zu werden.«

Das Notre Dame Centre, wo ich meine Therapiestunden hatte, lag fünf Minuten von der wohlhabenden Flaniermeile der Stadt, der Byres Road, entfernt. Sie kennen das doch, wenn man versucht, einen typischen »Geldsack« nachzuahmen. Nun, die Leute auf der Byres Road sind die Vorbilder für diese Nachahmung. Hier ist es nicht ungewöhnlich, ein kleines, schickes Hündchen zu sehen, das in einem Retro-

Weidenkorb an einem luxussanierten alten Drahtesel wartet, während sein Besitzer oder seine Besitzerin in ein Café stolziert, um sich bei einem Barista namens Felix über den Preis einer hausgemachten Wurst zu mokieren. Erst in der Byres Road lernte ich, dass es mehr als eine Sorte Kaffee gibt und man ihn auch aus einem Glas trinken kann. Dort entdeckte ich, dass Obst ein Genuss sein kann und nicht nur eine billige Alternative zu Haribo. Und wichtiger noch, in diesem Teil der Stadt wurde ich zum ersten Mal mit dem merkwürdigen Gedanken konfrontiert, dass es nicht, wie ich angenommen hatte, ein unabänderlicher Zustand war, in ständiger Angst vor Gewalt zu leben. So bizarr diese Gegend auf mich wirken mochte, so war ich doch fasziniert von ihr. Ich hätte niemals gedacht, dass ein so entspannter Ort überhaupt existieren könnte – vor allem in Glasgow. Was für eine Ironie, dass ich mich in diesem heiteren Teil der Stadt wiederfand, weil ich eine Aggressionsbewältigungstherapie besuchte.

Vorbei an dem einzigen mir kulturell vertrauten Ding als Orientierungshilfe (der Greggs Bäckereikette) wagte ich mich tiefer in dieses unbekannte Territorium hinein. Allerdings nicht, ohne zuvor das obligatorische Würstchen im Schlafrock samt einer Flasche Cola und einem glasierten Donut gekauft zu haben. Dann schlenderte ich die grün belaubte Straße entlang und war sehr zufrieden mit mir selbst, wenn mir andere Jungs entgegenkamen, die Hasenfutter mümmelten.

Obwohl es eine dicht besiedelte Wohngegend war, flankierten alte Bäume die leicht schiefen Wohnblöcke, die linkisch über die Bürgersteige wachten wie schlaksige Sicherheitsmänner. Es war nicht das erste Mal, dass ich solche Wohnblöcke sah, doch noch nie in einer solchen Dichte. Es war die Freude am Detail, die diese Gebäude auszeichnete.

Es schien, als würden die Dinge im West End an Wert gewinnen, je älter sie wurden, und nicht verfallen. Hier wurden Dinge gebaut, um zu überdauern, und die Architektur schien diese Qualität nach außen zu tragen. Auch hier hatten die Planer nicht vorausgesehen, dass jede Familie einmal mindestens zwei Autos besitzen würde, aber in dieser Gegend löste das Gefühl der Enge keinen Stress aus, sondern betonte die Exklusivität der Gegend und den sozialen Status seiner Bewohner.

Das Merkwürdigste war, dass man nie irgendjemanden einen solchen Block verlassen oder betreten sah; man sah auch keine Nachbarn, die miteinander redeten. Es war fast, als würden die Leute hier nicht aufwachsen, sondern hätten sich ins Viertel eingekauft, und ihre Häuser standen nun leer, weil sie woanders zur Arbeit gingen.

Unglaublich.

Während ich meinen Weg zum Notre Dame Centre fortsetzte, kamen mir auf der anderen Straßenseite Kinder aus einer örtlichen Schule entgegen. Ich spürte sofort, dass sie nicht bedrohlich waren, und als sie näher kamen, hörte ich sie reden. Ich konnte dem Faden nicht ganz folgen, aber ich verstand genug, um zu begreifen, dass sie genau die Art von Wörtern benutzten, die auch ich immer im Kopf hatte, mich aber nicht zu benutzen traute. Sie wussten sich zu artikulieren und gingen ungehemmt miteinander um. Ein Teil von mir wollte zu ihnen gehen und an ihrer Unterhaltung teilnehmen; ich hatte den Eindruck, dass wir wahrscheinlich viel gemeinsam hätten. Als ich jedoch vorüberging, verstummten sie plötzlich. Und ich wusste sofort, warum: Genau so verhielt man sich, wenn man an jemandem vorbeiging, der einem Angst machte.

Still zu sein und vielleicht den Kopf zu senken waren eine Art, einer möglichen Bedrohung aus dem Weg zu gehen; ein Signal, dass man nicht auf Probleme aus war und unbehelligt vorbeigehen wollte. Wie oft hatte ich genau dieses Manöver in meinem eigenen Revier durchgeführt. Das Signal war immer riskant, denn sobald sich ein potentieller Angreifer sicher war, dass man nicht kämpfen wollte, nahm er das oft als grünes Licht, um noch aggressiver zu werden. In dieser Umkehrung meiner gewohnten Erfahrung schienen diese Kinder nun mich als die Bedrohung wahrzunehmen. Es war ein verstörender Rollentausch, und ich empfand eine Mischung aus Stolz, weil ich gefürchtet, und Verstimmung, weil ich missverstanden wurde, während ich, leicht außer Atem, den Hügel zu meinem Ziel hinaufstieg.

Als ich mich dem Gebäude näherte, spielte ich die Kollision unserer beiden Welten im Kopf noch einmal durch und stellte mir alternative Szenarios vor, in denen ich mich ausführlich erklärte, bevor ich weiterschlenderte und in die Erinnerung meiner hohlköpfigen Kritiker einen lebenslangen Schatten warf. Ein berauschender Wagemut überkam mich, als ich mir den Kopf darüber zerbrach, warum die Gruppe verstummt war. Ich dachte mir, dass ich abschätzig beurteilt worden sei von diesen Snobs; dass sie eine Abreibung verdient hätten, quasi als Einführung in die »reale Welt«. Eine reale Welt, in der ich lebte und von der sie kaum eine Ahnung hatten. Und dann kam mir der rachsüchtige Gedanke, dass ich, falls mir diese Horde prüder Muttersöhnchen noch einmal über den Weg laufen sollte, nicht zögern würde, sie alle als schwul zu beschimpfen.

5

Der Prozess

Vorfälle wie dieser, bei denen ich versuchte, mit Leuten einer höheren sozialen Schicht in Verbindung zu treten, waren in meiner Kindheit sehr selten. Erst als ich älter wurde und Pollok hin und wieder verlassen konnte, wurden diese Interaktionen häufiger. So unbedeutend die Begegnungen für sich genommen auch waren, so weckten sie letztendlich einen Glauben in mir, der meine Weltsicht für viele Jahre prägte. Diese stümperhaften Versuche, mich unter den Wohlhabenden zu bewegen, weckten einen tiefen Groll in mir gegenüber allen, die ich für begütert hielt. In meiner Gemeinschaft stritten einige über Fußball, andere über Religion und Politik. Doch meine schwelende Verbitterung, soweit sie nicht vollständig auf meine Mutter konzentriert war, traf diejenigen in unserer Gesellschaft, denen es besser ging als mir, die durchs Leben glitten ohne die Zwänge der Armut und die materiellen Nachteile und die Selbstzweifel, die damit einhergehen.

Ich sage das, als wäre ich eines Tages einfach aufgewacht und über Nacht zum Klassenkämpfer geworden, zur Revolution bereit. Vielleicht wäre dieses Bild noch vergleichsweise schmeichelhaft, aber so war es nicht. In Wahrheit war es ein allmählicher Prozess, in dem während meiner späten Teenagerjahre meine persönlichen Erfahrungen und die Klassenpolitik meines sozialen Umfelds zusammenliefen. Auch wenn ich vielleicht noch zu jung war, um die Komplexität der zu diesem Themenkreis gehörenden Probleme zu verstehen, war mir doch bewusst, dass alle, mit denen ich aufgewachsen war, wirklich wütend waren – und dass auch ich wütend sein musste. Im Grunde genommen war es fast unhöflich, nicht auf irgendetwas wütend zu sein, und solange diese Wut sich gegen eins der vielen sanktionierten Angriffsziele richtete, gab es keinen Mangel an Alliierten, die den eigenen Groll bekräftigten. Dieses Gefühl der gerechtfertigten Wut auf die Lage der Dinge führte dazu, dass die Schuld für alle Probleme einer anderen gesellschaftlichen Gruppe zugeschrieben wurde, und für mich war die Mittelklasse der perfekte Sündenbock. Diese fixe Idee findet bei mir noch immer Ausdruck in meiner Verärgerung über gewisse Leute, die ich für vornehm halte; ich kann mich ärgern über eine Meinung, einen Akzent, ein Accessoire oder ein Kleidungsstück. Ich befürchte, was mich damals so wütend machte, ist das, was ich für relativen Wohlstand und anderer Leute Privilegien hielt, und dies wiederum machte alles an diesem Personenkreis verdächtig.

Meine Tendenz zur Klassenstereotypisierung wurde zum Beispiel angeregt von etwas Schrecklichem, das im letzten April passierte. Zu meinem Rückfall in die Klassenstereotypisierung kam es, wie so oft, weil ich den Fernseher eingeschaltet und mir mehr als ein paar Minuten angeschaut hatte, was dort gerade lief.

Die Nachrichten wurden dominiert von einer Geschichte: die Misere eines vorstädtischen Ehepaares, das vom Gericht zu einer Strafzahlung verurteilt worden war, weil sie ihr Kind noch während des Schuljahres mit in einen Urlaub genommen hatten. Die örtlichen Behörden hatten die Familie ermahnt, dass es ein Regelverstoß sei, wenn sie mit ihrer Tochter eine Auslandsreise unternähmen. Doch die Schlingel beschlossen, dennoch zu fahren. Als der Strafbefehl erlassen wurde, focht der Vater, Jon Platt, ihn an, und der Streit landete schließlich vor Gericht. So weit, so interessant, wenn auch ein wenig lächerlich. Es war jedoch nicht so sehr die Geschichte selbst, die mich ärgerte, sondern das Übermaß an Medieninteresse, das damit einherging; in der Presse, im Netz und im Fernsehen wurde die Sache dargestellt als ein David-und-Goliath-Drama, der Kampf eines furchtlosen Vaters gegen einen tyrannischen Bevormundungsstaat, der ihm vorschreiben wollte, wie er sein eigenes Kind aufziehen sollte.

Der Herausgeber der *Sunday Times* trat in den BBC *News* auf und argumentierte mehr als zwei Minuten lang leidenschaftlich, dass in diesem Fall eine sensiblere Anwendung des Gesetzes erforderlich sei. Mit sensibel meinte er, dass das Gesetz behutsam ausgelegt und auf eine Art durchgesetzt werden sollte, die allen Nuancen und Komplexitäten des Falls Rechnung trug – im Gegensatz zu einer pauschalisierenden Herangehensweise.

Vor Lachen hätte ich beinahe meinen Kaffee ausgespuckt.

Das ist schließlich der Hauptvorwurf von allen, die je wegen eines Verbrechens verurteilt wurden. Verurteilte denken eher selten, dass das Gesetz fair auf sie angewendet wird. Das trifft auf Serienmörder zu wie auf kleine Diebe. Den meisten fällt es eher schwer, auch nur die banalste Form rechtlicher Verantwortlichkeit zu übernehmen. Denken Sie nur, wie empört Autofahrer reagieren, wenn sie vollkommen zu Recht einen Strafzettel wegen Falschparkens erhalten. Jeder hat gute Gründe dafür, warum er die Ausnahme zu der Regel sein möchte, der er unterworfen ist, und es kommt sehr selten vor, dass jemand die Hand hebt und seine Schuld akzeptiert. Die meisten Leute glauben, dass ihre speziellen Umstände einzigartig sind und die üblichen Regeln nicht zutreffen. Der Unterschied zwischen den meisten Leuten, die vor Gericht erscheinen müssen, und der Familie Platt ist, unter Umständen, eine Klassenfrage.

Bevor ich mit meiner Argumentation fortfahre, möchte ich eins sagen: Manchmal gilt es als unhöflich, nicht zu definieren, was mit »Mittelklasse« gemeint ist. Einige aus der »Mittelklasse« sehen sich selbst, auch wenn sie zur »Mittelklasse« gehören, nicht als »Mittelklasse«. Sie brauchen eine Definition, nicht weil sie sonderlich an Genauigkeit und Detailtreue interessiert wären, sondern weil sie sich ausschließen möchten aus der speziellen Mittelklasse, von der sie glauben, dass sie nun kritisiert werden soll. Ich möchte Sie beruhigen: Ich werde auf diese Bedürfnisse eingehen. In diesem Buch werden wir die Mittelklasse-Definition von Stewart Lee benutzen.

Lee ist ein Komiker, dessen Bühnenfigur seit mehr als zwanzig Jahren genau deshalb funktioniert, weil sein Publikum sie stillschweigend als der Mittelklasse zugehörig akzeptiert. Soweit ich weiß, hat noch niemand seine Show unterbrochen, um eine Definition dessen zu verlangen, was er unter »Mittelklasse« versteht. Und dafür gibt es einen Grund: Stewart Lee entstammt selbst der Mittelklasse, und deshalb glaubt man ihm aufs Wort. Leute wie ich müssen dagegen erst eine Definition vorlegen, bevor sie ihre Meinung kundtun können.

Wie kann ich so sicher sein, dass die Platts, die bestraft wurden, weil sie darauf bestanden, ihre Tochter während des Schuljahres aus der Klasse zu nehmen, der Mittelklasse angehören oder wohlhabend sind? Nun, ich kann es nicht. Aber es gibt ein paar Anhaltspunkte. Der erste Hinweis wäre die direkte Beteiligung der *Sunday Times*. Die *Sunday Times* berichtete nicht nur über die Geschichte, sondern schien sich zum Anwalt des Paares machen zu wollen. Auf das Risiko hin, zynisch zu wirken, behaupte ich, das war vermutlich so, weil diese Geschichte über eine Familie aus der Mittelklasse ihre Leser interessierte, weil diese ebenfalls aus der Mittelklasse stammen. Aber vielleicht mache ich auch hier einen zu großen Sprung. Wir wollen zunächst feststellen, wer die *Sunday Times* liest und was diese Leser uns über den sozialen Status der Platts sagen könnten.

Die Leser der *Sunday Times* fallen in die demografische Gruppe ABC1. In den britischen Nachrichtenmedien ist ABC1 eine von mehreren Kategorien, in die das Publikum aufgeteilt wird. Merkwürdigerweise handelt es sich um eine klassenbasierte Analyse, zudem um eine so dreiste, dass sogar Karl Marx sich davon vor den Kopf gestoßen gefühlt hätte. Im *Cambridge Dictionary* wird ABC1 definiert als »eine der drei höheren sozialen und ökonomischen Gruppen, die aus Personen besteht, die eine umfangreichere Bildung und besser bezahlte Jobs haben als die der anderen Gruppen.«

Dieses Klassifikationsschema wurde von der *National Reader Survey* entwickelt, die soziale Abstufungen verwendet, welche in dem untenstehenden Diagramm mit Großbuchstaben und Ziffern dargestellt werden. Für viele, die den unteren Kategorien angehören, mag es eine – unangenehme – Überraschung sein, dass ihre treue Boulevardzeitung sie auf diese Art klassifiziert.

Stufe	Beruf bzw. Karrierelevel des Besserverdienenden im untersuchten Haushalt	Prozentsatz innerhalb der britischen Bevölkerung (NRS 2008)
A	Höhere Management-, Verwaltungs- oder Fachkraft	1,4 %
B	Mittlere Management-, Verwaltungs- oder Fachkraft	23 %
C1	Untere Management-, Verwaltungs- oder Fachkraft	29 %
C2	Ausgebildete Facharbeiter	21 %
D	Halb- und ungelernte Arbeiter	15 %
E	Geringverdiener, Rentner und andere Personen, die auf Unterstützung durch den Staat angewiesen sind	8 %

Quelle: Wikipedia

Personen in der unteren Klassifikation gelten hinsichtlich ihrer kulturellen Bildung als eher schlicht und als beschränkt in ihren Interessen. Das ist der Grund, warum es in den Zeitungen, die die Betreffenden lesen, viele bunte Bilder gibt und die Artikel unter der Annahme geschrieben werden, dass die betreffenden Leserinnen und Leser hochtrabende Wörter wie »elaborieren« oder »explizit« nicht verstehen. Dabei ist es nicht so, dass Journalisten oder Herausgeber einen prinzipiell für dumm halten. Sie denken nur, man wäre dumm genug, um nicht zu erkennen, dass man das journalistische Äquivalent einer Speisekarte für Kinder liest. Sie halten einen nicht für bescheuert, aber sie nehmen an, man wäre zu sehr mit dem Unterschichtsdasein beschäftigt, um über den eigenen Tellerrand zu schauen.

Oft höre ich, dass wir in einer klassenlosen Gesellschaft leben. Wenn das stimmt, sollte man das dringend den Medien mitteilen, denn ich glaube nicht, dass die Information schon bis zu ihnen durchgedrungen ist. Wie das Diagramm beweist, bedeutet ABC1 obere Mittelklasse, Mittelklasse und untere Mittelklasse. Und wenn einem eine Zeitung wie die *Sunday Times* zu Hilfe kommt, kann es also sein, dass man genau wie deren Leserschaft zur demografischen Gruppe der Mittelklasse gehört.

Noch immer nicht überzeugt? Glauben Sie noch immer, dass ich voreilige Schlüsse ziehe? Da möchte ich Sie dann auf das kleine, nicht ganz unbedeutende Detail hinweisen, dass der umstrittene Urlaub der Platts in Florida stattfand, das, wie Sie sicher wissen, nicht gerade ein Hotspot für die Armen dieser Welt ist. Es ist die Gegend in den Vereinigten Staaten, in der das Wahlrecht ein solches Gewicht hat, dass die oszillierenden Launen von ein paar Tausend dauergebräunten Rollerbladern ganze Präsidentschaften entscheiden. Allein der Flug nach Florida kostet mehr als die meisten All-inclusive-Urlaube einer vierköpfigen Familie in Europa. Aber wer weiß, vielleicht haben die Platts fünfundvierzig Jahre lang die Rabattmarken vom Co-op gesammelt oder einen Mikrokredit aufgenommen, um sich diese Reise zu leisten. Wer bin ich, dass ich mit derart wilden Verleumdungen um mich werfen darf? Welche anderen Beweise gibt es, um meine Hypothese von der Mittelklassenzugehörigkeit der Platts zu stützen?

Okay, vielleicht können wir ja auszuschließen versuchen,

dass die Familie zur Arbeiterklasse gehört? Ein erstes Signal in diese Richtung wäre, dass Jon »Ich weiß es besser als die Gerichte« Platt das Wort »uneingeschränkt« benutzte, um den Ermessensspielraum zu beschreiben, den die Lehrer bei der Anwendung der Regeln zur Anwesenheitspflicht haben. Ein Mann aus der Arbeiterklasse würde niemals etwas so Schwules in der Öffentlichkeit sagen. Zweitens fing die ganze Geschichte damit an, dass Jon »Hier geht's ums Prinzip« Platt sich weigerte, eine Strafe von sechzig Pfund zu zahlen. Wer würde sich wegen einer so lächerlichen Summe freiwillig einem Prozess aussetzen? Jemand aus der Arbeiterklasse hätte den Brief einfach ignoriert oder die Strafe in Raten abbezahlt.

Hinzu kommt, dass die Platts auf der Isle of Wight leben. Auch wenn ich mir sicher bin, dass nicht jeder auf der Isle wohlhabend ist, ist es doch offensichtlich, dass es einer ganzen Menge Leute dort relativ gut geht, zumindest finanziell. 41 Prozent der Haushalte besitzen ihr eigenes, bereits abbezahltes Haus. Bei weiteren 29 Prozent ist das Haus noch mit einer Hypothek belastet. Kurz gesagt, 70 Prozent der Haushalte sind Eigentümer; im südöstlichen England, dem wohlhabendsten Teil des Vereinigten Königreichs, dagegen sind es nur 68 Prozent. Wo Jon »Es ist eine Schande für uns« Platt lebt, gibt es mehr Hausbesitzer als im reichsten Teil des Landes.

Der nächste Hinweis darauf, dass Jon »Opfer des Systems« Platt ein bisschen zu schlau ist, um ein C2DE-Boulvardblatt lesender, Schutzhelm tragender, auf Baustellen schuftender, auf Dixie-Klos scheißender, vom Lottogewinn träumender, nasebohrender Prolet zu sein, liegt in der Tatsache, dass er nicht nur in Florida Urlaub macht, Worte wie

»uneingeschränkt« laut ausspricht, sondern zudem eine PPI-Agentur sein Eigen nennt. PPI-Agenturen sind ein Fluch, der Arbeitern im ganzen Land die Abende verdirbt. PPI-Agenturen sind Raubtierfirmen, die finanziell ahnungslose Leute anrufen, um ihnen mitzuteilen, dass sie von einer Bank übers Ohr gehauen worden seien. Die Agenturen bieten an, einige Formulare auszufüllen und besagter Bank zuzuschicken – im Austausch für einige Tausend Pfund.

Und wenn Sie noch immer nicht überzeugt von meiner These sind – was ist dann mit der Tatsache, dass Jon »Ich reiße den Bevormundungsstaat ein« Platt es schaffte, Prozesskostenhilfe zu beanspruchen, obwohl er den Fall freiwillig vor Gericht brachte? Sie lesen richtig: Mr. Platt brach wissentlich das Gesetz und brachte den Fall dann freiwillig vor Gericht – und der Steuerzahler hat dafür gezahlt.

Ich glaube, inzwischen bekommen Sie ein Gefühl für die klassenbezogene Wut, die ich weiter oben beschrieben habe, und dafür, was sie mit mir anstellt. Ich bin mir sicher, dass es auch für Sie eine Gruppe gibt, die ähnlich starke und irrationale Reaktionen in Ihnen hervorruft. Vielleicht sind es Leute wie ich, die sich zu einem Snobismus versteigen, der derart eklatant ist, dass er selbst wieder hochnäsig wirkt? Ich bin mir sicher, auch Sie haben sich einen Panzer aus Rechtfertigungen zurechtgelegt, um erklären zu können, warum ausgerechnet Ihre spezielle Art der Heuchelei legitim ist.

Was vielen Leuten entging, während sie ihre Aufmerksamkeit auf Jon »Die Kinder lernen bei einem Urlaub in Florida mehr als in der Schule« Platt richteten, war die Tatsache, dass genau an diesem Tag das neue Gesetz zu den Steuergutschriften in Kraft trat. Die steuerliche Berücksichtigung von Kindern ist in Großbritannien ein staatlicher Zuschuss, auf den Menschen mit niedrigem Einkommen einen Anspruch haben. Der Zuschuss ergänzt die Gehälter und wird an Familien mit Kindern ausgezahlt. Seit dem Wirtschaftscrash von 2008 und in einer Zeit permanenter Austeritätspolitik wurden viele Zuschüsse allerdings gekürzt oder gestrichen, um das »Haushaltsdefizit« zu verringern. An dem Tag, an dem es die Platts in die Nachrichten schafften, trat eine neue Obergrenze in Kraft, was bedeutete, dass Familien nur noch Steuergutschriften für maximal zwei Kinder beantragen konnten. Das Gesetz an sich ist schon umstritten, aber das ist noch nicht alles. Wir erfuhren an diesem Tag auch von den Umständen, unter denen Ausnahmen gewährt werden, also der Zuschuss in gewissen Fällen auch für mehr als zwei Kinder bezahlt wird. Eine Ausnahme, allgemein als die »Vergewaltigungsklausel« bekannt, gestattet es der Frau, Ansprüche für mehr als zwei Kinder zu erheben, wenn das zusätzliche Kind durch sexuelle Gewalt entstanden ist. Allen Ernstes: Frauen können Zuschüsse für ein drittes Kind beantragen, aber nur, wenn der Vater ein Vergewaltiger ist.

Es handelt sich um einen jener schwierigen Momente in der Politik, wo eine Grenze gezogen werden muss, und diese Grenze enthüllt dann unweigerlich unsere moralische Verwirrung als Gesellschaft.

Komischerweise waren die Medien an der neuen Steuergesetzgebung nur wenig interessiert. Das Thema war ganz einfach nicht fesselnd oder glamourös genug. Entweder das, oder sie hatten es schlicht nicht auf dem Radar. Vielleicht, weil so viele Leute, die im Medienbereich arbeiten, in die demografische Gruppe ABC1 fallen und von den Zuschussveränderungen kaum betroffen sind. Aber man stelle sich einmal den Rummel in den Redaktionen im ganzen Land vor, wären wohlhabende und seriöse Leute wie die Platts gezwungen worden, eine wirkliche Demütigung zu erdulden. Ich meine, wenn eine selbst verschuldete 60-Pfund-Strafe ausreichte, um die gesamte britische Presse für diesen Fall zu mobilisieren – obwohl die Regeln ja absichtlich gebrochen worden waren –, kann man sich die Entrüstung vorstellen, die eine Vergewaltigung auslösen würde, wenn die demografische Gruppe ABC1 betroffen wäre. Der große Unterschied zwischen den Platts und der Frau, auf die die Vergewaltigungsklausel zutrifft, ist der, dass die eine Gruppe für gewöhnlich still bleibt, während die andere eher den Mund aufmacht. Und nicht nur den Mund aufmacht, sondern höchstwahrscheinlich auch das Wissen, die Ressourcen und den Handlungsspielraum besitzt, um sich tatsächlich Gehör zu verschaffen und, noch wichtiger, dafür zu sorgen, dass das Gehörte ernst genommen wird. Das Gerichtssystem ist voller Menschen, denen an einem jeden Tag Bußgelder, Pfändungsbeschlüsse oder Gefängnisstrafen auferlegt werden, aber nur sehr wenige kommen mit ihrem Fall in die Medien und erhalten eine ausführliche Berichterstattung.

Mir ist sehr wohl bewusst, dass man den Zusammenhang zwischen diesen beiden Fällen bestreiten kann. Einige mögen es sogar für vulgär halten, dass ich beschlossen habe, das tatsächliche Gerichtsverfahren der Platts und eine potentielle Vergewaltigung gegeneinander abzuwägen. Aber durch Vergleiche wie diese kommen viele von uns zu ihren Meinungen. Jeden Tag schalten wir den Fernseher ein oder nehmen die Zeitung zur Hand und machen denselben Sprung, den ich hier gemacht habe: Wir behaupten, dass eine Gruppe im Verhältnis zu unserer eigenen privilegiert ist. Wir gehen davon aus, dass diese Gruppe von einer Unmenge von unsichtbaren Vorteilen profitiert, die wir nicht genau benennen können, von denen wir aber sicher sind, dass sie existieren. Wir haben den Eindruck, dass Leute, die die Nachrichten – und die Gesetze – machen, entweder zu weit entfernt sind von der Realität unseres Lebens, um sie präzise darzustellen, oder, schlimmer noch, dass sie sich an einer breiteren Verschwörung gegen uns beteiligen. Wir ziehen Schlüsse, wie und warum es zu dieser Verschwörung kommt, und diese Schlüsse öffnen die Fenster, durch die wir die Welt betrachten.

Manchmal liegen wir falsch, manchmal richtig. Aber was, wenn die Schlüsse, die wir ziehen, zu der Überzeugung führen, dass eine politische Teilhabe absolut keinen Sinn mehr hat? Was, wenn jemand glaubt, ganz und gar vom politischen Prozess ausgeschlossen zu sein? Politische Apathie ist ein Merkmal, das mit den unteren Schichten in Verbindung gebracht wird, aber es wird nur selten untersucht, warum dies so ist. Die Apathie mag in vielen Gemeinden etwas damit zu tun haben, dass die Leute Vergleiche ziehen, so wie ich es eben getan habe, aus einem Überschuss an Nachrichten, die vermeintlich darauf hindeuten, dass für unterschiedliche Leute unterschiedliche Regeln gelten. An dem Tag, an dem die Frauen rechtlich verpflichtet wurden, Beweise für ihre Vergewaltigung vorzulegen, um einen Zuschuss zu erhalten, der dafür gedacht war, die Armut ihrer Kinder zu lindern, wurden die landesweiten Nachrichten von einer Familie dominiert, die sich ungerecht behandelt fühlte, weil sie wegen eines Floridaurlaubs mit ihrer Tochter 60 Pfund Strafe zahlen musste. Ich will damit nicht sagen, dass nicht beide Parteien das Recht haben, sich in ihrem jeweiligen Fall benachteiligt zu fühlen; aber sicher verdient doch der eine Fall mehr öffentliche Aufmerksamkeit als der andere, oder nicht?

Das ist das andere »Defizit«, über das wir selten sprechen. Das Defizit in Bezug auf unsere jeweiligen Erfahrungen, die mit unserer Abstammung aus einer höheren oder niedrigeren Klasse zusammenhängen. Das Defizit besteht darin, wie unsere Erfahrungen dargestellt, medial verarbeitet und diskutiert werden. Dieses Defizit, das immer größer zu werden scheint, hat zu einer Kultur geführt, in der viele Leute sich ausgeschlossen, isoliert und missverstanden fühlen und sich deshalb dieser Kultur gegenüber feindselig oder apathisch verhalten. Das Defizit basiert auf Leuten, die unter heruntergekommenen sozialen Bedingungen leben, mit wenig Geld, in einem gewalttätigen Umfeld, wo der Fernseher eingeschaltet wird und man sich Gedanken macht wie die, die ich mir über die Platts gemacht habe. Das Defizit speist sich aus dem Glauben, dass das System strikt gegen uns ist und dass alle Versuche, sich dagegen zu wehren oder es herauszufordern, zum Scheitern verurteilt sind. Dass die Entscheidungen, die das eigene Leben betreffen, von anderen Leuten an einem anderen Ort getroffen werden, von Leuten, die bewusst versuchen, uns gewisse Dinge zu verheimlichen. Es ist der Glaube, dass man nicht teilnehmen darf an der Unterhaltung über das eigene Leben. Sehr viele Leute in sehr vielen Gemeinden halten an diesem Glauben fest, und es gibt einen guten Grund für seine Existenz: Er stimmt.

6

No Mean City

Nachrichten und Kultur im Allgemeinen sind zwei Bereiche, in denen wir deutlich sehen können, wie soziale Ungleichheit sich manifestiert. Ein weiterer Bereich wäre der jeweilige Lebensstandard einer sozialen Klasse. Das soll nicht heißen, dass jeder das Recht auf einen gleich hohen Wohnstandard hat oder dass die Unterbringung in einer Miet- oder Sozialwohnung zwangsläufig minderwertiger ist als privater Hausbesitz. Das Wohnen ist ganz einfach ein weiterer Bereich, in dem es eine klare Kluft zwischen den Besitzenden und den Besitzlosen gibt. Diese Kluft gilt es anzuerkennen, wo immer sie zu finden ist, da sie uns eine Erklärung dafür liefern kann, warum Leute aus gewissen sozialen Verhältnissen oftmals anders denken, fühlen und sich verhalten. Zu verstehen, dass Dinge wie Wohnverhältnisse sich auswirken auf unsere jeweiligen langfristigen Einstellungen und Entwicklungen im Leben, ist der Schlüssel, wenn man sich mit den Feinheiten sozialer Ungleichheiten auseinandersetzen will. Das Vorhandensein dieser Feinheiten wird oft angezweifelt, da sie in dem

Versuch, über den breiter werdenden Graben der Klassenunterschiede hinweg zu kommunizieren, nicht selten verloren gehen.

Man muss kein Architekturprofessor sein, um die historische Kluft zwischen den Klassen zu bemerken, wenn es ums Wohnen geht; in Glasgow zum Beispiel ist die Unterbringung in einem Hochhaus gleichbedeutend mit der sozialen Unterprivilegiertheit. Wie viele der Klischees in Bezug auf unterprivilegierte Gemeinschaften ist allerdings die Vorstellung, dass das Wohnen in Hochhäusern unangenehm ist, nicht falsch, aber leicht unfair: Es gibt viele Beispiele für funktionierende Hochhausgemeinschaften, und nicht alle Wohnblöcke sind gefährlich und drogenverseucht. Nicht einmal die architektonischen Monstrositäten, die dem Schmuddelklischee Auftrieb verliehen, waren nur schlecht. Etliche dieser Häuser waren jedoch so schlimm – oder sind es immer noch –, dass ihr Ruf ihnen vorauseilt, ob fair oder nicht.

Wie in so vielen Bereichen glücklosen menschlichen Strebens ist es im Rückblick einfach, auf jene herabzusehen, die Wohnungsbauprogramme förderten, welche später zu Symbolen des städtischen Verfalls und der sozialen Verelendung werden sollten: Die Idee, arme Leute vertikal zu stapeln, schien Mitte des zwanzigsten Jahrhunderts vermutlich ziemlich naheliegend, als Jahrzehnte des Bevölkerungswachstums infolge gleich mehrerer industrieller Revolutionen den Auftakt bildeten für eine rotierende Reihe neuer sozialer Probleme.

Im Griff der ökonomischen Expansion gegen Ende des neunzehnten Jahrhunderts, als viel materielle Beute zu machen und genügend Arbeit vorhanden war, dürfte es schwer gewesen sein, den soziokulturellen Rückschlag vorherzusehen, der hinter dem dunstigen, verräucherten Horizont lauerte. Die westliche Zivilisation keuchte, brannte und dampfte sich voller Selbstbewusstsein ins zwanzigste Jahrhundert. Diese Periode des ökonomischen Wachstums führte zur Erschaffung der modernen Welt und ist in der menschlichen Geschichte ohne Beispiel. Es war das erste Mal, dass Lebensstandard und Löhne kontinuierlich stiegen und die maschinell ermöglichte Massenproduktion sowohl in der Industrie wie in der sich entwickelnden globalen Ökonomie Veränderungen erzwang. Nirgendwo waren diese Veränderungen spürbarer als im Leben der gewöhnlichen Menschen, das sich infolge der neuen Technologie von Grund auf wandelte.

Diese von imperialer Abenteuerlust befeuerte Wachstumsphase überhitzte und verlangsamte sich unausweichlich. Als das britische Empire sich nach dem Ersten Weltkrieg aus allen Winkeln dieser Erde zurückzog, fanden die unvorhergesehenen Folgen des schnellen Bevölkerungswachstums ihren Ausdruck nicht nur in einer wirtschaftlichen Depression, sondern auch in den sozialen Bedingungen, der Gesundheit und dem Verhalten der unteren Klassen.

In Glasgow, der zweitwichtigsten Stadt des Empires, wurden erfolgreiche industrielle Vorstädte wie die Gorbals, in denen die einheimische und die zugereiste Bevölkerung im neunzehnten Jahrhundert explodiert war, kulturell überstrapaziert, von Krankheit geprägt und praktisch unbewohnbar. Die Arbeiter, die genug hatten von ihrem erbärmlichen Lebensstandard und den grauenhaften Arbeitsbedingungen, begannen sich zu organisieren und zwangen der Regierung Zugeständnisse ab, die, etwa im Bereich der Arbeits- und Wohnbedingungen, zur Basis der Menschenrechte wurden.

Dazu gehörten die Reduktion der wöchentlichen Arbeitszeit ebenso wie der erste Housing Act von 1919, der die grundlegenden Wohnstandards garantierte, die für uns heute selbstverständlich sind, also Strom, fließendes Wasser und Spültoiletten.

Trotz dieser Fortschritte setzte sich die Verelendung der Gorbals in den 1930er-Jahren fort, und die Gorbals wurden bald zum Inbegriff der Gewalt: Oft nannte man die Gegend den gefährlichsten Ort des Vereinigten Königreichs. Der Sozialwohnungsbestand war in Großbritannien schnell hochgezogen worden, um die wachsende Nachfrage zu befriedigen; in Glasgow dauerte es nicht lange, bis die Wohnungen, die damals 500 000 Menschen Unterkunft boten, unbewohnbar wurden. Fünf- und sechsköpfige und noch größere Familien wurden in einem Zimmer zusammengepfercht, in Wohnblocklandschaften, die sich Straße um Straße hinstreckten.

Eine ganze Reihe von Lösungen wurde vorgeschlagen. Dazu gehörten die Planung und Errichtung von »Trabanten«: Wohnviertel am äußeren Rand der Stadt, die die weiten, offenen Flächen weit jenseits der Innenstadt nutzten. Diese sollten dazu beitragen, den Druck auf die Gorbals zu reduzieren, die jetzt gefährlich überbevölkert waren. Die Trabanten würden die zusätzliche Fläche nutzen, Familien moderne Unterkünfte bieten und außerdem Freizeitflächen bereitstellen, hieß es. Doch diese Pläne wurden vom Zweiten Weltkrieg unterbrochen und danach für viele Jahre nicht weiterverfolgt. Das Nachkriegsprogramm der Regierung versprach, 50 000 neue Wohnungen pro Jahr zu bauen, um die Slums aufzuwerten, doch im Gegensatz zu Wohnbauprojekten wie Pollok, Easterhouse und Castlemilk, die am

Rand von Glasgow lagen, war im Zentrum der Baugrund rar – was die Planer vor weitere Herausforderungen stellte.

In den 1950er-Jahren wurden die aus Kontinentaleuropa importierten Wohnhochhäuser als Lösung für diese innerstädtischen Wohnviertel angepriesen, und in den 1960er-Jahren wurden hochangesehene Architekten wie Sir Basil Spence eingeflogen, um die Slums umzugestalten. »Wenn man wenig Fläche hat, muss man hoch bauen«, sagte ein Reporter in dem 1993er-Dokumentarfilm »High Rise and Fall«. Wie der Film sehr anschaulich zeigt, ist »hoch bauen« genau das, was man damals tat. Aus der Asche der Slums erhoben sich symbolträchtige, vielstöckige Bauten. Doch während diese Wohnungsbaupläne zumindest anfänglich ein Erfolg zu sein schienen, wurden die Queen-Elizabeth-Blöcke binnen achtzehn Monaten, zum Entsetzen von Politikern wie Bewohnern, von den Ortsansässigen in »Alcatraz«, »Barlinnie« und »Carstairs« unbenannt – zwei grausame Gefängnisse und eine Anstalt für geistesgestörte Verbrecher.

Viele dieser Wohnblöcke, so vielversprechend sie anfangs gewesen sein mochten, wurden von den Anwohnern bald als schmutzige, gefährliche und wenig erstrebenswerte Unterkünfte gesehen. Neben baulichen Problemen, die Feuchtigkeit begünstigten, und Fenstern, die dafür berüchtigt waren, bei Sturm eingedrückt zu werden, suchten in der Peripherie dieser Häuser auch Drogendealer nach neuen Absatzmärkten. Da traditionelle Industrien wie Kohle und Stahl heruntergefahren wurden, stieg die Arbeitslosigkeit, und viele Bewohner fühlten sich träge und demoralisiert. Das Scheitern der Hochhausbesiedlung in diesem Teil der Stadt und in vergleichbaren anderen war eine Katastrophe, nicht nur für die Verantwortlichen vor Ort, sondern auch für die Bewohner, die eben aus den Slums ausgezogen waren, um in den »Wolkenkratzern« der Zukunft ein neues Leben zu beginnen.

Diese vielstöckigen »Gärten im Himmel« und die sozialistischen Prinzipien, die sie verkörperten, waren nicht nur hochfliegende, sondern auch aufrichtige und ehrgeizige Versuche gewesen, den Lebensstandard der Arbeiter grundlegend zu verbessern; das ging so weit, dass man die reiche und vielfältige Geschichte des Viertels in die Konturen der Architektur integrierte. Spence, der Konstrukteur der berüchtigten Queen-Elizabeth-Hochhäuser, die zum Ausgangspunkt dieses grauenhaften Klischees wurden, stellte sich vor, dass die drei Türme nebeneinander den majestätischen Eindruck großer Schiffe unter vollen Segeln vermitteln würden.

Es war eine wunderbare Idee, doch, wie ein Bewohner in Bezug auf das maritime Motiv bemerkte: »Diesen Eindruck hat man nur, wenn man rüber in den Richmond Park geht« – eine Grünfläche gut eine Meile von den Blocks entfernt. Der Gedanke ist absurd, dass dieser ehrfurchtgebietende Tribut an den europäischen Utopismus, der die nahtlose Vereinigung von hoher Kunst und sozialer Notwendigkeit vollzog, nur funktionierte, wenn man ihn aus der Ferne sah. Weniger hochtrabend könnte man auch sagen, dass die Wohnungen umso sinnvoller erschienen, je weiter man von ihnen weg war. Die Art, wie Spence diese Gemeinschaft betrachtete, hatte also etwas fatal Fehlgeleitetes. Einige seiner Annahmen darüber, was die Arbeiter brauchten und wollten, konnten weder durch technisches Geschick, künstlerisches Talent noch durch edle Absichten korrigiert werden. Die fehlende Kommunikation mit der Gemeinschaft selbst über ihre Bedürfnisse und ihre Erwartungen sowie eine Entwicklungsphase, die gespickt war mit gut gemeinten, aber privilegierten Annahmen, führten dazu, dass innerhalb von zwanzig Jahren viele dieser innovativen Bauten entweder abgerissen wurden, zum Abriss vorgesehen waren oder oberflächlich umgestaltet wurden, um ihnen ein weniger brutales Aussehen zu verleihen. Und in Gemeinden wie den Gorbals wurde es zur Tradition, dass man aufgeregt zusammenströmte, um zuzusehen, wie die eigene Geschichte einer Umbaumaßnahme unterzogen wurde. Und so ist es auch heute noch.

Die Hochhausunterbringung in den Gorbals war eine demütigende und teure Lektion in urbaner Regeneration, und das kulturelle Erbe dieser Fehltritte wirft noch immer einen langen Schatten auf die Stadt. Tausende Familien, die eh schon kämpfen mussten, um über die Runden zu kommen, wurden von der Situation vor Ort so sehr unter Druck gesetzt, dass es sie körperlich, psychologisch und emotional veränderte. Was von der lokalen Wirtschaft noch übrig war, passte sich den veränderten Bedürfnissen der Bewohner an; Schnapsläden, Pubs, Imbissbuden, Spielhallen, Wettbüros und Drogendealer lieferten kurzfristige Ablenkung von der grausigen Realität der Deindustrialisierung. Aber diese zumeist scheinbar harmlosen Beschäftigungen wurden bald zu Lastern, die ihren Niederschlag fanden in einer epidemischen Verschlechterung der öffentlichen Gesundheit. Unter den beklemmenden sozialen Bedingungen fingen die Leute bald an, den öffentlichen Institutionen und Behördenvertretern wie Polizisten und Sozialarbeitern zu misstrauen, da man sie sowieso nur geschickt hatte, um die anschwellende Flut der sozialen Probleme einzudämmen.

In den ärmeren Nischen dieser prekären Gemeinschaften versteckten sich die Leute unterdessen in einer dunklen Unterwelt und versuchten, ihre Kinder aufzuziehen, während sie selbst in Alkoholismus und Drogenmissbrauch versanken.

Eins dieser Kinder trug den Namen Sandra Gallagher. Meine Mutter.

7

1984

Meine Mum und mein Dad lernten sich in einem Probenraum in Glasgow im Sommer 1983 kennen. Mein Dad, damals 19, war ein ehrgeiziger Musiker, der sich Hoffnungen machte, von einer Plattenfirma unter Vertrag genommen zu werden. Eines Abends tauchte nach der Probe die Freundin eines anderen Bandmitglieds mit einer ihrer Freundinnen im Probenraum auf. Zwischen meinem Dad und ihr funkte es sofort. Bald darauf beschlossen sie, auf der Insel Arran zu zelten. Noch bevor das Wochenende der beiden jung Verliebten zu Ende war, ging ihnen das Geld aus, und sie mussten ohne zu bezahlen vom Campingplatz verduften. In einer Hinsicht eine ziemlich romantische Geschichte, andererseits ein schlechtes Vorzeichen auf das, was kommen sollte.

Nicht lange, nachdem sie wieder auf dem Festland war, nahm meine Mutter meinen Dad mit zu ihrer Familie in die Gorbals. Der Abend begann, wie ein solcher Abend eben beginnt: eine herzliche Begrüßung, freundliches Geplänkel, reichlich Essen und Trinken. Als dann der Alkohol floss, lag plötzlich Spannung in der Luft, und es dauerte nicht lange, bis es zu einem Streit zwischen meiner Mutter und ihrer Mutter kam. Mein Dad, der in Pollok ebenfalls in einer Alkoholikerfamilie lebte, war gewöhnt an die Wortwahl in einem Säuferhaushalt. Aber bei der Familie meiner Mutter war trotzdem etwas anders. Hier spielte noch das zusätzliche Element der Unberechenbarkeit und der Gefahr mit in die Situation. Die Grenzen dessen, was angemessen und was unangemessen war, waren nicht so klar definiert wie in der Familie meines Vaters. Bevor der Abend vorüber war, brach plötzlich ein heftiger Kampf aus. Es wurde so schlimm, dass mein Vater beschloss, die Beziehung zu meiner Mutter abzubrechen.

An dem Tag, als er ihr sagen wollte, dass es vorbei sei, offenbarte sie ihm, dass sie schwanger war. Im April darauf kam ich zur Welt. Sie nannten mich Darren, weil »Arran« ein bisschen »zu amerikanisch« klang. Meine Mutter wohnte bei uns, bis ich ungefähr zehn war. In diesem Jahrzehnt zog sie eine Spur der Verwüstung hinter sich her, die unser aller Leben veränderte; jedes Jahr wurde ihr Verhalten bizarrer und unberechenbarer.

Kurz bevor sie uns verließ, kam ich eines sonnigen Nachmittags mit ein paar Freunden im Schlepptau in Pollok an und fand den Inhalt unseres Hauses im Vorgarten verstreut und in Flammen gesetzt.

Ich weiß nicht mehr, welche Erklärung ich meinen Freunden für diesen Anblick lieferte, aber ich vermute, es war keine nötig. Sie wussten so ungefähr Bescheid, wie wir lebten. Wenn man in einem dysfunktionalen Haushalt lebt, dringt einiges davon auf die Straße. Irgendwann verdrängt man die Wahrheit, vielleicht um sich selbst das Gefühl der

Scham und die Verlegenheit zu ersparen. Man gewöhnt sich daran, dass die Leute in der Nachbarschaft die Verhältnisse kennen und einen in die entsprechende Schublade gesteckt haben. Privatsphäre ist eines dieser Luxusgüter, die Leuten wie uns verwehrt bleiben. Würde ist etwas für die besseren Leute.

So zu tun, als wäre man nicht arm, ist die eine Sache. Dazu braucht man nur ein paar Kreditkarten, das Internet und einen Hang zur Selbsttäuschung. Man sollte vielleicht auch die große blaue Kiste verstecken, die man als Armutsunterstützung von der EU bekommen hat, zumindest wenn Besuch kommt. Schwieriger hingegen ist es, die Dysfunktionalität der eigenen Familie zu verheimlichen. Zum einen hat man vielleicht keinen Einfluss auf die Dysfunktionalität, da nicht man selbst, sondern ein Elternteil oder ein Geschwister sich seltsam verhält. Zum anderen nimmt man die Dysfunktionalität vielleicht gar nicht mehr wahr und kann sie deshalb nicht verbergen. Dysfunktionalität kann für alle sichtbar sein außer für einen selbst. Man merkt gar nicht, dass man in einem dysfunktionalen Haushalt lebt.

Wenn es offensichtlich wird, dass das eigene Leben nicht normal verläuft, ist es zu spät, um noch den Schein zu wahren. Besorgte Nachbarn hören durch die Wände, was vor sich geht. Lehrer, Ärzte, Sozialarbeiter und psychologische Betreuer erkennen die Situation, in der man sich befindet. Aber auf jeden, der Besorgnis zeigt oder Hilfe anbietet, kommt ein anderer, der nur darauf wartet, die eigene Verletzlichkeit auszunutzen. Wie die Insassen, die sich in der Gefängniskantine wegen eines Toasts aufschlitzen, wenn auch nur, um die Gewalt von weiter oben abzuwenden – so war auch ich gezwungen, mich der Dysfunktionalität zu unterwerfen; die

Probleme bei uns zu Hause, die vorwiegend von meiner Mutter ausgingen, wie auch die Tatsache, dass wir kein Geld hatten, waren etwas, für das ich in der Schule Rechenschaft ablegen musste. Ein paarmal hatte ich mich am Morgen selbst anziehen müssen und war auf dem Pausenhof dann zur Zielscheibe der entsprechenden Hänseleien geworden. Ich weiß noch gut, wie mein Vater eines Vormittags die Arbeit unterbrechen musste, um mir ein paar anständige Sachen zu bringen. Gott weiß, was ich damals anhatte. Bei anderer Gelegenheit saß ich lange nach Ende des Schultags noch im Foyer der Kinderkrippe oder in der Schule herum und wartete, dass jemand kam und mich abholte.

Ich erinnere mich, wie ich eines Morgens auf die Küchenarbeitsfläche kletterte, um die Oberschränke zu erreichen, damit ich mir mein Frühstück machen konnte, aber da ich noch zu jung war und mich in der Küche nicht auskannte, goss ich nur kaltes Wasser in eine Schüssel mit Haferschrot und aß den entstehenden Matsch, bevor ich mich für die Schule fertig machte. Für mich war das damals keine große Sache. Ich hatte mich daran gewöhnt, dass meine Mutter nicht in der Lage war, sich um mich zu kümmern. Das einzige Problem war, dass mir diese Dinge völlig normal vorkamen, weil ich keine Vergleichsmöglichkeit hatte. Für die Kinder um mich herum war jedoch offensichtlich, dass etwas nicht stimmte.

Zum Glück hatte Gott mir einen dichten rötlichen Haarschopf und blasse, sommersprossige Haut geschenkt, was mir jeden Tag einen einigermaßen sicheren Weg über den Pausenhof garantierte. So schwierig die Schule auch sein mochte, war sie mir doch immer lieber als die Unberechenbarkeit des Lebens zu Hause, wo ich wie auf rohen Eiern ging und herauszufinden versuchte, welche Laune meine Mutter hatte.

Bei ein paar Gelegenheiten lief ich in unseren Hinterhof und warf dort ihre leeren Flaschen über den stacheligen Stahlzaun. Wenn ich mich richtig erinnere, wurde mir das als Spiel angepriesen, und ich spielte mit, um sie bei Laune zu halten. Die Abmachung funktionierte ähnlich wie die Nachmittage, die ich in der Spielhalle verbrachte, nachdem sie mir einen Besuch im »Treasure Island« versprochen hatte, nur um dann in einem Spielzeugauto zu sitzen und das Display mit »Guthaben auffüllen« anzustarren, während sie das Familiensilber in einen Daddelautomaten steckte. Tage wie dieser oder eben das Flaschenwerfen waren so ziemlich die einzige gemeinsame Zeit mit meiner Mutter, an die ich mich erinnern kann. Jahre später kroch ich dann durch den Zaun, um den Wald hinter dem Haus zu erkunden, und sah schockiert, wie viele Flaschen ich hinübergeworfen hatte. Der ein Meter achtzig hohe Zaun, der sich über die gesamte Länge unserer Straße erstreckte, war erst kurz vor unserem Einzug errichtet worden, um Einbrecher abzuschrecken. Wer blöd genug gewesen wäre, bei uns einzubrechen, hätte nicht viel gefunden, da meine Mutter alles Wertvolle im Haus verkauft oder verpfändet hatte. Sie hatte sogar angefangen, sich von den Nachbarn Geld zu borgen, sobald Dad zur Arbeit gegangen war. Ihr Alkohol- und Drogenproblem war so außer Kontrolle geraten, dass es ihre Fähigkeit, sich um uns zu kümmern, quasi außer Gefecht setzte. Es dauerte nicht lange, dann tauchten im Garten Spritzen auf.

Eines Nachmittags gelang es mir, aus meinem Schlafzimmerfenster im ersten Stock zu klettern und mich auf den Sims hoch über den Betonplatten vor unserem Haus zu hocken, ohne daran zu denken, dass ich verunglücken könnte; für mich war das nur ein weiteres Abenteuer, und ich wurde barsch unterbrochen von einer Nachbarin, die aus Leibeskräften schrie: »Darren McGarvey, rein mit dir, und zwar sofort!« Das war nicht mein erster Vorfall im Zusammenhang mit einem Fenster. Ein paar Jahre zuvor hatte ich es in unserer zweiten Familienwohnung irgendwie geschafft, eine Katze aus dem Fenster in der obersten Etage des dreistöckigen Gebäudes zu schubsen. Aus irgendeinem Grund schien es meine Mutter viel mehr zu bestürzen, wenn einem Tier etwas passierte. Sie weinte, als sie die Treppen hinunterrannte. Die Katze wurde später eingeschläfert. Meine eigene Nähe zu dem offenen Fenster schien ihr weniger Sorgen zu machen, was vielleicht ein gutes Beispiel ist für ihre bizarren Prioritäten.

In dieser Wohnung wurde meinem Vater ihre schwere Sauferei zum ersten Mal bewusst. Nachdem er ihr sein Scheckbuch anvertraut hatte, damit sie die Hypothekenrate bezahlte, fing sie an, großzügig Schecks auszuschreiben, um Alkohol und Drogen zu kaufen. Wir mussten die Wohnung aufgeben und nach Pollok ziehen, in eine Sozialwohnung. Im nächsten Haus blieben wir auch nicht lange; unsere dritte Unterkunft in ebenso vielen Jahren. Mein Vater arbeitete weiter, um uns zu versorgen, während sie weiter trank und es zu verheimlichen versuchte. Schon bald nach der Geburt meiner Schwester im Jahr 1987 brachte meine Mutter Heroin mit nach Hause in der Absicht, es zu verkaufen; stattdessen rauchte und spritzte sie es, mit tatkräftiger Unterstützung einiger Freunde. Sie häufte massive Drogenschulden an. Wenige Wochen später attackierte man meinen Dad vor unserem Haus und drohte ihm, wir würden alle getötet, sollten die Schulden nicht bezahlt werden. Meine Mutter, die vorübergehend zurück in die Gorbals gezogen war, bekam Wind davon und wandte sich an einige Gangster, die sie aus der Nachbarschaft kannte, damit sie meinem Dad die Dealer vom Hals schafften. Wir zogen abermals um, in ein Haus auf der anderen Seite von Pollok, dieses Mal mitten in der Nacht. Dennoch fürchtete mein Dad, die Dealer wüssten, wo wir wohnten, und die Vergeltungsmaßnahmen würden nicht mehr lange auf sich warten lassen. Wir konnten nichts anderes tun, als einfach weiterzuleben. Weiterzuleben und zu warten. Zum Glück kamen die Dealer nie. Anscheinend war meine Mutter hin und wieder doch zu etwas nützlich und hatte die Situation bereinigt, indem sie mit Hilfe ihrer »Freunde« die Dealer davon überzeugte, die Schulden abzuschreiben.

Ich hätte es meinem Vater nicht verübelt, wenn er sich von seinem Elend hätte erlösen wollen.

8

A Question of Loyalties

Es ist keine Überraschung, dass man sich seinen Optimismus in einem solchen Umfeld nur schwer bewahren kann. In Gegenden wie Pollok wirkt die Dysfunktionalität, auch wenn sie nicht jeden persönlich betrifft, zersetzend auf die Moral und das Ansehen aller. Wenn man dauernd von Gewalttaten hört oder die Leute sich ständig beschweren, dass die Lokalpolitiker rein gar nichts gegen die Probleme unternehmen, dann verstärkt sich das Gefühl, dass man in einer heruntergekommenen Gegend lebt und vom Rest der Gesellschaft vergessen wurde – bis etwas Schreckliches passiert und das eigene Leben es auf die Titelseiten schafft.

In den ärmeren Gemeinden herrscht die tiefgreifende Überzeugung, dass sich nichts je ändern wird; dass die Mächtigen nur auf den eigenen Vorteil schauen und nicht vertrauenswürdig sind. Eine solche Ansicht scheint ein wenig ziellos, und in vielerlei Hinsicht ist sie das auch. Aber wenn man ein paar Wochen in einem solchen Viertel gelebt hat, lernt man schnell, was es heißt, unterprivilegiert zu sein; die Probleme sind unschwer zu erkennen. Schwierig wird es, wenn man etwas gegen diese Probleme unternehmen möchte und dabei ständig nur gegen eine Mauer rennt. In diesen Gemeinschaften wird der Wille zur gesellschaftlichen und politischen Teilhabe aus den Leuten herausgeprügelt. Man nimmt immer an, dass die Armut ein Nebenprodukt der Apathie sei – die Armen bleiben arm, weil sie in Bezug auf ihr eigenes Leben untätig sind. Aber oft trifft genau das Gegenteil zu. Jeder Enthusiasmus, aktiv am Gemeinschaftsleben teilzunehmen, verfliegt, wenn die Leute erkennen, dass der demokratische Prozess vor Ort nicht auf ihre Teilhabe ausgerichtet ist; vielmehr behalten einige wenige Leute von außerhalb die Kontrolle über den Gestaltungsprozess, über die Köpfe derjenigen hinweg, die im eigentlichen Problembereich leben.

Wenn Gleichgesinnte mit einem gemeinsamen Ziel vor Ort aktiv werden wollen, tun sie das zumeist, indem sie eine Gruppe gründen. Im Umfeld der Arbeiterklasse sind die Ziele, die hierbei anvisiert werden, eher einfach. Normalerweise wollen die Leute bloß einen Raum für Aktivitäten, die ihnen Spaß machen oder von denen sie profitieren. Aber eine Gruppe zu gründen ist nicht so einfach, wie es klingt. Zunächst einmal braucht man einen Vorstand. Ein Vorstand muss aus mindestens drei Personen bestehen; zudem werden eine schriftliche Satzung und ein Bankkonto nötig. Wenn man keinen Vorstand hat, hat man keinen Zugang zu den nötigen finanziellen Mitteln. Wenn man keine Satzung hat, kann man kein Konto eröffnen. Wenn man kein Bankkonto hat, kommt man nicht an das Geld, um die Miete für die Räumlichkeiten zu bezahlen. Und das ist, was die quälende lokale Bürokratie betrifft, nur die Spitze des Eisbergs.

Zwar kann für Gruppen mit gewissen Zielen Geld bereitgestellt werden, aber die Leute vor Ort haben keinen Einfluss darauf, welche Ziele genau als förderungswürdig gelten. So werden die Leute an der Basis zur Bildung von Gruppen gezwungen, die nach der Pfeife der Regierung tanzen – weil es schwer ist, sonst überhaupt eine Unterstützung zu erhalten. Die Leute aus der Arbeiterklasse bekommen einen seltsamen Blick, wenn sie gefragt werden, was denn die hehren Ziele ihrer Gruppe seien – nachdem sie eigentlich nur auf der Suche waren nach einem Raum, in dem sie für ihre Senioren eine Kanne Tee kochen konnten. Oder nach einem Raum, in dem die jungen Leute abhängen können. Oder in dem sich ein Kochkurs für alleinerziehende Mütter anbieten ließe. Die Dinge, die diese Leute wollen, sind oft so einfach, dass die zuständigen Mittelklasse-Ohren verblüfft darauf reagieren. Zwischen den großspurigen Sozialtechnik-Projekten der Regierung und den unglamourösen Ansprüchen und Bedürfnissen der Leute vor Ort, von denen viele das Fachkauderwelsch im Antragsformular gar nicht beherrschen, besteht eine große Diskrepanz.

Menschen aus der Arbeiterklasse sollen von »Moderatoren« und »Mentoren« motiviert und angeleitet werden. Dadurch entsteht ein System, in dem die ursprünglichen Anliegen verwässert werden. Die Ansprüche der Basis passen sich den Zielen der Einflussreichen und Mächtigen an. Die Vorstandsstruktur auf der politischen Verwaltungsebene erzeugt einen Mechanismus, mit dessen Hilfe eine Gruppe jederzeit beherrscht werden kann, sollte sie anfangen, sich über die eigene soziale Stellung erheben zu wollen. Der Glasgower Dichter und Essayist Tom Leonard parodiert dieses Phänomen in seinem Gedicht »Liaison Co-ordinator«, in dem die Armen sehr effektiv durch ihr eigenes Leben geführt werden. Das Gedicht thematisiert die Klassenproblematik sowie auch ihre Verschärfung durch Sprache. Allein das Wort »Liaison Co-ordinator«, also etwa Beziehungskoordinator, macht misstrauisch. Ein solcher Jargon wird nur von einem gewissen Typ Mensch benutzt. Das Gedicht beschreibt auch den Blick der ärmeren Gesellschaftsschichten auf die Leute drüben auf der anderen Seite der Klassenschranke, die nicht selten als ausbeuterisch und bevormundend empfunden werden. Manchmal ist ein solcher Blick fair, manchmal auch nicht, aber die Überwindung dieser Kluft ist jedenfalls eine der zentralen Herausforderungen unserer Zeit.

Während die soziale Ungleichheit immer größer wird und die Risse in unseren Biografien immer deutlicher, stellen wir Mutmaßungen über die Leute auf der anderen Seite der Kluft an, über ihren Lebensstil und ihre Überzeugungen, ihre Absichten in Bezug auf uns. Diese Projektionen tragen der Komplexität und dem wirklichen Leben der Menschen aber kaum Rechnung. Das ist der Grund, warum das Reden über die verschiedenen Klassen so schwierig ist.

Aus welchem Lager man auch kommt, man hat mit großer Wahrscheinlichkeit zumindest unbewusst seine Überzeugungen und Ansichten, also über sich selbst und über die Leute von der anderen Seite. Ich persönlich bekam den Gedanken nicht aus dem Kopf, dass die Leute aus der Mittelklasse es leichter hätten als ich, dass sie mit einem silbernen Löffel im Mund geboren wurden und von unsichtbaren Vorteilen profitierten. Jemand anderes hängt vielleicht dem Glauben nach, dass die Armen arm bleiben, weil sie nicht schwer genug arbeiten oder ihre eigene negative Haltung sie hemmt, dass aber das System doch eigentlich gerecht ist. Unsere Ansichten sind wie Linsen, die den Blick auf die Welt nur vermeintlich schärfer stellen. Die Schlüsse, die wir aus dem ziehen, was wir sehen, sind von enormer Wichtigkeit, nicht nur, weil sie den Grundstein unseres Denkens bilden, sondern auch weil es eine Verbindung gibt zwischen dem, was wir glauben, und dem, was wir tun. Unsere Ansichten, ob sie nun wahr sind oder falsch, erstrecken sich oft auch in den Bereich der politischen Teilhabe, einem der wenigen Felder, in dem die Menschen aus der Unter- und der Mittelschicht noch interagieren.

Das Problem ist, dass die Ansichten über die Leute auf der anderen Seite oftmals auf Klischees und Übertreibungen basieren, die über Generationen hinweg weitergegeben und verstärkt wurden. Der Dialog auf politischer Ebene wird damit zu einer extremen Herausforderung. Schlimmer noch, jeder missglückte Kommunikationsversuch wird zur Grundlage weiterer Ressentiments und Missverständnisse. In Pollok war die Spannung zwischen der Arbeiterklasse und den einflussreichen Leuten aus den wohlhabenden Kreisen, zwischen ihren jeweiligen Anliegen und ihrer Kultur, prägend für meine frühen politischen Erfahrungen. Anstatt das Klassensystem per se in Frage zu stellen, wurde die Spaltung nur immer weiter vertieft. Und als die Spannungen ihren Höhepunkt erreichten, veränderte sich das Gesicht unserer Gesellschaft.

9

Unterwegs

»Besagte Ländereien sollen auf ewig freie, bewaldete Flächen bleiben, zur Verschönerung der Gegend und so weit wie möglich zum Nutzen der Bürger von Glasgow.« Das waren die Worte von Sir John Maxwell, als er 1939 den Menschen der Stadt das als Pollok Park bekannte Anwesen vermachte. Doch 1974 beschloss der für den Park zuständige National Trust for Scotland, die Vorschriften der ursprünglichen Vereinbarung zu lockern – damit eine Autobahn hindurchgebaut werden konnte.

Der Aktivist und Akademiker Paul Routledge beschreibt in seinem Aufsatz: »*Pollok Free State and the practice of postmodern politics*« (»Der Freistaat Pollok und die Praxis postmoderner Politik«) die Ereignisse, die in der Kampagne zur Verhinderung der Straße gipfelten:

> »Gemeinsame Proteste gegen die Autobahn (M77) begannen im Jahr 1979 unter Beteiligung des Corkerhill Community Council und anderer betroffener Gemeindegruppen.

1988 dauerte eine öffentliche Untersuchung drei Monate und schloss eine ganze Reihe von Anträgen gegen die M77 mit ein. Dazu gehörte der Widerstand des Glasgow District Council, von Gemeinden, die von der M77 betroffen sein würden und von diversen Gemeindeorganisationen wie etwa Glasgow for People. Trotz des verbreiteten Widerstands gegen die Autobahn wurde 1992 mit vorbereitenden Bauarbeiten begonnen. Durch die westliche Seite des Pollok Park wurde eine Schneise geschlagen und das Fundament für die Straße gelegt.«

Obwohl die Leute vor Ort in Aktion traten, um ihrer Stimme Gehör zu verschaffen, und das über einen Zeitraum von fast dreißig Jahren, wurden sie weitestgehend ignoriert. Ein schwindelerregendes Spektrum an Rechtfertigungen wurde vorgelegt: Die Autobahn werde die wirtschaftliche Entwicklung unterstützen, den Autofahrern Zeit sparen, die Zuverlässigkeit des öffentlichen Verkehrs erhöhen, die Umweltbedingungen verbessern und Verkehrsunfälle reduzieren. Gegner der Straße zweifelten diese Behauptungen an und propagierten ihrerseits, dass die M77 die Lärm- und Luftverschmutzung erhöhen, den Wald und die Tierwelt im Pollok Park schädigen und den Verkehr beträchtlich erhöhen werde.

Sie argumentierten, dass die für den Bau der M77 verwendeten Mittel sinnvoller eingesetzt werden könnten, um etwa bestehende Verkehrswege zu modernisieren. Zudem nutze die Autobahn eher den Fahrzeugnutzern aus den wohlhabenderen Gegenden als den Bewohnern der örtlichen Gemeinden, in denen die Zahlen zu Fahrzeugbesitz und -nutzung eher niedrig war. Routledge schreibt:

»Zusätzlich würde der Straßenbau die Zugangswege der betroffenen Gemeinden zum Pollok Park durchtrennen – einem sicheren Erholungsgebiet für Kinder – und eine laute, die Umwelt belastende Autobahn in die Nähe von Grund- und weiterführenden Schulen verlegen. Politisch würde der Bau der Autobahn die wirtschaftliche Entwicklung einer Grünfläche und die daraus folgende Beschränkung des öffentlichen Zugangs zu diesem Land zur Folge haben.«

Als Reaktion auf die Entwicklung schlug schließlich eine Truppe von Umweltschützern, die sich The Pollok Free State nannte, im Pollok County Park, den sie als Eigentum des Volkes betrachtete, ein Lager auf. Angeführt vom Kunsthandwerker und Umweltschützer Colin Macleod, der bereits in den frühen 1990er-Jahren einen Baumhaus-Protest gegen die Autobahn initiierte, wurde der Pollok Free State schnell zu einem Leuchtfeuer des Widerstands.

Ziel der Gruppe war es nicht nur, die ungewollte Straße zu verhindern, sondern auch die demokratische Frage aufzuwerfen, inwieweit Ortsansässige das Recht auf Mitbestimmung hinsichtlich der Nutzung und Entwicklung des öffentlichen Raums hätten. Die Aktion war Teil eines größeren Protests gegen die M77, an dem sich zahlreiche Gruppen beteiligten, darunter auch Scottish Militant Labour, Earth First und Glasgow for People.

Das Lager war ein Mikrokosmos dessen, was Menschen, die ein gemeinsames Ziel eint, mit sehr wenigen Mitteln erreichen können. Macleod, ein Ortsansässiger, der ein dauerhaftes Lager auf der Route der geplanten Straße errichteten konnte, nachdem er neun Tage im Wipfel eines Baumes ausgeharrt hatte, um dessen Fällung zu verhindern, verkörperte das Wesen des Widerstands. Er brachte Zielstrebigkeit und Verbundenheit in eine Gemeinschaft, die zuvor von Armut und politischer Apathie zerrissen war.

Das Lager war nicht nur ein sichtbares Symbol des Widerstands, der die Menschen zwang, die Macht und Legitimität der örtlichen Planer und Beamten in Frage zu stellen, sondern etablierte, was noch wichtiger war, einen gegenkulturellen Lebensstil, durch den die bisher mit geringer Selbstachtung, Trägheit und Sucht geschlagenen Anwohner weitergebildet und resozialisiert wurden.

Aber das Lager, dessen Mitgliederzahl schwankte und in dem sich Leute aus allen sozialen Schichten aufhielten, hatte auch seine Probleme. Neben den Ortsansässigen, die sich für lokale Themen engagierten, strömten auch Aktivisten und Akademiker von außerhalb mit weit gefassten Umweltschutz- und Wirtschaftsanliegen ins Lager, und das erzeugte Reibungen. Die Ortsansässigen hatten oft das Gefühl, die Akademiker und Studenten würden das Lager überrennen und das eigene Mittelklasseninteresse des Umweltschutzes über die Interessen der Anwohner stellen. Es gab Probleme mit Alkohol und Drogen, weshalb beides schließlich aus dem Lager verbannt wurde. Um die Reibung zwischen den konkurrierenden Interessengruppen ein wenig abzuschwächen, wurden strenge Regeln und eine neutrale Inklusivität vereinbart. Macleods beeindruckendes Geschick als Kunsthandwerker wurde in den Hintergrund gedrängt von seiner natürlichen Art im Umgang mit Menschen; er begriff intuitiv, wie sein individuelles Potential zum Wohle der Gemeinschaft eingesetzt werden konnte. Er wurde von allen respektiert und konnte zwischen den einzelnen Fraktionen vermitteln.

Der Pollok Free State war nur eine in einer ganzen Reihe von kleinen, zunehmend effektiven Bewegungen, die in der Gegend operierten – sehr zum Frust der politischen Parteien und großen Konzerne. Eine Truppe junger Sozialisten, aus der später die Scottish Socialist Party entstehen sollte, hatte sich in der Anti-Kopfsteuer-Bewegung engagiert, die dem Pollok Free State vorausging. Es handelte sich um eine junge, dynamische und humorvolle Verbindung von Aktivisten und Gemeindesprechern.

Als Folge dieser Entwicklung gewann das soziale Umfeld an Selbstbewusstsein. Politisch bislang eher apathische Leute entwickelten neue Instinkte. Der Selbstzweifel verschwand, der viele bisher gehemmt hatte. Der Glaube, dass jedes Engagement sinnlos wäre, weil es ohnehin nicht wahrgenommen würde, wich einem neuen gemeinschaftlichen Mut. Die sozialistischen Aktivisten mobilisierten Teile der örtlichen Bevölkerung in ihren Kampagnen gegen eine ganze Reihe von Regierungsvorhaben, darunter die Schließung von Gemeindezentren und Schulen sowie den »Optionsscheinverkauf« – die Praxis, dass wichtige Behördenvertreter ausgeschickt wurden, um bei Steuerschulden Haushaltsgüter zu beschlagnahmen.

Diese disparaten Bewegungen, wie der Pollok Free State und die im Entstehen begriffene Scottish Socialist Party, verschmolzen kulturell in der Erneuerung eines Gemeinschaftsgeistes, aus dem allerdings auch ein wenig Aufschneiderei erwuchs. Ich erinnere mich an eine öffentliche Versammlung im Rathaus, bei dem sich ein Politiker der Tories so von den Anwohnern einschüchtern ließ, dass er geschäftig auf einem Blatt Papier herumzukritzeln begann, um zu verbergen, dass er sichtbar zitterte.

Anstatt sich der Obrigkeit zu beugen, besetzten die Anwohner öffentliche Parks und Gemeindezentren und wehrten sich gegen die geplanten Schulschließungen. Eine der zum Abriss vorgesehenen Schulen war meine eigene, eine zweite befand sich nur drei Meilen entfernt. In einem Radius von zwei Meilen sollten drei weiterführende Schulen dem Erdboden gleichgemacht werden.

Bestärkt von den Unruhestiftern in der Gegend argumentierten Lehrer, Personal und Schüler, die mit dem Beratungsprozess zu tun hatten, dass beide Schulen nur modernisiert werden müssten und eine Schließung erhebliche negative Folgen für die Region mit sich brächte. Sie behaupteten, die Schließungen würden letztendlich dazu führen, dass die Schüler in einem viel kleineren Gebäude außerhalb ihrer Gemeinde zusammengepfercht würden. Wie meine eigene Schule, die wichtigste in der Gegend, sollte auch Penilee geschlossen werden – nach der Zusammenlegung der beiden. Die Maßnahmen, die dazu führten, dass die Schüler zwischen den Schulen hin und her transportiert wurden, um Unterrichtsstunden zu besuchen, die in drei Meilen Entfernung stattfanden, störten den Lehrbetrieb massiv – es war einfach lachhaft. Der Unterricht war auch ohne dieses Maß an Unruhe schon Herausforderung genug. Anwohner und Schulpersonal wehrten sich voller Selbstvertrauen gegen die Vorschläge und beteiligten sich an dem Beratungsprozess. Sie waren überzeugt, den örtlichen Behörden Zugeständnisse abringen zu können.

Es war den Aktivisten gelungen, ein wenig die Kontrolle über die Hebel der Macht zu übernehmen, auf demokratischen oder anderen Wegen. Plötzlich schien es, als würden in Pollok viele positive Dinge passieren, und die jungen

Leute, die von mehreren aufeinanderfolgenden Regierungen ignoriert worden waren, wurden nun wieder aktiv. Die Lebensqualität stieg beträchtlich, nicht, weil mehr Geld da war – das war es nämlich nicht –, sondern weil die Anwohner begannen, Verantwortung für ihre eigene Gemeinschaft zu übernehmen. Mit diesem gemeinsamen Ziel erhielt das Leben eine neue Bedeutung, auch wenn die materiellen Umstände dieselben blieben.

Trotz fast drei Jahrzehnten des gemeinsamen Widerstands wurden die Pläne für die M77 vorangetrieben, was die Gegner auf Kollisionskurs brachte. In der einen Ecke stand die Macht des Staates, auf lokaler wie nationaler Ebene, mit den großen Konzernen im Rücken. Auf der anderen Seite stand ein bunt zusammengewürfeltes Häufchen aus Vegetariern, Umweltschützern, Sozialisten, Anarchisten, trockenen Alkoholikern und Drogensüchtigen. Der bevorstehende Showdown wurde von vielen als Schlacht um die Seele der Gemeinschaft empfunden.

»Das ist eine Botschaft an die Gemeinschaft hier in der Gegend«, sagte Colin Macleod, »wir wissen, dass wir von Leuten beobachtet werden, also wollen wir versuchen, ihre Aufmerksamkeit zu erregen und sie wissen zu lassen, was hier passiert und was wir schützen wollen.«

Der folgende Text ist Paul Routledges Eintrag in sein persönliches Tagebuch am Abend, bevor die Bagger kamen.

»Leute mit Dreadlocks, rasierten Schädeln und Irokesenschnitt stehen Schulter an Schulter mit Leuten in Kilts, Batik-Shirt oder ›Volkstrachten‹ aus allen Teilen der Erde, aus Indien, Nepal und Guatemala. Eine Gruppe Musiker stimmt spontan keltische Volksweisen an. Erwartungsvolle Spannung hängt zwischen Holzrauch und dem Winterwind in der Luft. Die vier Autos, die am Free State ankommen, sollen neben den fünf anderen, die im Fundament der M77 bereits vergraben sind, mit den Motoren nach unten beerdigt werden. Sind sie in der Erde, werden sie angezündet und als Symbol des Widerstands verbrannt, und auf ihre verkohlten Skelette werden Anti-Autobahn-Slogans gepinselt. Im Lärm der Autohupen, Trillerpfeifen und unter dem Johlen der versammelten Menge erreichen die Autos das Lager. Sie stehen neben einem Baum, an dem der ›Lion Rampant‹, die schottische Königsflagge, weht. Während die Menge zur Beerdigungsstätte marschiert, hebt eine Kapelle zu einer Kakophonie aus Dudelsäcken, Hörnern, Trillerpfeifen und Rufen an. Wir marschieren zum Fundament, und eins nach dem anderen werden die Autos in die Gräber manövriert, die für sie ausgehoben wurden. Mit dem Motor nach unten und mit Steinen und Erde gesichert, werden die Autos vertikal begraben. Großer Jubel brandet auf, als ein Teenager aus der Wohnsiedlung im nahen Pollok einen Stein auf ein Fahrerfenster schleudert und die Scheibe zertrümmert. Ein Bewohner des Free State schwingt einen Vorschlaghammer und entsorgt die Windschutzscheibe. Wir sind eine rhythmische Menge, bewegen uns zum archaischen Schlag der Trommeln. Wir genießen das Begräbnis der Autos, weil es ein Symbol unseres Widerstands gegen die schädlichen Folgen des Autoverkehrs auf die Umwelt und gegen den Bau der Autobahn M77 ist. Sobald die Autos beerdigt sind, werden sie mit Benzin übergossen und angezündet. Stimmen des Jubels erheben sich, mit Akzenten aus Glasgow, London, Australien, Schweden, Amerika. Die

Leute tanzen im Licht des Feuers, ihre Schatten werfen Arabesken des Feierns auf die Straße: Wir tanzen Feuer, wir werden Feuer, unsere Bewegungen sind die der Flammen.«

Eine stetige Prozession aus Baggern, Dampfwalzen und Traktoren näherte sich dem Pollok Park Free State am Tag des Baubeginns. Sie passierten einige ausgebrannte Autos, die wie Grabsteine in der Erde steckten – eine deutliche und symbolkräftige Warnung, dass man ihnen das Feld nicht kampflos überlassen würde. Die Behörden hatten Widerstand erwartet und kamen mit Verstärkung nicht nur durch die Polizei, sondern auch durch konzerneigene Sicherheitsdienste. Während sich die Nachricht verbreitete, dass die Konfrontation begonnen habe, eilten die Anwohner zum Lager, um zu helfen, wo sie nur konnten.

Bis zum Nachmittag hatten die konzerneigenen Schlägertrupps die Leute von Pollok buchstäblich von ihrem Land gezerrt, viele von ihnen wurden in Polizeitransporter geworfen und in Zellen verfrachtet. Diese Schnösel durften niemals toleriert werden. Alles, was diese Menschen in ihrem Leben bisher erlebt hatten, sämtliche Erfahrungen, die sie dazu gebracht hatten, für ihre Überzeugungen zu kämpfen, all das wurde lediglich als vulgäres Hemmnis für den allgemeinen Fortschritt betrachtet. Wobei die Allgemeinheit natürlich die Leute waren, die noch immer für die traditionellen politischen Parteien stimmten, in den Vorstädten lebten und auf ihren täglichen Pendlerfahrten etwas gegen lange Staus und enge Nebenstraßen hatten.

An diesem Tag wurde der Pollok Free State besiegt. Nicht von einem eingeschworenen Feind, sondern von Leuten, die behaupteten, im besten Interesse der Anwohner zu handeln. Ob es um die Autobahn ging oder die Schließung von Gemeinschaftszentren, Schulen oder anderen öffentlichen Einrichtungen, die örtlichen Behörden hatten die Wünsche der Anwohner bei jeder möglichen Gelegenheit bewusst ignoriert – weil sie meinten, es besser zu wissen. In der Spannung zwischen den Bedürfnissen vor Ort und den Wünschen der Mittelklasse gab es immer nur einen Gewinner.

Innerhalb von zehn Jahren war die sozialistische Bewegung, die in Pollok ihren Anfang genommen hatte, zusammengebrochen. Eine ganze Reihe von Gemeinschaftszentren wurde geschlossen, eingerissen oder geriet mysteriöserweise in Brand. Alle drei örtlichen Schulen, Bellarmine, Penilee und Crookston Castle, wurden geschlossen, doch nicht bevor meine alte Schule eine letzte Demütigung hinnehmen musste: Sie wurde in Penilee Annexe umbenannt, das Anhängsel von Penilee. Die Entscheidung war so unnötig unsensibel, dass wir annahmen, sie sei aus Gehässigkeit gefallen. Es sah so aus, als erachtete man unsere Kultur für nicht erhaltenswert. Oder, schlimmer noch, als wäre unsere Kultur im Grunde genommen das Nichtvorhandensein von Kultur. Unsere Vorstellung, wie die Gegend organisiert werden sollte, oder auch nur, welchen Namen man einer Schule geben könnte, wurde als gut gemeint, aber sinnlos abgetan. Bei der politischen Teilhabe ging es nicht darum, dass die Gemeinde sich Gehör verschaffen durfte, sondern eher darum, dass man die Herde zu einem vorbestimmten Ziel trieb, dessen genaue Koordinaten hinter verschlossenen Türen beschlossen worden waren.

Das Einzige, worum man sich noch kümmern musste, war das Pollok Centre, das, wie Colin Macleod und andere es korrekt voraussagten, zu einem schwarzen Loch der Kommerzialisierung werden und wo man Profit schlagen würde aus der Arbeitskraft vor Ort – im Tausch gegen niedrige Löhne und schlechte Arbeitsbedingungen. Bald erfuhren wir, dass neue Vorschläge aufgetaucht waren zum Bau eines Einkaufszentrums nach dem Vorbild der amerikanischen Malls, angefüllt mit teuren Bekleidungsgeschäften und Juwelieren, Restaurants und Cafés.

Die Anwohner wurden geködert mit der Vorstellung, dass Pollok sich bald in etwas Glänzendes, Exklusives und Respektables verwandeln werde. So lange war Pollok ein Synonym für soziale Benachteiligung gewesen. Vielleicht würde dieser viele Millionen Pfund teure Komplex von den Ausmaßen einer Kleinstadt, der genau an der Abzweigung der Autobahn gebaut werden sollte, genau dort, wo früher eine der Schulen gestanden hatte, vielleicht würde die Shopping Mall im öffentlichen Bewusstsein ein neues Bild von Pollok schaffen. Pollok würde, dank dieses hochmodernen kapitalistischen Baus, wieder als eine saubere, sichere, zukunftsorientierte Gegend mit grenzenlosem Potential gelten, die ihre schmuddelige Vergangenheit hinter sich gelassen hatte. Die Leute würden vor den Geschäften verweilen, anstatt nervös das Weite zu suchen. Die Leute würden zu Besuch kommen und sich nicht schämen, hier gewesen zu sein.

Wie sich herausstellte, sollte das neue Zentrum »Silverburn« heißen – vielleicht ein ironischer Seitenhieb auf die Einkaufswagen, die früher das Flussufer säumten. Silverburn, ein fiktionales Konsumentendorf, das unserer deformierten Landschaft übergestülpt wurde, würde das Kaufbedürfnis der wohlhabenden Leute aus den Vorstädten befriedigen, die jetzt unser Viertel besuchen konnten, ohne zu wissen (oder sagen zu müssen), dass sie in Pollok waren. Gentrifizierung ist eine wunderbare Sache, wenn man sie aus sicherer Distanz betrachtet, aber wenn es die eigene kulturelle Geschichte ist, die niedergerissen wird, bleibt doch ein schaler Geschmack im Mund.

Diese neue Konsumentenkathedrale, in die viele Leute aus der Nachbarschaft gehen würden, um ihr Geld zu verdienen und gleich wieder auszugeben, würde bald zum Stadtgespräch werden auf eine Art, wie Pollok es sich nie erträumt hatte. Innerhalb weniger Jahre wurden ein Kinozentrum mit mehreren Sälen und zusätzliche Parkplätze angefügt. Silverburn wurde zu Polloks berühmtester Errungenschaft. Nur schade, dass Pollok, und damit seine Bewohner, aus dieser Erfolgsgeschichte herausgestrichen wurden. Die politische Polarität der Gegend wurde innerhalb von zehn Jahren völlig umgedreht, und wo früher die Anwohner sich im Widerstand gegen die Straße organisiert hatten, kursierte jetzt eine Petition, mit der ein McDonald's gefordert wurde.

Die einzige Spur unseres örtlichen kulturellen Erbes findet sich in einer kleinen Fotoausstellung über das Pollok Centre an der Außenmauer der Toiletten. Colin Macleod wird nirgends erwähnt.

10

Einer flog über das Kuckucksnest

Wenn man in einem sozialen Umfeld aufwächst, wie ich es beschreibe, lässt sich nicht verhindern, dass man davon beeinflusst wird, teils auf offensichtliche, teils auf subtile Weise. Am stärksten betroffen ist das Gefühlsleben, wobei jede Form von emotionalem Stress ein wichtiger Faktor in der Herausbildung unseres Denkens, Fühlens und Verhaltens ist. Das Vorhandensein von emotionalem Stress, wie er sich auf uns auswirkt und was wir unser ganzes Leben lang tun, um ihn zu bewältigen, ist einer der am häufigsten übersehenen Aspekte eines Lebens in Armut. Der Stress ist oft der Motor, der die Entscheidungen und Verhaltensweisen antreibt, die zu schlechter Ernährung, Suchtverhalten, psychischen Problemen und chronisch schlechter Gesundheit führen. Manche Leute bringen ihr ganzes Leben mit dem Versuch zu, schlechte Gewohnheiten abzulegen, von denen sie wissen, dass sie einen umbringen. Und sie scheitern immer wieder an diesem Versuch, weil sie nicht wissen, welche Rolle der Stress in ihrem Leben spielt.

Es scheint bizarr, Schlüsse über das Verhalten von Menschen in unterprivilegierten Gemeinschaften zu ziehen oder dieses Verhalten gar legitimieren zu wollen, ohne zu berücksichtigen, dass der Stress als ein Auslöser für Frustessen, Rauchen, Zocken, Drogenmissbrauch und Gewalt gesehen werden kann. Für all jene, die keinen wirklichen Einblick in das Leben der Unterschicht haben, sind die entsprechenden Verhaltensweisen schwer zu verstehen. Mir selbst sind sie kaum nachvollziehbar, und ich habe alle diese Dinge fast bis zum Tode betrieben. Für Menschen, die ihre Tage in emotionalem Stress und Angst und Schrecken verbringen, bieten die genannten Aktivitäten, so schädlich sie langfristig sein mögen, eine kurze, emotionale Atempause – und eine Illusion von Kontrolle. Unter den Zwängen der psychologischen Anspannung werden Bedürfnisse, Impulse und Zwänge erzeugt, denen man nur schwer widerstehen kann. Natürlich erlebt jeder, unabhängig von seiner jeweiligen Klasse, seinen persönlichen Stress. Ich versuche nicht, den Stress von Leuten aus höheren Klassen kleinzureden; ich sage auch nicht, dass Leute aus der Mittelklasse nicht an stressbezogenen Problemen und Krankheiten leiden. Aber das Maß, in dem der Stress die Entwicklung der Menschen hemmt, ihrer Gesundheit und ihrer sozialen Mobilität schadet sowie ihre sozialen Haltungen und Werte formt, ist in der Arbeiterklasse unverhältnismäßig hoch. Das darf man nicht ignorieren.

Stress in einer positiven Umgebung kann ein Katalysator für die eigene Aktivität sein, ein Motivator, vielleicht nur eine vorübergehende Unannehmlichkeit. Aber für jene, die unter schlechten sozialen Bedingungen leben, vielleicht in Subkulturen der Aggression und des Missbrauchs aufwachsen, ist der Stress überwältigend. Der Stress ist das Fenster, durch das das ganze Leben betrachtet wird. Es gibt keine spezifische medizinische Definition für Stress. Einfach gesagt, ist Stress eine körperliche Reaktion auf eine psychologische oder emotionale Belastung. Der Körper glaubt, er wird angegriffen, und verändert seine physiologische Konfiguration, um die bevorstehende Bedrohung bewältigen zu können. Dieser Prozess läuft automatisch ab, ohne Einflussnahme des Bewusstseins. Hormone und Chemikalien werden freigesetzt in Vorbereitung auf die körperliche Aktivität. Die Stressreaktion ist primitiv, deshalb bleiben die grundlegenden körperlichen Folgen dieselben, auch wenn sich die Dinge, die uns stressen, in Tausenden von Jahren verändert haben; Blut wird zu den Muskeln gepumpt und Adrenalin wird ausgeschüttet, was unseren normalen Entscheidungsprozess behindert. Unter Stress verändert sich auch die Art, wie unser Körper Energie speichert; wenn das Stressniveau erhöht ist, wird Fett im Bauchbereich eingelagert, um es nach dem Verschwinden der Bedrohung verwenden zu können. Wenn man jedoch in einem Zustand dauernder Belastung lebt, wie er mit der Armut einhergeht, ist man sowohl körperlich wie mental stets hellwach. So verändert der Stress allmählich den körperlichen Allgemeinzustand.

Meinen ersten wirklichen Einblick in diesen zerstörerischen Zustand und seine Wirkung auf Körper und Geist bekam ich, als ich anfing, das Notre Dame Centre im West End von Glasgow zu besuchen. Das Notre Dame Centre wurde 1931 gegründet als Reaktion auf die Forderungen von Eltern, Erziehern und anderen Menschen in pädagogischen und sozialen Berufen, dass endlich auf die komplexen Bedürfnisse von Kindern eingegangen werden müsste, die unter emotionalen und psychologischen Belastungen leiden. Die Sitzungen dauerten nie länger als eine Stunde, schienen aber noch viel schneller dahinzufliegen. Im Notre Dame Centre wurde ich an der Tür grundsätzlich von einer freundlichen, warmherzigen Frau namens Moira begrüßt. Wie bei den Damen an der Essensausgabe in der Schule hatte ich immer das Gefühl, dass sie sich freute, mich zu sehen, und nachdem sie mich in die Anwesenheitsliste eingetragen hatte, setzten wir oftmals ein früheres Gespräch fort. Sie gratulierte mir zu meinen Aktivitäten (außerhalb meiner psychologischen Betreuung im Center), die ihre Aufmerksamkeit erregt hatten: Medienauftritte, die nun immer häufiger vorkamen, eine Einladung ins Radio etwa, wo ich über Armut gesprochen hatte. Jetzt hatte ich zwei Gründe, im West End zu sein, und es wurde mir zur Gewohnheit, mich in diesem Teil der Stadt aufzuhalten.

Im Wartebereich des Centers spielte das Radio Hitparadenmusik, und einige Jugendliche, die mit ihren Familienangehörigen oder Sozialarbeitern da waren, blätterten in Lifestyle-Magazinen. Trotzdem fühlte der Raum sich nicht an wie das typische Wartezimmer eines Arztes. Es ging dort ein bisschen unberechenbarer zu. Manchmal sah man Erwachsene, vermutlich Fachkräfte, die Jugendliche durch das Gebäude führten und etwas mit ihnen besprachen. Manchmal hörte man aus dem Nachbarzimmer Geschrei oder Poltern, oder man sah jemanden aufgeregt aus dem Gebäude stürmen. Das kam nicht regelmäßig vor, aber wenn es passierte, hatte man nicht das Gefühl, dass man es mit einem Sonderfall zu tun hatte. Das Personal war gewöhnt an diese Vorfälle; da sie es häufig mit traumatisierten Kindern mit komplexen psychischen Problemen zu tun hatten, gehörten diese Dinge wohl zu ihrem Job. Und so saß ich im Empfangsbereich, wippte mit den Zehen und wartete darauf, von Marilyn, meiner Psychologin, aufgerufen zu werden. Die Sitzung fand für gewöhnlich in einem ruhigen, nur schwach erleuchteten Zimmer im zweiten Stock des Gebäudes statt. Marilyn war durchschnittlich groß und hatte mittellange braune Haare, die sich auf ihren Schultern nach außen wölbten. Sie hatte strahlende Augen und einen guten Humor; bei unserer ersten Begegnung fühlte ich mich sofort wohl. Wenn ich mich recht erinnere, begleitete mich meine Tante zu dieser ersten Sitzung, danach ging ich allein ins Notre Dame Centre.

Das erste Problem, dem Marilyn auf den Grund gehen wollte, war die Frage, warum ich so wütend war. Sie bat mich zu beschreiben, wo in meinem Körper diese Wut wohnte und welche körperlichen Empfindungen, sofern vorhanden, die Wut begleiteten. Ohne Zögern legte ich mir die rechte Hand auf die Brust und beschrieb das Gefühl ganz eindeutig als »Feuerball«. Für mich war 2001 ein sehr schwieriges Jahr; die Situation zu Hause wurde unerträglich. Mein Dad und ich sprachen nicht mehr miteinander, und so war ich überrascht, als er mich Anfang Mai anrief. Es war nur ein kurzes, angespanntes Gespräch, in dem er mich informierte, dass es meiner Mum nicht gut ging und sie ins Krankenhaus eingeliefert worden war. Da unsere Beziehung so angespannt war, war es schwierig, weitere Informationen aus ihm herauszubekommen. Unsere Kommunikationsprobleme wurden noch verschlimmert durch die Tatsache, dass meine Mutter eine notorische Lügnerin war und oft Krankheiten und Missgeschicke erfand, um eine Ausrede für ihre Unzuverlässigkeit zu haben. Wenn sie uns, was selten genug vorkam, anrief, war sie betrunken, und nach einer Weile weigerte ich mich, mit ihr zu sprechen. Erst als ich älter wurde, sollte sich meine Haltung ihr gegenüber ein wenig abmildern, auch dank meines Vaters, der mich ermutigte, mit ihr zu reden. Kurz bevor ich zu Hause auszog, kam von ihr ein Überraschungsanruf. Zum ersten Mal seit Jahren klang sie nüchtern.

Komischerweise war ich im Zimmer meines Vaters und schrieb gerade einen Song über sie. Es schien sie sogar zu interessieren, was ich machte, was für mich ein seltenes Vergnügen war. Sie fragte mich nach dem Song. Ich sagte, ich wolle nichts verraten, würde ihn ihr aber vorspielen, sobald er fertig sei. Der Text handelte davon, wie es war, mit einer trinkenden Mutter aufzuwachsen, war aber einfühlsam und versöhnlich gehalten. Für mich war es schon ein Durchbruch, sie als einen kranken Menschen zu sehen, nicht als einen schlechten. Ich hatte so viele Jahre meiner Kindheit damit zugebracht, ihren Namen zu verfluchen, ihr sogar den Tod zu wünschen, dass die Tatsache, dass ich meinen Frieden mit ihrem Alkoholismus gemacht hatte, mich mit der Hoffnung erfüllte, dass wir unsere Beziehung würden retten können. Am Ende jenes Monats war sie tot.

Wegen der Verwirrung um ihren Zustand und der schlechten Beziehung zwischen mir und meinem Vater wurde uns ein Besuch bei ihr im Krankenhaus verweigert. Später sagte man uns, sie sei in einem so delirösen Zustand gewesen und die Zirrhose ihrer Leber so weit fortgeschritten, dass sie uns ohnehin nicht erkannt hätte. Das war ein kleiner Trost. Ich persönlich hätte sie gern besucht, so belastend das auch hätte sein können. Ich hätte sie gern ein letztes Mal gesehen, bevor sie starb. Als ihr Sohn hatte ich ein Recht darauf, und dass man mir die Gelegenheit verweigerte, die Hand meiner Mutter vor ihrem Tod noch einmal zu halten, war äußerst verstörend.

Es machte mich wütend.

Marilyn, die meine Bedürfnisse intuitiv spürte, brachte mir bei, wie ich mit einem so mächtigen Gefühl wie der Wut umzugehen hatte. Sie ermutigte mich, diesen Gefühlen ins Auge zu sehen, falls und wenn sie in mir aufstiegen. Sie half mir, die emotionalen Störungen, die mich erfassten und verwirrten, in einem Kontext zu sehen; sie erklärte mir ihre Entstehung und erinnerte mich daran, dass ich mich nicht mit jedem Gedanken, der mir in den Sinn kam, identifizieren musste – vor allem nicht mit denen, die sich um Selbstmord drehten. Also besuchte ich weiter das Notre Dame Centre und lernte dort nicht nur Techniken, wie ich mit meinen Gefühlen umgehen konnte, sondern fing auch an, mich an Dinge aus meiner frühen Kindheit zu erinnern und sie noch einmal zu durchleben. Einige waren ungenau und schwer nachzuprüfen, wie zum Beispiel, dass man mich eines Nachts an den Beinen aus einem Fenster gehängt hatte. Meine Zeit mit Marilyn wurde zu einer Reise in mein eigenes Unterbewusstsein, auf der ich viele Dinge entdeckte, die zu vergessen ich das folgende Jahrzehnt mit Saufen verbringen würde.

In einer Erinnerung schickte meine Mum mich in einem heftigen Sturm los, um bei ihrer Mutter (meiner anderen Großmutter) Zigaretten zu holen. Diese Großmutter wohnte in einer Unterkunft, die auf der anderen Seite einer großen Freifläche gelegen war. Ich weiß noch, dass ich ihr sagte, wegen des Sturms hätte ich Angst, nach draußen zu gehen. Als Nächstes weiß ich dann, dass ich unten vor dem Eingang des Gebäudes stand, wo es auch bei moderatem Wetter schon heftig windete, und um die Ecke spähte, um nach den Autos zu sehen, die leicht kippelten, wenn der Sturm unter sie fuhr. Doch ich hatte keine andere Wahl, als mich auf den Weg zu machen, und so trotzte ich dem Sturm und trat auf die weite, offene Fläche zwischen den Gebäuden. Als ich dann losging, fuhr der Wind auch unter mich. Es war furchteinflößend, hinter sich so eine Gewalt zu spüren, und ich hatte Angst, verletzt zu werden. Mein Fehler lag darin, dass ich zu laufen versuchte, um die Strecke schneller hinter mich zu bringen: Ich wurde schließlich von den Füßen gerissen und rollte über den Beton. Als ich, nun mit zerrissener Jacke, zum Stillstand kam, drehte ich mich zu dem Hochhaus um, in dem meine Mum wohnte, und winkte um Hilfe, sah jedoch nur, dass meine Mum und ihr Freund herausschauten und mich auslachten. Jahrelang hatte sich diese schmerzhafte Erinnerung in einem dunklen Winkel meines Hirns versteckt. Und nun wurde mein Bewusstsein plötzlich überschwemmt von Fragmenten und Bruchstücken oder auch kompletten Erinnerungen. Erinnerungsfetzen, die wie Träume wirkten, kämpften sich in mein Bewusstsein und brachten schwierige Fragen und tiefe emotionale Störungen mit sich.

Eine weitere Erinnerung betraf Kelly, unsere alte Hündin, die von einem Motorrad getötet wurde. Mein Vater hatte sie spät in jener Nacht am hinteren Rand des Gartens beerdigt. Meine Mutter war am Boden zerstört. Noch am nächsten Morgen war sie betrunken und untröstlich. Als sie die Treppe herunterkam, war sie völlig konfus, taumelte dann durchs Wohnzimmer und schließlich hinaus in den hinteren Garten, wo sie zu unserem absoluten Entsetzen versuchte, mit ihren bloßen Händen Kelly wieder auszubuddeln. Sie drehte sich mit ausgestreckten Armen um und flehte mich an, ihr zu helfen, bevor sie ihre langen Finger unter den ungläubigen Blicken der Nachbarn abermals in die Erde bohrte. Wie hatte ich so etwas nur vergessen können? Es gibt gewisse Dinge, die ein junger Verstand einfach nicht verarbeiten kann. Erinnerungen wie diese werden irgendwo abgelegt, damit man später auf sie zugreifen kann.

Sehr bald wurde klar, dass mein psychologischer Zustand nicht nur eine direkte Folge des plötzlichen Tods meiner Mutter war, sondern vor allem dessen, was vor ihrem Tod passiert war. Ein ganzes Jahr hindurch ging ich hin und wieder zu Marilyn. 2002 verwies sie mich ans Firestation Project: ein Service, der »Unterkunftsmöglichkeiten anbot für junge, verletzliche Erwachsene zwischen 16 und 25 Jahren, die obdachlos sind oder waren oder Gefahr laufen, ihre Unterkunft zu verlieren«. Mein Unterkunftsstatus war prekär: Ich wohnte abwechselnd bei Freunden und meiner Familie und immer häufiger bei meiner neuen Freundin – obwohl unsere Beziehung schon nicht mehr wirklich funktionierte. Marilyn glaubte, das Firestation Project werde mir die Gelegenheit geben, mich auf die emotionalen Schwierigkeiten zu konzentrieren, in denen ich mich befand. Ich würde mich nicht länger um die drohende Obdachlosigkeit kümmern müssen und könnte stattdessen die Probleme angehen, die in meinen früheren Jahren entstanden waren und die jetzt anfingen, mein Erwachsensein zu prägen.

Marilyn hatte fundamentalen Einfluss auf die Richtung, die mein Leben nahm, und dieser Einfluss prägt mich noch heute. Ohne ihre Intervention hätte ich nie und nimmer die nötige Selbstwahrnehmung entwickelt, um mich aus meinem wirren Denken zu lösen und meinen Stress in einem größeren Kontext sehen zu können. Sie half mir nicht bloß inhaltlich, sondern stattete mich zudem mit praktischen Werkzeugen wie der Meditation aus, die mir halfen, meine Gefühle zu verstehen und zu regulieren. Sie war, neben meiner Großmutter, jemand, dem ich trauen und auf den ich mich verlassen konnte. Trotz meiner zunehmenden Unzuverlässigkeit verpasste ich kaum einen Termin mit Marilyn, und im Anschluss an unsere Sitzungen fühlte ich mich immer beschwingt und voller Energie. Um ehrlich zu sein, ich mochte sie ziemlich gern. Ich hatte das Gefühl, dass sie hinter mir stand. Ich fühlte mich unterstützt, gehört und verstanden. Zu Marilyn entwickelte ich eine fürsorgliche menschliche Beziehung, die meinen Stress und meine Ängste zu lindern und die isolierenden oder zerstörerische Triebe abzuschwächen schien, die beides in mir auslösten. Auch wenn ich einen Großteil dieser Intervention speziell Marilyn zugutehalte, lässt sich nicht von der Hand weisen, dass sie ein Profi war, angestellt von einer Organisation in einem Sozialzentrum der Stadt.

Hatte ich zuvor soziale Dienste nur in letzter Not in Anspruch genommen, war ich jetzt, am Rande der Obdachlosigkeit, kurz davor, in einem zu wohnen.

11

Eine Geschichte aus zwei Städten

Leute werden aus ganz unterschiedlichen Gründen obdachlos. Doch wie bei denen, die im Gefängnis landen, ist ein wiederkehrender Faktor im Leben derer, die Gefahr laufen, ihren Wohnsitz zu verlieren, der Zusammenbruch oder das Nichtfunktionieren der Familie. Probleme wie Kindsmissbrauch, Sucht und Obdachlosigkeit werden oft isoliert voneinander betrachtet, aber jeder, der mit Obdachlosen, Süchtigen oder Missbrauchsopfern arbeitet, weiß, dass diese Probleme oft miteinander zu tun haben.

Ich wurde mit 18 Jahren obdachlos – nach einem psychologischen Zusammenbruch infolge des Tods meiner Mutter. Ihr eigenes Leben wurde verkürzt von Alkohol und Drogen. Tatsächlich war auch sie kurz vor ihrem Tod mit 36 Jahren obdachlos gewesen. Wir wurden beide obdachlos aufgrund der Probleme, die auf eine nicht funktionierende Familie zurückzuführen sind. Gerade unter derart stressbelasteten Lebensumständen wie denen bei uns zu Hause zerbrechen Familien; Leute verlieren ihren sicheren Hafen – ihre eigenen vier Wände. Zu meinem Glück wurde ich an ein öffentlich gefördertes Wohnprojekt verwiesen, wo ich drei Jahre lang unterkam und so nie im Freien übernachten musste. Das Leben im Firestation Project war etwas ganz anderes als das Leben eines Normalbürgers. Es gab ein konstantes Betreuungsangebot, und nur selten befand sich im Büro im Erdgeschoss nicht mindestens ein Mitarbeiter. Manchmal arbeitete ein ganzes Team von Mitarbeitern zur selben Zeit. Der dreistöckige Wohnblock stand im Schatten der Hochhäuser. Meine Wohnung lag im Obergeschoss und ging hinaus auf eine belebte Straße. Von meinem Fenster aus konnte ich hinter weiteren Wohnblocks auf der anderen Straßenseite die Skyline des Stadtzentrums sehen. Im Erdgeschoss befand sich ein Gemeinschaftsraum, wo mein Bewerbungsgespräch für die Unterkunft stattgefunden hatte, und das war ein toller Raum. Er wurde allerdings nur selten genutzt, außer für die verkrampften monatlichen Bewohnertreffen, zu denen wir alle für fünfundzwanzig Minuten aus unserer Abgeschiedenheit gerissen und mit den anderen zusammengepfercht wurden. Vor der Tür des Gemeinschaftsraums befand sich ein öffentlicher Fernsprecher, der meistens außer Betrieb war, da die Leute ihn aus Wut zertrümmerten oder aufbrachen, um an das Bargeld zu kommen. Am Fuß der langen, gewundenen Treppe befanden sich linker Hand das Büro und die Unterkünfte des Personals.

Damals schien das Sozialsystem noch in Geld zu schwimmen. Zumindest waren die Mittel nicht so reglementiert wie heute. Ich weiß noch, dass ich ziemlich erstaunt war, als man mir sagte, auf welche Beihilfen ich Anspruch hätte. Vor meinem Einzug hatte ich als Leiharbeiter erst in einer Küche, dann als Bingo-Conférencier im Pollok Centre gejobbt.

Doch je schlechter meine psychische Verfassung wurde, desto schwerer fiel es mir, einen Job zu halten. Immer wieder gab es Tage, an denen ich so voller Angst war, dass allein der Gedanke, mit jemandem zu sprechen, dazu führte, dass ich mich in mein Zimmer zurückzog.

Bei meinem Einzug in das Firestation Project fand zunächst ein sogenanntes Erfassungsgespräch mit meinen Betreuern statt, bei dem die Natur meiner Probleme diskutiert wurde. Alles von meiner körperlichen und psychischen Gesundheit bis hin zu meinem Einkommen und den Ausgaben wurde festgehalten. Die durchschnittliche Verweildauer eines Bewohners im Firestation Project lag bei unter zwei Jahren – ich blieb beinahe drei Jahre dort. Die erste Aufgabe meiner Betreuer war die Stabilisierung meines Einkommens, weshalb sie meine Ansprüche auf Beihilfe überprüften. Die Strategie sah so aus, dass ich alles beantragen sollte, was mir möglicherweise zustand. Schon nach wenigen Wochen erhielt ich Lohnbeihilfe und Wohngeld – was bedeutete, dass ich mir keinen Job mehr suchen musste –, zudem wurde ein Antrag auf Erwerbsunfähigkeitsbeihilfe gestellt, doch dessen Bearbeitung dauerte sehr viel länger. Ich kann mich nicht erinnern, irgendwelche Formulare ausgefüllt zu haben, ich weiß nur noch, dass man mir einige Blätter zur Unterschrift vorlegte, alles andere wurde in meinem Namen erledigt.

Das Personal hier war wie Marilyn. Die Leute hier übernahmen ihre Arbeit mit Leidenschaft und gaben mir das Gefühl, etwas wert zu sein. Meine Betreuer hatten positiven Einfluss auf mein Leben. Sie ermutigten mich, meine Talente zu entwickeln und meine Probleme anzugehen, und sie stellten mir Herausforderungen, wann immer sie das Gefühl hatten, es sei nötig. Mich erstaunt heute noch, mit welchem

Engagement sie mir ihre Zeit widmeten, wenn man bedenkt, wie überlastet das Projekt meist war. Nach nur einem Monat fand ich mich auf einem vom Projekt finanzierten Auslandsurlaub wieder, den ich zum Teil dank meiner Großmutter bezahlen konnte, aber auch, weil das Notre Dame Centre anbot, alles was ich selbst aufbringen konnte, zu verdoppeln. Als ich losfuhr, hatte ich weniger als alle anderen, aber für mich war es genug. Ich kannte noch keinen der anderen Mieter, aber am Ende des ersten Abends wälzten wir uns schon über den Strand, rauften in den frühen Morgenstunden miteinander, schrien einander im Hotel und am Pool an und tranken viel zu viel und bei viel zu hohen Temperaturen. Nach der ersten Woche wollte ich nach Hause.

Mir dämmerte, dass ich mich im Firestation Project ganz allgemein in einer ziemlich gestörten Gesellschaft befand; ich war noch nicht darauf gekommen, dass ich selbst genauso gestört sein könnte. Ich hielt durch, indem ich so tat, als wäre ich weniger kaputt als die anderen. Schon nach einigen Wochen kaufte ich mir die erste Schachtel Zigaretten, nach einem Jahr trank ich jeden zweiten Tag.

Ich erhielt inzwischen Hunderte Pfund pro Woche an Beihilfen sowie zwei massive Rückzahlungen an Erwerbsunfähigkeitsbeihilfe, da der Genehmigungsprozess mehr als zwölf Monate gedauert hatte. Diese Rückzahlungen allein beliefen sich auf fast 5000 Pfund. Ich hatte in meinem ganzen Leben noch nie so viel Geld gesehen. Meiner Familie log ich vor, das Geld stamme aus Verkäufen meines ersten Albums (das mit einem Stipendium des Prince's Trust finanziert worden war). Niemand sollte wissen, dass ich Erwerbsunfähigkeitsbeihilfe bekam. Ich schämte mich. Sooft ich meine Familie sah, schwärmte ich von den coolen Sachen, die ich machte, und redete die Probleme, die ich hatte, klein. Erst als ich im Firestation Project war, kaufte ich mir das erste Mal Alkohol, nur damit ich ihn im Haus hatte. Soweit ich mich erinnere, dachte ich damals, ich hätte eine Grenze überschritten, aber ich verdrängte den Gedanken. Ich begriff nicht, dass dieses Verhalten ein Zeichen der Sucht war; das Kleinreden der Wahrheit, das Aufschieben der Tat. An diesem Tag hatte ich den Alkohol nicht gekauft, um ihn zu konsumieren, sondern einfach um ihn in der Nähe zu haben, wie einen Freund. In meiner Wohnung im Firestation Project durchlebte ich später dann auch meinen Ecstasy-Kater, drehte meinen ersten Joint und probierte zum ersten Mal Valium.

Als ich die Unterkunft schließlich verließ, war ich jeden zweiten Tag betrunken, und ich nahm Partydrogen wie Ecstasy, Kokain und Speed und so starke Beruhigungsmittel wie Valium, Nitrazepam und Ketamin. Obwohl ich hohe Zuschüsse bezog und meine Miete für mich bezahlt wurde (sie ging direkt an den Vermieter), konnte ich mein Geld nicht so einteilen, dass mir monatlich fünf Pfund für den Strom- und Gasversorger blieben. Als ich mit dem Firestation Project begonnen hatte, war meine finanzielle Situation von den Betreuern stabilisiert worden, doch infolge meines Alkohol- und Drogenkonsums versank mein Leben nun schnell wieder im Chaos. Komischerweise wurde mein Alkoholproblem weder von den Betreuern noch vom medizinischen Fachpersonal erkannt. Es wurde ja nicht einmal von mir selbst erkannt. Mein Alkohol- und Drogenmissbrauch war nichts, was ich zu diesem Zeitpunkt zu verbergen versuchte. Ich verdrängte mein Problem so sehr, dass ich es nicht einmal als Problem betrachtete. Stattdessen sprach ich ausgiebig über die Symptome meiner psychischen Störung, und nur darauf konzentrierten sich die Betreuer quer durch alle Fachbereiche.

Ich hatte einen Psychologen, einen Psychiater, einen kognitiven Verhaltenstherapeuten, zwei Sozialarbeiter und einen neurolinguistischen Programmierer. Ich zeigte eine ganze Bandbreite von Symptomen, die psychischen Krankheiten wie schwerer Depression, bipolarer Störung und sogar Schizophrenie ähnelten, aber eine eindeutige Diagnose blieb mir versagt. Manchmal halluzinierte ich, hörte Stimmen oder hatte im Schlaf Lähmungserscheinungen, dann durchlitt ich lebhafte Albträume, während ich paralysiert dalag. Ich war als erwerbsunfähig eingestuft worden und wurde professionell betreut, entsprechend sah ich mich selbst als Kranken mit ernsthaften psychischen Problemen, die außerhalb meiner Kontrolle lagen. Das blieb auch nach meinem Wegzug aus dem Firestation Project noch so, als ich, nach einem weiteren Jahr der Sauferei, endgültig obdachlos wurde. Doch anstatt mir einzugestehen, dass ich ein Alkohol- und Drogenproblem hatte, war ich völlig fixiert auf den Gedanken, ich sei psychisch krank. Das war ich natürlich auch, aber nicht so, wie ich glaubte.

Ich kam bei einem Freund unter, dessen Wohnung ein ziemliches Loch war; er schlief auf der Couch und lebte eigentlich nur in einem Zimmer – die anderen waren voller Staub und Gerümpel. Als ich eines Abends mit ein paar Leuten im Wohnzimmer saß und trank, kam jemand an die Tür. Es war noch ein Kumpel von uns. Er nahm zu der Zeit exzessiv Kokain, war aber einer dieser bestens funktionierenden Drogenkonsumenten, die ich beneidete. Er konnte problemlos ein paar Gramm schnupfen und am nächsten Morgen aufstehen und zur Arbeit gehen. Anscheinend war ihm das Schnupfen langweilig geworden, und er hatte beschlossen, der Sache ein bisschen mehr Pep zu geben, deshalb kam er mit ein paar Gramm zu uns, um unseren Kumpel – einen Heroinsüchtigen auf Entzug – zu bitten, ihm zu zeigen, wie man daraus Crack machte. Unser Freund tat ihm den Gefallen. Zu meiner Überraschung rauchte er das Endergebnis sogar selbst, obwohl er doch angeblich von den harten Drogen weg war. Bevor ich recht wusste, was passierte, wurde eine Pfeife herumgereicht. Als die Pfeife zu mir kam, geriet ich in Panik; gleich würde ich eine weitere Grenze überschreiten, diesmal zu den härteren Drogen. Ich hatte Geschichten darüber gehört, was für ein Wahnsinnskick eine Crack-Dröhnung war, aber auch, wie schnell man davon süchtig wurde. Da ich bis jetzt mit jeder Substanz, die ich probiert hatte, in ein Missbrauchsverhältnis getreten war, von raffiniertem Zucker bis Ketamin, war die Chance, dass ich Crack nur ein einziges Mal rauchte, gering.

Ich nuckelte wie ein Wahnsinniger an meiner Flasche, um nicht vor meinen Kumpeln, die alle älter waren als ich, als Angsthase abgestempelt zu werden. Und tatsächlich hatte ich Angst, eine Heidenangst sogar. Was so beängstigend war, war mein Gefühl der Machtlosigkeit. Ich wusste, wenn die Pfeife zu mir kam, würde ich nicht Nein sagen können, obwohl ich das eigentlich wollte. Ich dachte an meine Mum und an das dunkle Loch, in dem sie tagsüber saß und trank oder spritzte. Ich dachte an das Elend dieser Tage und die Grenzen, die von so vielen Leuten schon überschritten worden waren. Plötzlich war mir klar, dass sie alle sich irgendwann in genau der Situation befunden hatten, in der ich mich in diesem Augenblick befand. Ich begriff, dass die Leute genau so zu harten Drogen kamen. Nicht in dunklen, rattenverseuchten Hochhäusern, sondern in der Wohnung von Leuten, die sie als ihre Freunde bezeichneten. Die Leute gehen nicht abends aus und suchen sich gezielt zum ersten Mal im Leben einen Crack- oder Heroin-Dealer, sie stolpern über die Droge in einem sozialen Umfeld, in das sie geraten, wenn sie persönliche Probleme haben. Die Leute bekommen die Drogen, die sie töten, oft von Freunden, die sie lieben. In solchen Situationen werden nicht die Drogen als das Problem gesehen, sondern der aktuelle Lebensschmerz. In einer Mischung aus Gruppendruck und natürlicher Neugier beschließen die Leute, etwas zu probieren, nur ein einziges Mal, und für viele entsteht daraus dann schnell eine Gewohnheit. Es war surreal, sich der Bedeutung der Situation bewusst zu sein, ihr aber nicht widerstehen zu können. Doch als die Pfeife dann zu mir kam, passierte etwas: Es klingelte an der Tür, und alle wurden panisch und versteckten das Zeug.

An diesem Tag kam ich gerade noch einmal davon. Aber an vielen anderen nicht. Drogen sind deshalb oft so verlockend, weil die Leute sich gerade elend und verzweifelt fühlen, wenn sie mit ihnen in Berührung kommen. Solange man das Zeug nicht aus der Nähe gesehen hat, kann man nur in Plattitüden über das Leben der Obdachlosen und Drogensüchtigen reden. Als ich obdachlos war, wurde ich anfällig für die Gefahren um mich herum. Die Armut hatte mich, trotz all meiner Bemühungen, fest im Griff. Trotz der drei Jahre in der Unterbringung konnte ich ihrem Gravitationsfeld nur durch Selbsttäuschung oder chemische Manipulation entkommen. Mit Mitte zwanzig, zehn Jahre, nachdem ich Pollok verlassen hatte, wurde ich langsam zu allem, was ich als Kind gehasst und gefürchtet hatte. Wohin ich auch ging, die Hochhäuser der Gorbals warfen einen unheilvollen Schatten über mein Leben.

12

Sturmhöhe

Es ist der achte, verregnete Tag im Mai des Jahres 2016, und ich habe noch immer kein Crack geraucht. Die Sonne muss sich, entgegen der Voraussage des Wettermanns, erst noch zeigen. Sie lauert nervös hinter einem dichten Wolkenvorhang, während eine Menge für die Sensation dieses Vormittags zusammenströmt. Wenn man an dem Monolithen des Norfolk Court in den Gorbals hochschaut, kann man sich nur schwer vorstellen, dass dieses unansehnliche Gebäude, das sich jetzt wie ein unwillkommener Gast seiner neuen, gentrifizierten Umgebung aufdrängt, früher einmal den sozialen Wohnungsbau revolutionieren sollte.

Der Begriff »Gentrifizierung« bedeutet in diesem Zusammenhang ganz einfach, dass Leute, die mehr Geld haben als man selbst, aber nicht so viel Geld wie Leute, die wirklich viel Geld haben, eingeladen werden, für wenig Geld im eigenen Viertel ihre Zelte aufzuschlagen, in der Hoffnung, dass man von der damit einhergehenden Aufwertung selbst ein wenig aus der Gosse geholt wird. Wenn man mitten in einem Slum in einem Künstlercafé mit dem Namen Soy Division (»Die Soja-Abteilung«) sitzt und dort ein Kleinkind namens Wagner Tofu vom Boden isst, dann hat man es eindeutig mit Gentrifizierung zu tun. Es ist das neue Wort für Erneuerung, oder genauer, es ist die Gentrifizierung des Wortes Erneuerung.

Heute erleben wir einen anderen Aspekt der Gentrifizierung: Es soll jeder Hinweis darauf verschwinden, dass es sich bei unserer Gemeinde um ein Arbeiterviertel handelt. Das erhöht natürlich die Chancen, dass Leute herziehen, die noch ein bisschen mehr Geld haben. Ich will nicht zynisch oder verbittert klingen, sondern ich bin zynisch und verbittert, und dann klingt man eben so. In wenigen Augenblicken soll der Norfolk Court durch eine kontrollierte Sprengung zerstört werden, der vierte Wohnturm dieser Art in nur wenigen Jahren. Norfolks Schwestertürme, Stirlingfauld Place Nummer 40 und 45 ein paar Hundert Meter weiter links, sind nur noch eine blasse Erinnerung; sie wurden schon vor einigen Jahren abgerissen. Ich habe eine persönliche Beziehung zu diesem Teil der Stadt, weil meine Mutter hier aufwuchs. Als sie Anfang der 1990er-Jahre unsere Familie verließ, kehrte sie hierher zurück, um im Stirlingfauld Place zu wohnen. Ihre Wohnung entsprach exakt dem Klischee einer heruntergekommenen Hochhauswohnung.

Augenblicke, bevor das Signal ertönt, herrscht eine Atmosphäre ruhiger Erwartung unter den Anwohnern, die zusammengeströmt sind, um sich den Abriss anzuschauen. Für einige ist dies das Ende einer Ära, denn gleich wird der letzte Überrest ihrer Kindheit wie ein verfaulter Zahn aus dem sichtbaren Horizont gerissen. Für andere ist die Sprengung ein komplexes Stück urbanen Theaters, eine Echtzeit-Kunstinstallation, die den Beginn des sozialen Fortschritts markiert. Und für alle übrigen ist es einer der wenigen Momente hier im Viertel, wo etwas Interessantes passiert. Wie er so dasteht, verströmt der Turm einen trotzigen Stolz, als wollte er unserer Gegenwart den Mittelfinger zeigen. Die alte Ruine ist unansehnlich, aber nicht ohne Würde; sie schwankt mit stiller Anmut in den Wolken, wie ein unschuldig für das Verbrechen eines anderen Verurteilter. Wenn man sieht, wie die Ikonen ihres Lebens ohne viel Federnlesens aus dem Gedächtnis des Viertels getilgt werden, kann man gut verstehen, warum so viele Leute die Augen verdrehen, wenn sie das Wort »Erneuerung« hören. Die Orte, an denen sie aufwuchsen und spielten, vielleicht ihre eigenen Familien gründeten, bleiben als Fehler in Erinnerung, peinliche Schandflecke, die aus der Skyline der Stadt ausradiert werden.

Sekunden nach Zündung der Sprengsätze hört man ein Aufkeuchen, dann den Jubel der Menge. Die Zuschauer wirken erstaunt, während der ausgehöhlte Bau auseinanderfällt wie Schneeflocken und im Freifalltempo auf seinem eigenen Fußabdruck kollabiert. Dort liegt er dann, während sich eine dicke Staubwolke langsam auf die Schaulustigen zubewegt. Generationen von Leuten nennen dieses Viertel ihre Heimat, und es überrascht nicht, dass sie die negativen Narrative und urbanen Mythen, in denen es als Slum stilisiert wurde, internalisiert und weitergetragen haben. Manche glauben mit vollem Ernst, dass sich nie etwas ändern wird. Wenn man bedenkt, wie häufig dieses Viertel im letzten Jahrhundert dem Erdboden gleichgemacht wurde, fällt es schwer, einer solchen Ansicht zu widersprechen.

Für jene, die hier keine emotionalen Wurzeln haben, stellen die Hochhauswohnungen ein kurzzeitiges Phänomen im sozialen Fortschritt dar, ein unglücklicher, aber nötiger Fehltritt, der uns hilft, es beim nächsten Mal besser zu machen. Eine solche Aussage, zumal wenn sie taktlos vorgebracht wird, wirkt auf die Leute, die hier leben, natürlich unsensibel oder sogar beleidigend. Der Erneuerungsprozess enthüllt die Kluft zwischen denjenigen, die unsere Gemeinde als »Projekt« oder »Plan« sehen, vielleicht gar als ein Problem, das es zu lösen gilt, und den Leuten, die hier leben. Natürlich muss man objektiv bleiben und sollte nicht übermäßig sentimental werden, aber die Leute, die in einem Viertel wie dem unseren wohnen, haben weder die Mittel noch das Bedürfnis, um aus ihrem Leben quasi herauszusteigen und ihre heruntergekommenen Gemeinden im größeren Kontext des sozialen Fortschritts zu betrachten.

Es wäre eine Untertreibung zu sagen, dass viele wütend, desillusioniert und apathisch sind, nachdem sie jahrelang das Gefühl hatten, sie würden von den Behörden und Institutionen, die im mechanistischen Jargon der Stadterneuerung sprechen, ignoriert, abgewiesen und herumgeschubst. In Teilen dieser Gemeinden, vor allem bei denen, die aktiv an den Entwicklungen teilhaben wollten, herrscht das Gefühl, dass nicht sie mit der Gemeinde fertig sind, sondern die Gemeinde mit ihnen. Die Modalitäten der Beteiligung sind vergleichbar mit denen eines Schulalltags, wo der eigene Wert auch nicht abgeleitet wird von der Fähigkeit, zu denken und zu argumentieren, sondern von der Bereitschaft, sich einem Prozess zu unterwerfen. Einbringen kann man sich nur innerhalb der Parameter, die von denjenigen, die wirklich das Sagen haben, gesetzt werden. Hält man sich nicht an diese Vorgaben, riskiert man, zum Außenseiter zu werden. Zumindest haben viele Ansässige diesen Eindruck. Zum Glück sind, ungefähr eine halbe Meile vom Schutt des Norfolk Court entfernt, die grünen Sprossen einer weniger abweisenden Zukunft deutlich zu sehen – für jeden, der sich die Zeit nimmt hinzuschauen.

13

Die Outsider

Auf einer Teerfläche wartet eine geordnet zusammenstehende Gruppe von etwa fünfzehn Kindern geduldig darauf, dass ein örtliches Gemeindezentrum namens The Barn geöffnet wird. Dafür, dass es ein normaler Montagabend ist, wirken sie ziemlich fröhlich. Sie reiben sich die Hände, und man könnte annehmen, vielleicht gegen die Winterkälte, wahrscheinlicher aber in Erwartung der Sozialarbeiter, die in Kürze die Türen öffnen werden.

»In The Barn zu kommen, schenkt mir Frieden, weil ich endlich mal zu Hause rauskomme«, sagt der zwölfjährige Benji mit beneidenswertem Selbstbewusstsein.

Als die Türen aufgehen und die jungen Leute hineindrängen, meint ein Betreuer lächelnd: »Sie warten die ganze Zeit an der Tür. Gleich nach der Schule kommen sie hierher. Aber wir haben nicht das Personal, um das Zentrum den ganzen Tag offen zu halten.«

Das Leben in den Gorbals ist im Übergang begriffen. Im Gegensatz zu anderen Teilen Glasgows, in denen der Fortschritt, wenn überhaupt, schrittweise passiert, ist hier am Südufer des Clyde die Veränderung spürbar und dramatisch. Der Begriff »Erneuerung« wurde zu einem Inbegriff für Opportunismus, Missmanagement und Ausbeutung, eine hohle Phrase ohne eigentliche Bedeutung. In Vierteln wie diesen ist so ein fruchtbarer Boden für Ressentiments entstanden, auf dem Wut und Apathie gedeihen.

Aber das merkt man nicht, wenn man mit diesen Kindern redet.

Das Innere von The Barn ist hell erleuchtet und farbenfroh dekoriert. Die Wände schmücken lebensbejahende Slogans. Einer lautet: »Ziele nicht auf den Erfolg; tu einfach, was du liebst und woran du glaubst, und der Erfolg wird von selbst kommen.« Mitten im großen Saal stehen grellfarbige Sofas, auf denen die Teenager – die erst vor Kurzem ihr eigenes Jugendkomitee gegründet haben – sich unterhalten, während jüngere Kinder zwischen Lufthockey, Tischtennis, Pool- und Snookerbillard, ihrem Fußballspiel und sogar einem abgetrennten Raum für Xbox-Fans hin und her eilen.

In The Barn lernen junge Leute in einer sicheren und positiven Umgebung, je nach Alter und Fähigkeiten zu spielen, zu teilen und sich selbst auszudrücken. All das muss natürlich finanziert werden, und das heißt, dass die Einrichtung alle zwölf Monate überprüft und ihr Erfolg nachgewiesen werden muss – sonst droht das Projekt den »Einsparmaßnahmen« zum Opfer zu fallen.

Joe McConnell, der »anerkannte Leiter« (er bittet mich, ihn nicht Manager zu nennen), glaubt, dass es ein umgekehrtes Verhältnis gibt zwischen den Aussagen der Politiker über ihre Ziele für unsere Gemeinden und dem, was sie tatsächlich tun: »Der Wille, langfristig in die jungen Leute und die

Entwicklung ihrer Sozialkompetenz zu investieren, scheint noch immer nicht vorhanden zu sein. Es gibt auf Regierungsebene eine Diskrepanz zwischen den Vorstellungen, in welcher Art von Gesellschaft wir leben wollen, und den Ressourcen, die eingesetzt werden, um diese Vorstellungen zu verwirklichen.«

Joes Bemerkungen sind ungewöhnlich freimütig. Leute, die in seinem Bereich tätig sind, neigen für gewöhnlich dazu, gewisse Dinge unter den Teppich zu kehren. Die Stadterneuerung ist nicht nur ein gut gemeintes soziales Programm zur Verbesserung des Lebens der Armen, sondern auch eine Industrie, in der sich Karriere machen lässt. Eigeninteresse spielt eine entscheidende Rolle bei der Projektgestaltung – auch wenn die Beteiligten das leugnen. Was die Kritik natürlich bremst. Genaugenommen wird Kritik, wie viele andere Aspekte des Lebens in der Gemeinde, sorgfältig in Bahnen gelenkt; sie wird in einen »Bewertungsprozess« eingespeist, von dem die Ortsansässigen oft ausgeschlossen werden oder an dem sie nur auf symbolische Art teilnehmen dürfen – wie das auch beim Planungsprozess der Fall ist. Wenn die Leute kritisch sind auf eine Art, die als unangemessen betrachtet wird, werden sie aufgefordert, »konstruktiver« zu sein – normalerweise von jemandem, der nicht aus der Gemeinde stammt. Dieser Punkt mag einigen irrelevant vorkommen. Aber wenn jemand, den man nicht kennt, der aber finanzielle Ressourcen und eine gewisse Macht zu haben scheint, plötzlich im eigenen Viertel auftaucht und sich anmaßt, die Art zu tadeln, wie man über die Probleme in der Gemeinde spricht, kann es schon sein, dass man beleidigt reagiert.

Natürlich ist es wichtig, »konstruktiv« zu sein, aber manchmal wird diese Formulierung als Ablenkungsmanöver benutzt. Und deshalb wird sie von den Bewohnern des Viertels auch als Machtdemonstration betrachtet, welche die im Zentrum der Spannungen klaffende Klassenwunde nur vertieft. Die Leute, die aufgefordert werden, konstruktiver zu sein, werden sich unweigerlich fragen: »Wenn das unsere Gemeinde ist, wer hat dann die Berechtigung zu bestimmen, was ›konstruktiv‹ ist und was nicht?«

Joes Unverblümtheit in Bezug auf die vorhandenen Probleme ist ungewöhnlich, denn wenn man in den betroffenen Gemeinden arbeitet und abhängig ist von den Mitteln, die weiter oben in der Nahrungskette verteilt werden, entwickelt man sehr schnell einen Instinkt dafür, was man sagen sollte und was nicht. Dieser Selbsterhaltungsinstinkt manifestiert sich kollektiv als die professionelle Orthodoxie; die Art und Weise, wie man etwas macht. Im Lauf der Zeit wird diese Orthodoxie, die zufälligerweise auch den Interessen der Entscheidungsträger entspricht, mit dem verwechselt, was gut für die Leute in der Gemeinde ist. Leute, die diesen Unterschied ignorieren, neigen dazu, weiterzukommen als diejenigen, die darauf hinweisen. Joe ist mit seiner Enttäuschung über die Gemeindeökonomie nicht allein. In unterprivilegierten Gemeinden herrscht ständiger Unmut unter denen, die sich übersehen, umgangen und verdrängt fühlen. Die Organisationen, von denen die Vergabehierarchien etabliert werden, handeln normalerweise im Auftrag der Zentralregierung, erwecken aber den Eindruck autonomer Institutionen. Zu ihnen zählen die Künste, die Medien, Wohltätigkeitorganisationen und NGOs, die sich ein bisschen wie eine Kolonialmacht verhalten; ärmere Gemeinden werden als primitive Kulturen gesehen, die modernisiert, neu ausgerüstet und qualifiziert werden müssen. Auch wenn diese Herangehensweise nicht unbedingt schlecht ist, geht sie doch oft von der Annahme aus, dass die Anwohner keine eigenen Ideen hätten. Dass sie in einem kulturellen und politischen Vakuum ohne Vergangenheit oder Zukunft leben. Bei den Anwohnern, die sich engagieren wollen, führt dies zu dem Gefühl, dass Privilegierte, die kaum Ahnung von ihren Anliegen haben, eingeflogen werden, um allem und jedem ihre externen Werte überzustülpen.

Um ehrlich zu sein, geht es bei einem Großteil der in unterprivilegierte Gemeinden investierten Arbeit ebenso sehr um die Ziele und Ambitionen der Organisationen, die diese Arbeit ermöglichen, wie um die lokalen Bedürfnisse. Nur selten geht es darum, Selbstständigkeit und Eigenverantwortung zu fördern. Eher im Gegenteil: Jedes Engagement und jede Intervention schaffen eine höhere Abhängigkeit von externen Ressourcen und fremdem Fachwissen, wodurch die Rolle der helfenden Organisationen verstärkt wird, anstatt sie zu reduzieren.

Diese Sichtweise, die bei einem Großteil der investierten Arbeit durchschimmert, legt die Grundlage dafür, dass sich millionenschwere Projekte in Machtkämpfen verheddern und die Anwohner das Gefühl bekommen, dass das, was passiert, nichts mit ihnen zu tun hat. Das wiederum kann dazu führen, dass potentiell lebensverändernde Arbeit völlig an den Bedürfnissen und Ansprüchen vor Ort vorbeigeht, vor allem wenn die investierte Arbeit auf exekutiver Ebene konzipiert wurde und für die Gemeinde selbst völlig sinnlos ist. Ein Beispiel wäre der soziale Wohnungsbau in den armen Gemeinden ebenso wie die meisten Kunst- und Theaterprojekte. Wenn von der Regierung Geld zur Verfügung gestellt und festgelegt wird, wie es verwendet werden sollte, verwirft die betreffende Institution einfach alles, was sie zuvor getan hat, und greift nach der tief hängenden Frucht – ohne Rücksicht darauf, was die Gemeinde, die sie zu unterstützen vorgibt, wirklich braucht oder will. In den betroffenen Gegenden werden Arme als eine Form von Kapital betrachtet, als Gefäße, aus denen Daten und Narrative entnommen werden zur Rechtfertigung und Fortschreibung der Rolle, die das Management der verantwortlichen Organisationen einnimmt. Es ist eine stetige Prozession wohlmeinender Studenten, Wissenschaftler und Spezialisten, die in die Tiefen der Armut hinabsteigen und sich dort nehmen, was sie brauchen, bevor sie sich in ihre Enklaven zurückziehen, um die Artefakte zu untersuchen, die sie von ihrer Safari mitgebracht haben.

Die aus vielen Organisationen bestehenden Strukturen, die entstanden sind, um die vom industriellen Niedergang erzeugten sozialen Probleme zu bewältigen, sind selbst zu einer problematischen Industrie geworden. Schlimmer noch, sie werden zunehmend abhängig von der Regierung, obwohl sie als Kontrollinstanz der Zentralmacht viel besser funktionieren würden. Kritik an der Regierungspolitik wird in diesem Sektor zum Schweigen gebracht, und die Parameter für Diskussionen über Themen wie Kinderarmut sind sehr eng gefasst – es sei denn, es ist politisch von Vorteil, sie zu erweitern. Viele dieser Organisationen, deren Überleben von der Regierung abhängt, entwickeln derart gigantische Bürokratien, dass sie unflexibel werden und nicht mehr in der Lage sind, auf das zu reagieren, was in den Gemeinden, deren Betreuung ihnen fürstlich entlohnt wird, wirklich los ist.

Organisationen wie The Barn in den Gorbals oder PEEK in Calton oder Fuse in Shettleston sind gut geführte Basisgruppen, die bei den Anwohnern bekannt und beliebt sind. Trotz der Menge an Erfahrung und Fachwissen, die in diesen Einrichtungen angesammelt wurde, müssen sie sich ständig umwidmen und umdefinieren, um den aktuellen politischen Launen zu entsprechen. Und dies in Konkurrenz zu riesigen Organisationen wie dem Stadtrat, wo niemand eine Ahnung hat, was eigentlich zu tun ist.

Joe ist es leid, immer wieder erklären zu müssen, warum die Arbeit von The Barn wichtig ist. Auch wenn gute Jugendarbeit in gewissen Kreisen oft als Luxus betrachtet wird, behauptet Joe, »kann sie eine tiefgreifende und positive Wirkung auf junge Leute haben und eine anspruchsvolle und sehr befriedigende Arbeit sein. Aber ich glaube, wir sind noch weit davon entfernt, dass dies von den Fördermittelgebern und der öffentlichen Hand akzeptiert wird. Es gibt Finanzierungen für spezielle Ziele und Problemstellungen. Doch vieles davon ist für das, was wir tun, nicht relevant. Die Identitätskrise innerhalb dieses Bereichs macht die Situation auch nicht besser.« Joe ist ganz offensichtlich einer jener nüchtern pragmatischen Charaktere, vor denen ahnungslose Bürokraten besser den Mund halten.

»Wir arbeiten an der Bekämpfung der Folgen, die soziale Ungleichheit und Armut auf junge Leute haben«, sagt er. »Der Teufelskreis aus Unsicherheit, Misstrauen, mangelnder Belastbarkeit, geringer Selbstachtung und ungenügendem Selbstvertrauen. Es ist eine ganzheitliche, langfristige und facettenreiche Arbeit.«

Barry McLaughlin, ein 28-jähriger Sozialarbeiter, der früher in The Barn beschäftigt war, hat den Eindruck, dass eine Verbesserung der Selbstachtung – und nicht nur der späteren Verwendungsfähigkeit auf dem Arbeitsmarkt – der Schlüssel zur Herausbildung eines Glaubens an die eigene Person und der Förderung der Belastbarkeit ist, die so vielen jungen Leuten aus Gegenden wie The Gorbals fehlt. Die jungen Leute halten sich selbst für so mangelbehaftet und unvollkommen wie die ausgehöhlten Strukturen um sie herum. Erfrischend einfach erklärt Barry: »Das Wichtigste für uns sind die positiven Beziehungen, die man mit den jungen Leuten aufbaut. Wenn kein Vertrauen da ist, kann nichts erreicht werden.« Er fährt fort: »Es herrscht eine Apathie, die daraus entstanden ist, dass in den Gorbals Entscheidungen getroffen werden, ohne mit den Anwohnern zu reden. Die Gorbals haben ein negatives Narrativ, das besagt: ›Wir sind nicht gut genug.‹ Wir versuchen, das zu ändern, indem wir sagen, die Gorbals sind ein faszinierender Ort. Das Werkzeug, um diesen Ort zu reparieren, haben wir bereits. Man muss keine Regierungsinitiativen hinzuziehen, die von der Gegend keine Ahnung haben. Die Regierung möchte, dass wir eine Arbeit machen, die gut aussieht und gut klingt. Das tut sie aber nicht immer.«

Barry, der sichtlich Angst hat, die jungen Leute zu vernachlässigen, indem er mit mir spricht, sagt: »Die Wirkung einer Maßnahme ist etwas, wonach wir von den Geldgebern oft gefragt werden. Aber die Wirkung ist schwer zu quantifizieren. Man sieht sie, sobald man zur Tür reinkommt.«

Joe und sein Team sind eine der vielen kleinen Organisationen, die sich mit dem sozialen und kulturellen Vermächtnis von jahrzehntelanger schlechter Planung und lediglich symbolischer Kommunikation mit den Ortsansässigen beschäftigen. Dieses Vermächtnis hat dazu geführt, dass mehrere aufeinanderfolgende Generationen der sozialen Benachteiligung und den dazugehörigen Nachteilen ausgesetzt gewesen sind, in dem tief verwurzelten Glauben, dass sie keinen Einfluss auf oder Kontrolle über irgendetwas in ihrem Leben hätten. Anstatt aus den Fehlern der Vergangenheit zu lernen und den Ortsansässigen zu trauen und sie mit einzubeziehen, wurde eine weitere Ebene aus Managern und Mentoren angestellt, um die Tatsache zu verhüllen, dass die Kommunikation noch immer von zentraler Stelle kontrolliert wird. Doch wie sehr man es auch zu verheimlichen versucht, die Leute spüren, wenn sie bevormundet werden. Sie wissen, wer wirklich das Sagen hat – was auch der Grund ist, warum so viele, nach anfänglich begeisterter Teilhabe, skeptisch und teilnahmslos werden.

Dieser vermeintliche Mangel an Einfluss oder Kontrolle erzeugt in Kombination mit einer dauerhaft stressbelasteten sozialen Umgebung die Bedingungen für das selbstzerstörerische Verhalten, welches das Leben der Anwohner zerrütten und zu sozialer Isolation führen kann. Joe und Barry bieten einen Dienst an, der das Potential hat, diesen Strom nutzloser Unausweichlichkeit zu unterbrechen. Sie können Kontinuität in das Leben eines jungen Menschen bringen, so wie es Marilyn bei mir gemacht hat. In ihrer Einrichtung können Beziehungen zu den jungen Leuten geknüpft werden, bevor sie aus der Spur geraten, und trotzdem wird ihre Arbeit oft behindert – und unterminiert – von genau den Organisationen und Institutionen, die sie eigentlich unterstützen sollten. Leider gibt es keine konstruktive Art, über dieses Thema zu sprechen, ohne gewisse Leute zu verärgern oder zu beleidigen.

Entstanden ist eine Armutsindustrie, in der sogar die Guten aus der sozialen Benachteiligung Profit schlagen. Erfolg bedeutet, dass genug Probleme erhalten bleiben, um die Karriere aller Beteiligten aufrechtzuerhalten und zu fördern. Erfolg ist nicht die Beseitigung der Armut – man rauscht viel mehr heran und möchte ein »Vermächtnis« hinterlassen. Und wenn man sich dann wieder aus dem Staub macht, mitsamt allen Mitteln und allem Fachwissen, ohne dass sich ein Vermächtnis materialisiert hat, dann fabriziert man eben künstlich eins. Die Orthodoxie in diesem Bereich verlangt allerdings, dass man den Vorgang leugnet. Man tut etwas, indem man die Augen verschließt. Niemand kann es zugeben, wenn man versagt hat oder etwas nicht funktioniert. Alle haben Angst, dass ihnen die Mittel gekürzt werden. Und doch gibt es in gewissen Kreisen ein Ressentiment (und sogar eine Empörung) gegenüber jedem von uns, der die Frechheit besitzt, die Wahrheit laut auszusprechen.

Bevor Barry zu den Kindern im Saal zurückkehrt, seufzt er: »In einer idealen Welt würden wir Geld dafür kriegen, dass wir vertrauensvolle Beziehungen zu den jungen Leuten aufbauen.« Vielleicht wird das eines Tages wirklich so sein. Es ist eine Aufgabe, die nicht so einfach und so schlicht ist, wie sie klingt – das kann ich Ihnen versichern.

14

The Trick is to Keep Breathing

Es ist mitten im Sommer, und die örtliche Bücherei ist voller Kinder, die an der heutigen Spielgruppe teilnehmen wollen. Es sind etwa zwanzig Kinder zwischen fünf und zwölf Jahren, brav aufgeteilt in Jungen und Mädchen. Kurz nach Beginn der Aktivitäten entfernt sich ein nervöses Mädchen von der Gruppe und setzt sich neben mich. Sie ist neu. Ich vermute, sie ist von den anderen weg, weil sie schüchtern ist, doch als die anderen Kinder wiederholt in Jubelgeschrei ausbrechen, drückt sie sich die Hände an die Ohren; der Lärm macht ihr Angst.

Mir fällt auf, dass sie Make-up trägt, was zwar nicht zwingend ein Warnsignal, aber doch sehr ungewöhnlich ist, weil sie erst zehn Jahre alt ist. Um ein Gespräch mit ihr zu beginnen, frage ich, woher sie kommt, und es dauert nicht lange, bis sie mir verrät, was wirklich los ist. Obwohl sie mich nicht kennt, ist sie überwältigt von dem Drang, mir die intimsten Dinge aus ihrem Leben zu erzählen. Dieser Drang ist sehr häufig bei den Opfern von Missbrauch und Vernachlässigung, die sich von ihren schmerzhaften Erinnerungen und Erlebnissen reinigen wollen, indem sie sich bei jedem auskotzen, der ihnen zuhört. Vielleicht handelt es sich hier, evolutionär betrachtet, um einen Überlebensmechanismus, der aktiviert wird, wenn dem Kind Gefahr droht.

Sie eröffnet mir, auf sehr beiläufige Art, dass ihr Vater im Gefängnis ist, weil er immer so wütend wird, und sie und ihre Mutter von ihm wegkommen wollen. Sie sagt mir, dass er eine laute Stimme hat und ihr unheimlich ist. Mir fällt auf, dass sie gleichzeitig reden und zeichnen kann, aber ihr Make-up sehr schlecht aufgelegt ist – wahrscheinlich, weil sie es selbst gemacht hat. In meiner Rolle als »lernender Assistent« sollte ich ihre Aussagen jetzt aufnehmen und später einen Kinderschutzbeamten informieren, damit die Situation dieses kleinen Mädchens in irgendeiner Form dokumentiert wird. Aber ich weiß genau, wie das System funktioniert, und deshalb ist mir klar, dass ein solches Vorgehen der Familie nur zusätzlichen Stress bringen und die Zustände, in denen das Kind offenbar lebt, noch weiter verschlimmern könnte. Wir unterhalten uns weiter, während ich mir im Stillen die beste Vorgehensweise überlege. Dann wird unser Gespräch von einem anderen Mädchen unterbrochen, das weint. Ich frage, was los ist.

»Mir fehlt meine Mummy«, sagt sie, und die Tränen laufen ihr übers Gesicht.

Ich bitte sie, sich zu setzen. Sie tut es schniefend, während das andere Mädchen mit Buntstiften weiter ihr Bild ausmalt. Ich wende mich dem weinenden Mädchen zu und frage auch sie, woher sie kommt. »Bearsden«, antwortet sie mit artigem Akzent. Bearsden ist eine wohlhabende Gemeinde am Rand von Glasgow. Es ist ungewöhnlich, dass Kinder aus diesem

Teil der Stadt hier bei uns landen. Einfach ausgedrückt, wir haben es vorwiegend mit Kindern aus den ärmeren Schichten zu tun, die unsere Dienste in Anspruch nehmen, weil sie kostenlos sind. Aus diesem Grund ist es nicht überraschend, dass dieses Mädchen sich in der unvertrauten Umgebung ängstigt.

»Wie bist du denn in diesen Club gekommen?«, frage ich sie.

»Ich bin zu Besuch bei meinen Cousinen«, sagt sie und zeigt in die Menge, während ihre Atmung sich normalisiert.

Dieses Mädchen ist ebenfalls gestresst, aber aus anderen Gründen. Sie ist gestresst, weil es für sie ungewöhnlich ist, von ihrer Mutter getrennt zu sein, die die Bücherei erst zwanzig Minuten zuvor verlassen hat. Sie ist aufgewühlt und verängstigt, aber wahrscheinlich nicht wegen eines häuslichen Missbrauchs (ich könnte mich allerdings auch täuschen), sondern eher aufgrund der Tatsache, dass sie eine sichere Umgebung gewohnt ist. Es ist so normal für sie, dass ihre Mutter sich um sie kümmert, dass schon eine halbe Stunde der Trennung sie zu Tränen ängstigt.

Das kleine Mädchen mit Make-up dagegen, jetzt in ihr Malbuch vertieft, ist an das Gefühl der Unsicherheit gut angepasst. Sie hat sich an die Tatsache gewöhnt, dass ihr Leben furchteinflößend ist. Obwohl sie – zumindest verbalen und psychologischen – Missbrauch und auch emotionale Vernachlässigung erleidet, ist lediglich ihr Stress sichtbar – die Tränen müssen erst noch kommen. Das eine Mädchen erwartet bei Betreten der Bücherei Gefahr, das andere Sicherheit. Beide Erwartungen sind korrekt, da sie auf den jeweiligen Lebenserfahrungen basieren; beide Erwartungen lassen die Mädchen mit der Situation hadern, in der sie sich befinden. Das eine hat Angst, obwohl es sicher ist; das andere ist gestresst, obwohl die Kinder rundherum Spaß haben.

Subjektiv erleben die Mädchen ähnlich unangenehme Gefühle, aber im größeren Kontext sind soziales Umfeld und emotionale Geschichte höchst unterschiedlich. Es ist zumindest vertretbar zu sagen, dass diese beiden Kinder bereits in jungen Jahren in der sozialen Ungleichheit der Gesellschaft verwurzelt sind. Im Fall des kleinen Mädchens mit Make-up hat das Trauma, das sie erlebt hat, bereits ihre Fähigkeit zur Risikoeinschätzung und zur Gefühlsregulierung beeinträchtigt. Ihre Hyperwachsamkeit lässt sie empfindlich auf das Geräusch der spielenden Kinder reagieren; sie interpretiert es fälschlicherweise als Bedrohung. Ihre fehlgeleitete Einschätzung hat tiefgreifende Wirkung auf ihre Fähigkeit zur Sozialisierung und zur Kontaktaufnahme, was wiederum einen Isolationsdrang erzeugt. Der kanadische Arzt Gabor Maté, Spezialist für Sucht, Trauma und Neurologie, beschreibt, wie Trauma und Vernachlässigung die Welt für das Opfer als gefährlichen und furchteinflößenden Ort darstellen. In seinem Buch *In the Realm of Hungry Ghosts* schreibt er:

> »Der größte Schaden, der von Vernachlässigung, Trauma und emotionalem Verlust verursacht wird, ist nicht der unmittelbare Schmerz, den sie bereiten, sondern die langfristigen Deformationen, die sie anrichten in der Art, wie ein sich entwickelndes Kind die Welt und seine Situation darin interpretiert. Allzu oft werden diese schlecht konditionierten, impliziten Überzeugungen zu selbsterfüllenden Prophezeiungen in unserem Leben. Unbewusst schreiben wir die Geschichte unserer Zukunft ausgehend von Narra-

tiven, die in der Vergangenheit fußen. Wahlfreiheit beginnt in dem Augenblick, da man sich vom Bewusstsein und seinen konditionierten Mustern trennt, in dem Augenblick, da man gegenwärtig wird.«

Diese Beobachtung könnte natürlich auf beide Mädchen und ihren jeweiligen Lebensweg zutreffen. Wir alle haben falsche Überzeugungen, die uns selbst und die Welt betreffen, und projizieren diese in die Zukunft. Doch das Mädchen mit dem Make-up muss mehr kämpfen, da ihre falschen Überzeugungen mit prekären sozialen Umständen interagieren, und durch diese Belastung werden die Voraussetzungen für emotionalen Dauerstress geschaffen. Wenn das Mädchen spielende Kinder in einer sicheren Umgebung als Bedrohung interpretiert, dann muss man sich fragen, unter welchen Umständen sie sich entspannen und sicher fühlen könnte. Da sie beschlossen hat, sich von einer Gruppe spielender Kinder zu entfernen, könnte sie diesen Isolationsdrang in die Pubertät und ins Erwachsenenalter weitertragen, in einen Lebensabschnitt also, in dem andere Anforderungen und Stresssituationen auf sie warten, und in dem, was grundlegend ist, andere Lösungsfindungen nötig werden.

In dem Augenblick, da diese Mädchen die Spielgruppe verlassen, werden ihre Lebensläufe sich abermals voneinander entfernen, wie sie es seit dem Tag ihrer Geburt getan haben; ihre jeweilige soziale Umgebung und die Art, wie diese Umgebung psychologisch, emotional, sozial und kulturell auf die Mädchen einwirkt, wird zwei sehr unterschiedliche Menschen formen. Diese Unterschiede können in allem Ausdruck finden – im Verhalten der Mädchen, ihrem mentalen und körperlichen Zustand, ihrem Bildungsgrad, ihren

Lebenschancen, in ihren sozialen Werten, ihren politischen Ansichten, den kulturellen Interessen und Vorlieben und selbstverständlich in ihrer Redeweise. Diese Unterschiede können auch eine Rolle spielen bezüglich der Frage, welche Beziehungen sie eingehen, für welchen Lebensstil sie sich entscheiden, wie oft sie reisen und welche Gesundheitsprobleme sie im späteren Leben bekommen werden. Auch auf ihre jeweilige Lebenserwartung dürfte diese Ungleichheit Auswirkungen haben.

In zwanzig Jahren wird die Kluft zwischen ihnen so groß geworden sein, dass sie sich kaum je wiedersehen dürften. Sie werden in zwei verschiedenen Parallelkulturen existieren, zwischen denen sie sich nur schwer hin und her bewegen können. Ich würde sogar wetten, dass sie, sollten sie sich in der Zukunft noch einmal begegnen und versuchen, sich über ein wichtiges Thema zu unterhalten, voneinander angewidert wären. Sie werden anfangen, einander nach Erscheinung, Stimme, Akzent, Sprache und Tonfall einzuschätzen. Diese Beurteilungen werden unbewusst getroffen, bis sie im Laufe ihres Gesprächs an einen Punkt kommen, an dem eine Meinungsverschiedenheit entsteht. Und da sie ihre gegenseitige Einschätzung unbewusst getroffen haben, ausgehend von ihren jeweils unterschiedlichen Erfahrungen und den damit einhergehenden sozialen und kulturellen Haltungen, werden sie einander vermutlich so fundamental missverstehen, dass sie die Kommunikation abrupt abbrechen, da sie tief getroffen sind von dem, was die andere zu implizieren scheint.

Die eine mag daraus schließen, dass die andere engstirnig, vulgär, aggressiv und furchteinflößend ist. Diese wiederum wird glauben, dass ihre Gesprächspartnerin verweichlicht, vorurteilsbehaftet und verwöhnt ist. Zwei Mädchen, die einmal dieselbe Spielgruppe besucht haben, werden durch eine Kluft der Erfahrung voneinander getrennt. Schon eine schlichte Unterhaltung kann so viel Verwirrung, böses Blut und Ressentiment erzeugen, dass sich beide lieber in ihre vertraute Umgebung zurückziehen.

Die vertraute Umgebung ihrer Klasse.

15

Dunkelkammer

Ich möchte an dieser Stelle ein kleines Experiment durchführen. Bis jetzt haben Sie von mir anekdotische Wutanfälle und schamlose persönliche Bekenntnisse zu hören bekommen, die dazu gedacht waren, eine starke, emotionale Reaktion hervorzurufen. Inzwischen sind Sie hoffentlich tief drinnen in der Geschichte über meine Familie und mich. Deshalb wäre der perfekte Zeitpunkt gekommen, um alles wieder auf den Kopf zu stellen. Anstatt über meine Erfahrungen zu berichten, damit sie von Akademikern und Professionellen analysiert und dann in einer exklusiven Datenbank eingespeist werden, möchte ich versuchsweise einmal selbst der Experte sein. Ich weiß, dass ich nicht wirklich ein Experte bin, und ich weiß, dass Sie wissen, dass ich kein Experte bin. Aber, nun ja, es ist mein Buch. Jemand wie ich bekommt niemals die Möglichkeit, ein Buch zu schreiben, wenn er es nicht wenigstens zum Teil als Elendstagebuch kaschiert. Und deshalb müssen wir nun zumindest die Illusion von Objektivität erzeugen.

Ich würde vorschlagen, dass wir zu diesem Zweck meine Familie und mich völlig entmenschlichen – um unsere Erlebnisse dann durch die statistische Brille betrachten zu können. Nachdem wir zahlreiche persönliche Bekenntnisse gehört haben, sollten wir aus meinen vier Geschwistern und mir nun quantifizierbare Datenträger machen, die für eine rationale Betrachtung taugen. Dieser Prozess sollte die Art von Objektivität ermöglichen, die nötig ist, um die Lebensumstände meiner Familie wissenschaftlich zu betrachten. Hier die Ausgangsbedingungen:

Vier oder fünf von uns neigten zu irgendeinem Zeitpunkt ihres Lebens zu Alkohol- oder Drogenmissbrauch.
Drei haben ein Vorstrafenregister.
Fünf hatten langfristige finanzielle Probleme: lähmende Schulden, erhebliche Zahlungsrückstände, eine schlechte Kreditwürdigkeit.
Drei wurden wegen störenden oder gewalttätigen Verhaltens vom Unterricht suspendiert oder der Schule verwiesen.
Zwei haben einen oder mehrere Selbstmordversuche hinter sich.
Einer hat wegen drogenbezogener Vergehen eine Gefängnisstrafe verbüßt.
Fünf haben Missbrauch und Vernachlässigung durch Erziehungsberechtigte erlitten.
Fünf wurden schon in jungen Jahren zu starken Rauchern.
Fünf haben staatliche Zuschüsse erhalten.
Fünf haben dysfunktionale Beziehungen geführt.
Fünf hatten Probleme infolge ihrer schlechten Ernährung und ungesunden Lebensweise; zu diesen Problemen

zählten: Über- oder Untergewicht, Schwierigkeiten beim Treffen positiver Entscheidungen in Bezug auf die eigene Ernährung, Konsum hochkalorischen, nährstoffleeren Essens zum Zweck der Selbstberuhigung.
Fünf haben Konzentrationsprobleme, die sich auf ihre Ausbildung ausgewirkt haben.
Fünf leiden an sozialer Angst.
Fünf kennen emotionale und mentale Gesundheitsprobleme, die sie für Stress anfällig machen.
Null haben eine Universität besucht.
Null besitzen eine Immobilie.
Null haben irgendwelche Ersparnisse.
Null können auf finanzielle Unterstützung durch ihre Eltern hoffen.
Null engagieren sich in einer NGO.
Null sind aktive Mitglieder einer politischen Partei.
Null besuchen regelmäßig Bibliotheken oder andere kulturelle Einrichtungen.
Null machen einmal pro Jahr einen Auslandsurlaub.
Und keiner von uns hat viel übrig für Yoga oder Lebensmittel aus vegetarischem Fleischersatz.

Ist es nicht bemerkenswerter, dass unter der Besonderheit und Einzigartigkeit unseres individuellen Lebens eine Straße reiner Unvermeidlichkeit verläuft, von der wir kaum abweichen? Diese Tatsache wäre nicht so verblüffend, würde sie auf jeden zutreffen; anscheinend jedoch ist die Armut ein definierender Faktor, der vom Tag der Geburt an die Richtung bestimmt, die das Leben eines Menschen nimmt. In den entsprechenden Studien hat sich nachweisen lassen, dass die Wahrscheinlichkeit, mit der ein Kind in die Mittelklasse aufsteigen wird, ganz einfach anhand des Geburtsgewichts berechnet werden kann. Babys von Eltern, die in Gegenden mit hoher Benachteiligung leben, haben mit höherer Wahrscheinlichkeit ein geringeres Geburtsgewicht als Babys von Eltern, die in Gegenden mit durchschnittlicher und niederer Benachteiligung leben.

Oft reden wir über das Thema Armut, als wäre sie etwas Physikalisches, etwas, das sich beliebig und ohne Vorwarnung über eine Gemeinde legt. Als wäre Armut ein autonomes Wesen, über das wir keine wirkliche Kontrolle haben. Für einige ist sie der Treibsand, der uns verschlingt, auch wenn wir uns noch so bemühen, ihm zu entkommen. Je mehr wir uns anstrengen, desto tiefer versinken wir darin. Für andere ist die Armut ein Monster, das auf einem entfernten Hügel lebt, an einem Ort, zu dem man nie gehen sollte. Eine Erfahrung, bei der man dankbar sein sollte, sie nie gemacht zu haben.

Wie es aussieht, können wir nichts anderes tun, als unsere Wunden zu lecken, während das erbarmungslose Raubtier sich dem nächsten Opfer zuwendet. Um ehrlich zu sein, ich kann verstehen, wie es zu einer solchen emotionalen Verrohung kommt. Auch ich schaue weg, wenn es um Themen geht, die mich nicht unmittelbar betreffen. Wenn ich zum Beispiel Bilder aus Kriegen oder Hungersnöten im Fernseher sehe, empfinde ich zunächst Schock und Sorge um die Leidtragenden, aber diese Gefühle vergehen wieder, wenn ich zu meinen eigenen, aktuellen Problemen zurückkehre. Ich weiß, dass ein Menschenleben, das einen halben Erdkreis entfernt gelebt wird, genauso viel wert ist wie eins auf meiner eigenen Straße, aber ich scheine gefühllos zu sein, selbstsüchtig, oder mein Gehirn ist auf einer gewissen Ebene nicht dafür gemacht, sich der entfernten Nöte anderer ständig bewusst zu sein. Das ist der Grund, warum ich verstehen kann, dass Leute, die nicht in Armut leben, sich distanzieren wollen von den Kämpfen derer, die es tun. Es stört mich trotzdem.

Diese emotionale Abkoppelung und ihre Wirkung auf unsere Fähigkeit, zu denken und zu diskutieren, ist zu einem großen Teil der Grund, warum weiterhin Armut besteht. Wir müssen nicht nur die Klassenunterschiede überbrücken, wir müssen auch unsere Unterschiede in Bezug auf Ideologien, Politik und unsere individuellen und kollektiven Interessen berücksichtigen. Die Linken glauben, Armut sei eine politische Entscheidung, deren Auswirkungen wir lindern können, wenn wir die kollektiven Ressourcen in die Richtung einer Umverteilung des Wohlstands lenken. Die Rechten glauben, wenn man es dem Individuum ermöglicht, selbst wohlhabend zu werden, und darüber die Rolle (und die Kosten) des Staates reduziert, wäre das der beste Weg, eine funktionsfähige, sozial kohärente Gesellschaft zu erreichen. Drohend über dieser Debatte hängen die Massenmedien und eine Welt von so unendlicher Komplexität, dass unsere politischen Führer es zumeist vorziehen, alle Aspekte unseres Lebens zu kurzen, prägnanten Floskeln zu vereinfachen, wodurch es sehr schwer wird, anders über diese Themen zu diskutieren als in Begriffen der Gruppenzugehörigkeit und Feindseligkeit. Doch die Schuld liegt nicht immer bei denen, die keine Ahnung haben, wie Armut funktioniert; genauso wenig kann man sie einzig den Politikern zuschreiben.

Und in der Sache sentimental, sensationalistisch oder melodramatisch zu sein, bringt uns auch nicht weiter. Moralische Entrüstung erzeugt genau die Verwirrung, die sie zu beseitigen versucht. Und nur weil man sich selbst als jemanden sieht, der arm ist oder die Armut »bekämpft«, entbindet einen das nicht von der Pflicht, die eigenen Überzeugungen und Annahmen zu hinterfragen. Die Sache ist viel komplexer, als viele von uns glauben wollen. Tatsächlich halten wir oftmals an Dogmen fest, die praktischerweise unserem Eigeninteresse entsprechen.

Manchmal brauchen wie ein drastisches Beispiel, um das weiße Rauschen zu durchdringen und zum Kern des Problems vorzudringen. Das ist oft der Fall, wenn man sich mit der hässlichen Wahrheit eines Themas konfrontiert sieht, das für unser Verständnis verkompliziert, vereinfacht oder bereinigt wurde; der Schock oder die Wut über das, was wir sehen, kann uns dazu treiben, dass wir uns als Gesellschaft einem Problem tatsächlich stellen. Dazu gehört, dass wir uns organisieren, um politischen Druck auszuüben, oder finanzielle Ressourcen eingesetzt werden, um das Leid zu lindern. Die Wut kann uns auch zu einer Demut inspirieren, die nötig ist, um Vorbehalte zu überwinden und einen Konsens zu einem Thema zu erreichen, das bis jetzt die Quelle des Streits war. Es kann deshalb hilfreich sein, sich der Tatsache bewusst zu werden, dass Armut zwar relativ, soll heißen, in Großbritannien etwa nicht so schlimm wie in Bolivien ist, dass jedoch im Bereich des Risikos, die sie für unsere Kinder darstellt, diese Relativität nicht anwendbar ist.

16

Große Erwartungen

Kinder in Armut sind überall auf der Welt einem ähnlichen Risiko ausgesetzt; es drohen Vernachlässigung, Missbrauch und Ausbeutung. Man denke an die Kinderprostituierten auf den Straßen von Athen, an die drogensüchtigen Straßenkinder in Südamerika, an den institutionellen sexuellen Missbrauch von Waisen und minderjährigen Flüchtlingen, die an die Küsten Europas gespült werden. Arm zu sein erhöht die Risiken, denen schutzlose Kinder sich gegenübersehen, ob sie nun in der Dritten Welt geboren wurden oder in einem entwickelten Land, und die Traumata, die sie erleiden, können die Richtung ihres Lebens maßgeblich ändern. Ja, es stimmt, dass ein Kind, das in der westlichen Welt aufwächst, ein geringeres Risiko hat, zu verhungern oder an der Ruhr oder Malaria zu sterben. Aber das ist ein geringer Trost, wenn man in einem Alkoholikerhaushalt verbal misshandelt, geschlagen oder sexuell missbraucht wird. Leider müssen wir den grundlegenden Zusammenhang zwischen Armut und Kindesmissbrauch erst noch begreifen – viele der sozialen Probleme in unserer Gesellschaft würden dann sehr viel klarer werden. Wir müssen unser Denken an das vorliegende Kernthema heranführen: dass soziale Benachteiligung Kindesmissbrauch fördert.

Und einer der Hauptgründe, warum dieser kulturelle Groschen noch nicht gefallen ist, ist die Art, in der wir gegenwärtig über das Thema nachdenken, und wie wir es diskutieren. Wir alle kennen das Standardbild, das von Presse und Medien benutzt wird, um Kindesmissbrauch zu versinnbildlichen. Ein Kind, normalerweise zwischen fünf und zehn, sitzt auf einer Treppe in einem Haus, das offensichtlich sein Zuhause ist, das Gesicht oft verdeckt hinter seinen Händen. Dieses Bild kann Teil einer Anzeige für eine Wohltätigkeitsveranstaltung sein, oder, immer häufiger, Aufreißer in einem Medienbeitrag, den ein Sprecher mit einer Stimmlage kommentiert, die jedem sagt: »Jetzt sprechen wir über Kindesmissbrauch.« Viel Sorgfalt wird darauf verwendet, das Thema Kindesmissbrauch auf eine Art zu präsentieren, die das Publikum nicht abstößt. Manchmal werden wir sogar vor »belastenden« Bildern gewarnt, bevor sie überhaupt ausgestrahlt werden. Die meisten Leute empfinden, wenn sie sich mit einem so ernsten und sensiblen Thema wie Kindesmissbrauch oder -vernachlässigung konfrontiert sehen, ein natürliches Mitgefühl für die Opfer und entsprechend Wut oder Empörung über die Eltern oder Betreuer.

In unseren Herzen haben wir aufrichtig Mitleid mit diesen Kindern, die nie eine Chance hatten. Da muss etwas getan werden, denken wir uns, bevor wir uns der nächsten Meldung zuwenden. Die nächste Meldung kann von ungezogenen Jugendlichen handeln, die sich in irgendeiner Form kriminell verhalten. Oder vielleicht über den zerstörerischen

Einfluss von Gewalt oder den Anstieg von Drogensucht in unseren Gemeinden. Wir denken uns: »Was ist nur heutzutage mit den jungen Leuten los?« oder »Was zum Teufel geht in den Eltern vor?« Und dafür gibt es einen einfachen Grund: Diese sterilisierten Bilder, mit denen Kindesmissbrauch und -vernachlässigung dargestellt werden, ohne uns abzustoßen, verzerren das eigentliche Problem. Diese Bilder erzeugen den falschen Eindruck, dass die Opfer auf ewig Kinder bleiben, wie in der Zeit erstarrt, und nur darauf warten, dass wir ins Foto greifen und sie vor weiterem Schaden bewahren. Als Kinder erhalten sie unbegrenztes Mitgefühl und Mitleid.

Aber in dem Augenblick, da diese Kinder rechtlich schuldfähig werden, verändert sich unsere gesamte Haltung ihnen gegenüber. Denn die Wahrheit ist, ob sie uns gefällt oder nicht, dass die vernachlässigten und missbrauchten Kinder, die ungezogenen Erwachsenen, die Obdachlosen, die Alkoholiker, Junkies und verantwortungslosen und gewalttätigen Eltern, oft ein und dieselbe Person in verschiedenen Stadien ihres Lebens sind.

Es ist fast schon ein Klischee, auf die Beziehung zwischen Armut und beinahe jedem sozialen Problem, das einem in den Sinn kommen mag, hinzuweisen. Gemeint sind in diesem Zusammenhang nicht nur wirtschaftliche Härten, gemeint ist jene Armut, die eine Kultur des Missbrauchs fördert. Das Problem geht über das politische Paradigma der Linken hinaus und wird irgendwann jede Gesellschaft beherrschen, die sich nicht mit ihr auseinandersetzt. Und auch wenn wichtig ist, Verhältnismäßigkeit und Objektivität beim Versuch einer Lösung dieser Probleme zu wahren, so ist es doch auch wichtig, sich nicht zu weit von der Realität des menschlichen Leidens zu entfernen. Das Thema taugt nicht als Anekdote bei einer Dinnerparty, als PowerPoint-Präsentation oder als politischer Spielball. Ich behaupte nicht, dass das Leben aller Kinder in Armut vorherbestimmt ist oder ihnen im Erwachsenenalter zwangsläufig jede Handlungskompetenz fehlen wird. Ich will die Leute, die in Armut aufwachsen und leben, nicht von der Verantwortung für ihr Handeln freisprechen. Ich glaube nur, dass wir die Finger aus den Ohren nehmen und einander endlich zuhören müssen. Denn wenn derartige Probleme auftauchen, bleiben sie kaum je innerhalb einer Familie oder einer Gruppe.

Stattdessen quellen sie in unsere Gesellschaft über und vervielfältigen sich zu einem enormen Preis für uns alle.

Sie quellen über in überfüllte Notaufnahmen und Suchtstationen. Sie quellen über in sechsmonatige Wartelisten bei den klinischen Psychologen und psychiatrischen Beratungsstellen. Sie quellen über in die verstopften Abteilungen der Sozialarbeit und in überflutete Sozialwohnungsprojekte. Sie quellen über in gestresste Wohnungsämter, übervolle Krisenzentren und veraltete Suchstationen. Und für einige quellen sie über in Polizeireviere, Amtsgerichte, Kinderheime, Sicherheitstrakte, Jugendstrafanstalten und Gefängnisse.

Eine anfällige Familie, die in permanenter wirtschaftlicher Angespanntheit und Jobunsicherheit oder unter einem Regime unmenschlicher Sanktionen lebt, hat oft nicht die Fähigkeit, die unvorhersehbaren Widrigkeiten des Lebens abzufangen. Das System wird zu großen Teilen geleitet von Leuten, die nur den schlichtesten Begriff von Armut haben. Nehmen wir das gegenwärtige britische Fürsorgesystem, in dem man ganz offensichtlich versucht, die Leute mit Hilfe von Demütigungen dazu zu bringen, sich einen Job zu suchen. Eine solche Herangehensweise kann sich nur ausdenken, wer keine Ahnung hat, was es wirklich heißt, arm geboren zu sein. Was eine solche Demütigung mit dem Kopf, dem Körper und der Motivation anstellt. Bei der Armut geht es nicht nur um das Fehlen von Arbeit, sondern auch darum, in einem Leben zu stecken, das so stressig und unberechenbar ist, dass kein Spielraum für Fehler bleibt. Und Kinder, die in einem solchen Chaos aufwachsen, kann diese Erfahrung emotional so entstellen, dass sie im Clinch liegen mit allem, was um sie herum passiert.

Das Archivbild des Kindes auf einer Treppe mit dem Kopf in den Händen drückt diese Komplexität nicht angemessen aus; es untergräbt sie auf gefährliche Weise. Die überstarke Vereinfachung, mit der dieses und viele andere Themen dargestellt und diskutiert werden, erzeugt im öffentlichen Bewusstsein einen falschen Eindruck davon, was der Nährboden für Kindesmissbrauch und -vernachlässigung wirklich ist. Und davon, was der Nährboden für viele unserer gegenwärtigen sozialen Probleme ist, sei es Kriminalität, Gewalt, Obdachlosigkeit oder Suchtanfälligkeit.

Alles fängt an mit einem Kind, das in sozialer Benachteiligung lebt. Wenn es um Kindesmissbrauch geht, ist Armut die Wurzel allen Übels.

17

Children of the Dead End

Meine Mutter bildete sich ein, eine Brandstifterin zu sein. Ich kann mich noch schwach erinnern, dass die Leute sich den Kopf zerbrachen, weil irgendetwas bei uns in der Nähe auf mysteriöse Weise Feuer gefangen hatte. Einmal hörte ich meine Großmutter von einem Brand erzählen; ein anderes Mal floh ich selbst vor den Flammen. Entweder war meine Mutter fasziniert vom Feuer, oder das Feuer hatte mit ihr noch ein Hühnchen zu rupfen; die Wege der beiden kreuzten sich jedenfalls bei Weitem zu oft, als dass es Zufall hätte sein können. Die Wochenenden in ihrer Wohnung im Hochhaus bekamen dadurch noch etwas zusätzlich Prickelndes.

Eines Samstagnachmittags war ich unten auf dem Spielplatz, der zwischen den beiden Wohntürmen von Stirlingfauld Place lag. Der Spielplatz war übel zugerichtet, aber noch von mittlerer Qualität; er bot ein großes und komplexes Klettergerüst, eine mehrfach gewundene und eine gerade Rutsche. Wenn ich meine Mutter besuchte, verbrachte ich die meiste Zeit mit mir selbst, und der Spielplatz am Fuß des Gebäudes war ein einigermaßen sicherer Ort dafür.

Ich versuchte gerade, die gewundene Rutschbahn hinaufzuklettern, um sie dann herunterzurutschen. Das war etwas, was ich schon oft getan hatte, ohne dass es zu einem besonderen Zwischenfall gekommen wäre. Nun machte ich jedoch den Fehler hinaufzuklettern, als ein anderer eben herunterrutschte. Sein Absatz riss mir den Daumennagel aus dem Bett, was eine unansehnliche Wunde verursachte und eine starke Blutung zur Folge hatte.

Wie jedes Kind in diesem Alter fing ich an, nach meiner Mutter zu schreien. Aber in so einer Umgebung ist Hilfe nicht immer zur Stelle, wenn man nach ihr ruft.

Mit schmerzverzerrter Miene und tränennassen Wangen lief ich in der Nachbarschaft herum, suchte meine Mutter, fand sie aber nirgends. Ich kam allein nicht in ihre Wohnung und hatte keine Ahnung, ob sie zu Hause war und einfach nur bewusstlos herumlag, oder ob sie ausgegangen war, um sich bei jemand anderem zu betrinken.

Schließlich fand ich sie im Gebäude gegenüber, wo sie mit einem alten Mann in einer Wohnung trank, die der ihren nicht unähnlich war – dreckig und dunkel. Ich zeigte ihr meine Verletzung. Sie reagierte nicht, vielleicht weil sie betrunken war oder weil sie die Sache nicht so schlimm fand. Schließlich hatte sie als Kind bei dem Versuch, in ihr Elternhaus zu gelangen, einen halben Finger verloren, weil das Schiebefenster, durch das sie hineinzuklettern versuchte, herunterrutschte und ihr auf die Hand knallte.

Wie furchterregend und gefährlich das Leben im Umkreis meiner Mutter auch werden konnte, es fühlte sich damals noch merkwürdig normal an.

Als ich einmal mit meinen Brüdern mitten in der Nacht in einem dunklen Zimmer kauerte, während ein Mann Drohungen durch den Briefschlitz schrie, war das natürlich ein wenig unheimlich, aber nicht ungewöhnlich. Als ich auf die Straße laufen und einen Krankenwagen rufen musste, nachdem ich in ihre Wohnung gekommen und sie mit einer Magenblutung auf der Toilette gefunden hatte, war das bestürzend, aber ebenfalls nicht ungewöhnlich. Auch ein Kind, das an einen Stuhl gefesselt wurde, weil es vorlaut war, oder ein Baby, das von einem gesichtslosen Besoffenen, den sie gelegentlich bei sich hatte, über den Boden getreten wurde – das alles fühlte sich auf bizarre Weise normal an. Und es konnte mich auch nicht schockieren, sie beim Sex zu sehen.

In »unterprivilegierten« Gegenden, wo die Ressourcen rar sind, ist Klatsch eine Währung, und wenn man das Pech hat, aus einer gestörten Familie zu stammen, hat man nur zwei Möglichkeiten: Entweder man lässt die Leute über einen reden, oder man wird zum Autor der eigenen Geschichte – und genau das habe ich getan.

Als die Dysfunktionalität in meinem Leben immer offensichtlicher wurde und ich keine Möglichkeit hatte, die Zustände geheim zu halten, machte ich eine Anpassung durch, die den Lauf meines Lebens ändern sollte: Ich fing an, die Dysfunktionalität anzunehmen und sie als kreativen und sozialen Antrieb zu nutzen. Anstatt zum Opfer der grausamen Scherze über meine Mutter zu werden, fing ich an, auf dem Vorplatz der Schule Hof zu halten und sie selbst zum Besten zu geben. Anstatt es den Rüpeln zu überlassen, sich über die dunklen Wolken über meinem Kopf lustig zu machen, kam ich ihnen zuvor – und legte mir Witze über die Mütter der Rüpel zurecht. Es war für mich ein Weg, um die

Traumata zu akzeptieren und zu verarbeiten. Ich stand zu meinen Schwierigkeiten, und das half mir dabei, mein Leben selbst in die Hand zu nehmen.

Als ich älter wurde und andere Dinge wichtig waren, verstand ich einige der grundlegenden Probleme, die meine Familie hatte, ob es nun Alkoholismus, Gewalttätigkeit, Lebenswandel oder Drogensucht war. Als meine Mutter wegging und meine Schwester als Schatten ihrer selbst aus den Gorbals zurückkehrte, wurden die schmerzhaften Erlebnisse, die ich mitbekommen oder selbst erlebt hatte, zu einem Treibstoff, der meine wachsende Schreibbesessenheit befeuerte. Ich eilte aus der Schule nach Hause, um nur schnell wieder an das Projekt zu kommen, an dem ich arbeitete; ich wollte mich in die Worte versenken; ich reinigte mich von meinen Traumata, indem ich meine Geschichte jedem vor die Füße kotzte, der sie hören wollte.

Im Lauf der Zeit sah ich meine persönlichen Erlebnisse im größeren Kontext einer Familie und unser Zuhause im größeren Kontext einer Gemeinde. Alle paar Monate vergrößerte sich der Umfang dessen, was ich verstehen konnte, und vor diesem sich erweiternden Horizont ergaben sich neue Möglichkeiten, mit denen ich experimentieren konnte. Inzwischen ein Teenager und überzeugt, alles zu wissen, suchte ich mir ein kleines Publikum für meine Geschichten. Die Bestätigung, die ich bei meinen Auftritten erhielt, befreite mich von vielen meiner Ängste. Dieser Kick und das daraus entstehende Selbstwertgefühl vermittelten mir eine tiefe Verbundenheit mit anderen Menschen. Ich erlebte Augenblicke, in denen mich weder Zukunftsängste noch meine übliche Vergangenheitsfixiertheit plagten.

Je erfahrener ich wurde, im Schreiben, im Reden und

im Auftritt, desto komplexere Formen nahmen meine Geschichten an. Ich lernte etwas Neues, das meine Reise in einen anderen Zusammenhang stellte. Die Arbeit an meinem Material wurde zur Sucht; alles, was ich tat, überstürzte ich, nur um wieder an meine Arbeit zu kommen.

Nach einer Weile geriet ich ins Visier einiger lokaler Initiativen, die das Ziel hatten, junge Leute wie mich »zur Teilhabe anzuregen«. Anscheinend entsprach ich all ihren Kriterien. Immer mehr Leute standen parat, um mir eine Bühne zu bieten. Je größer die Bühne wurde, desto mehr Leute schien ich anzuziehen. Anderen meine Erlebnisse mitzuteilen, wirkte kathartisch, gleichzeitig wurde es zu einer Währung, die ich lokal einsetzen konnte. Wie aus dem Nichts heraus hatte ich plötzlich etwas von Wert. Es dauerte nicht lange, und ich wurde ins West End eingeladen, um meine Gedanken und Ansichten zum Thema Armut zum Besten zu geben.

18

Der Fremde

Mein erster Auftritt für die BBC fand in der Wohnung meiner Tante in Govanhill statt, im Süden Glasgows, wo sie mit zwei meiner Cousins und einer Mutter mit Kind lebte, die sie aufgenommen hatte, weil ihr die Abschiebung drohte. Nach dem anfänglichen Engagement meiner Tante beim Pollok Free State wurde sie zur lokalen Umweltaktivistin und schließlich als Abgeordnete ins schottische Parlament gewählt. Damals stand ich kurz vor Ende meiner Schulzeit und hatte Probleme, eine Arbeit zu finden. Ich hatte als Aushilfe beim Bekleidungsriesen Next gearbeitet, bekam aber nach dem Weihnachtsgeschäft keinen längerfristigen Vertrag angeboten. Es gab Spekulationen, dass gewisse Arbeitgeber potentielle Angestellte nach ihren Postleitzahlen aussuchten – weil die einen Hinweis auf ihre soziale Klasse boten. BBC Radio Scotland berichtete zum Thema, und ich wurde eingeladen, darüber zu sprechen. Es lief gut; im darauffolgenden Jahr wurde ich immer häufiger angefragt.

Wohltätigkeits- und Kunstorganisationen, Sozialarbeiter

und sogar Politiker traten an mich heran. An Festtagen oder bei Empfängen wurde ich präsentiert als Beispiel eines jungen Mannes, der etwas Positives aus seinem Leben machte. Man räumte mir Zeit für einen Auftritt ein, oder um über meine Erlebnisse zu sprechen, und diese Tätigkeit wurde schließlich zu einem festen Bestandteil meines Lebens, auch während meiner Obdachlosigkeit.

Nachdem mich die BBC zum Gastmoderator ihrer Vorzeigenachrichtensendung gemacht hatte, wurde ich eingeladen, eine vierteilige Reihe mit dem Titel *Neds* zu moderieren. In Schottland ist ein »ned«, wie ein »chav«, ein armer, für gewöhnlich junger Mensch, der durch antisoziales Verhalten das Gemeindeleben stört – was zu der Zeit ein großes Thema in den Nachrichten war. Da ich nun bei der BBC arbeitete, befand sich mein Leben in einem gewissen Schisma: Einerseits war ich obdachlos, mir fehlte jede Selbstachtung, ich war kurz davor, eine Alkohol- und Drogensucht zu entwickeln; andererseits war ich ein Radiomoderator, der durchs Land reiste wie ein richtiger Journalist. Wenn man kein wirkliches Selbstwertgefühl hat, klammert man sich an alles, was die Welt einem so bietet. An manchen Tagen schwebte ich im siebten Himmel und dachte, ich wäre auf dem besten Weg zu einem richtigen Job und würde meine Familie stolz machen. An anderen Tagen schaffte ich es nicht einmal zur BBC, weil ich zu verkatert und deprimiert war.

Als die Serie abgeschlossen war, wurde eine weitere in Auftrag gegeben, diesmal ein Dreiteiler über Shettleston, eine Wohnsiedlung, die eine der schlechtesten Gesundheitsstatistiken des Landes hatte. Meine Bekanntheit wuchs, ich arbeitete bei mehreren Organisationen als Freiwilliger, während ich mir als Rapper einen Namen machte. Und ob es nun meine geringe Selbstachtung, mein Hochstapler-Syndrom oder einfach nur meine Tendenz zur Selbstsabotage war, ich fing jedenfalls an, die Motivation der Leute, warum sie mir halfen, in Frage zu stellen. Im Grunde genommen suchte ich nichts anderes als das Gefühl, verstanden, gehört und unterstützt zu werden. Ich wollte mich respektiert, sicher und geliebt fühlen. Das Lob und die öffentliche Bühne, die man mir gewährte, gaben mir das Gefühl, auf einem guten Weg zu sein. Als jedoch der Reiz des Neuen verflogen war und ich mich fragte, was eigentlich wirklich vor sich ging, fingen einige Dinge an, mich zu stören. Das größte Problem zu dieser Zeit war, dass die Leute, die mir augenscheinlich helfen wollten und mit denen ich mir eine enge Verbundenheit wünschte, alle dafür bezahlt wurden. Es war also kein großer Sprung bis zu der Vermutung, dass sie, wenn man sie nicht mehr bezahlte, etwas ganz anderes machen würden.

Mir fiel auch auf, dass die Leute unbedingt meine Geschichte hören wollten, in welcher Form auch immer, dass es ihnen aber lieber war, wenn ich mich auf bestimmte Teile beschränkte. Berichte über meine Kindheit waren okay, aber die Beobachtungen, die ich angestellt hatte, als mein Verständnis der Armut, ihre Ursachen und Folgen, sich vertiefte, interessierten kaum jemanden. Ich lernte dazu und entwickelte mich, so wie ich es mein ganzes Leben getan hatte, und das führte zu neuen Fragen, denen ich sofort nachging, ohne an die Folgen zu denken. »Wer trifft die Entscheidungen über euer Budget?« – »Wie lösen wir das Armutsproblem, wenn eure Jobs davon abhängen?« Fragen wie diese machten die Leute um mich herum nervös.

Meine kritische Haltung war bei den diversen Sozialarbeitern, Stiftungen und Journalisten nicht so populär wie die Geschichte über meine tote Mutter. Sobald ich das erkannt hatte, lernte ich sehr schnell, diese Geschichte als Trojanisches Pferd zu nutzen. Es schien, als wäre das Einzige, was meiner Meinung Wert verlieh, die Tatsache, dass ich arm war. Kaum schweifte ich von diesem Thema ab, wühlten die Leute in ihren Papieren, und es wurde ungemütlich. Wie es aussah, wurde meine Kritik oft als nicht konstruktiv verstanden. Trotz des dauernden Geredes von den Sprachlosen, denen eine Sprache gegeben werden sollte, war offensichtlich, dass viele von diesen Leuten an meinen Gedanken nur interessiert waren, wenn es um meine Erfahrungen als »Armer« ging. Man nahm an, dass Typen wie ich nur sehr geringe Erkenntnisse zu etwas anderem hätten. Das war entmutigend und verwirrend. Ich wusste nicht, ob die Leute mit mir zu tun haben wollten, weil ich schlau war, oder weil sie mich ausnutzen wollten. Da ich wenig Selbstachtung hatte, führte das zu wilden Turbulenzen in meinem Selbstbild. Manchmal hatte ich das Gefühl, dass meine Ideen etwas wert waren, dann wieder wurde ich schier erdrückt von dem schrecklichen Gedanken, dass ich mir selbst etwas vorgemacht hätte. Dass ich wertlos und dumm wäre. Doch ich ließ mich von dieser Verwirrung nicht in die Knie zwingen, im Gegenteil, sie schien die Flammen meiner Wut eher zu schüren. Der Konflikt schien meine Gedanken zu konzentrieren; die Angst und die Dinge, die mich früher aus der Fassung gebracht hatten, meine traumatischen Erfahrungen, all das wurde jetzt zu meinem Treibstoff.

Sogar psychische Krankheit und Probleme in meinem Privatleben hielten mich nicht davon ab, meinen Fragen nachzugehen und meine Ziele zu verfolgen. Ich hielt mich an meine Instinkte, ob sie nun richtig oder falsch waren, obwohl ich Widerstände gegen die Dinge spürte, die ich aussprach. Schließlich nahm ich eine feindliche Haltung gegen jene Menschen und Organisationen ein, von denen ich glaubte, dass sie mich und mein Denken beeinflussen wollten – wie ich es schon bei den Büchern und Gedichten getan hatte, die die Lehrer mir hatten aufzwingen wollen. Ich schlug aus gegen jeden, der mich meiner Meinung nach manipulierte, entweder um meine Kritik zu beschwichtigen oder um Recherchematerial für seine eigenen Zwecke aus mir herauszuholen.

Meine Geschichte, die man mir beigebracht hatte zu erzählen wie eine Partyanekdote, hatte mich weit gebracht, aber irgendwann wurden die Leute mir gegenüber argwöhnisch, was mein Gefühl der Zurückweisung und Ausgrenzung noch verstärkte. Ich lernte, dass es Grenzen gab, wenn man über Armut reden wollte. Ich lernte, dass auch die schwierigste Kindheit einem nicht den Freibrief gab, die Strukturen um einen herum zu kritisieren. Aber ich lernte auch, dass der emotionale Schaden, den das Aufwachsen in Armut mir zugefügt hatte, es sehr schwer machte, mich auf die Leute einzulassen, die mir helfen wollten. Oft projizierte ich meinen Schmerz, mein Misstrauen und mein Gefühl der Ausgrenzung auf diejenigen, die es wirklich gut meinten. Ich war mir nie ganz sicher, ob meine Instinkte richtig waren oder ich mich im Griff einer manischen Episode befand.

Sehr schnell lernte ich, dass man, egal, woher man kommt, sehr schnell verstoßen wird, sobald man die Leute verärgert, die einen ursprünglich fördern wollten. Manchmal ist es ein Mensch, manchmal eine Organisation. Manchmal ist es eine Bewegung, manchmal eine politische Partei. Aber sobald man die eigene Geschichte erzählt, um den eigenen Zwecken zu folgen und nicht den ihren, wird man ausgesondert. Die eigene Kritik wird als nicht konstruktiv abgetan. Die eigene Wut wird den psychischen Problemen zugeschrieben, und alles an einem, was die Leute eben noch beklatscht haben, wird zur Knute, mit der sie einen prügeln. Hütet euch vor diesen Leuten. Die Leute, die wunderbare Lippenbekenntnisse ablegen, wenn es darum geht, der Arbeiterklasse eine Stimme zu geben, die aber nervös werden, sobald wir den Mund aufmachen.

Ich habe meine Kindheit nie als schwierig begriffen, bis ich die Gesichter der Leute sah, wenn ich darüber redete. Ich habe nie angenommen, dass mein Leben oder ich selbst irgendwie interessant oder bedeutend sein könnten, bis die Leute mir das sagten. Ich habe auch nie angenommen, dass ich irgendetwas Wertvolles zu sagen hätte, bis die Leute mich aufforderten, meine Armutsgeschichte immer und immer wieder zu erzählen. Aber wenn ich zufällig vom Manuskript abwich, dann schlossen sich auf mysteriöse Weise die Vorhänge, die Lichter gingen aus, die Mikrofone versagten. Die BBC bot mir keine Arbeit mehr an. Die Medien wandten ihr Interesse vom Thema des antisozialen Verhaltens ab. Auf meinen Vorschlag einer neuen Serie wurde nicht einmal mehr reagiert. In der Woche, in der die *Neds*-Serie startete, brachte die *Sunday Mail*, die mich noch einige Tage zuvor als Werbung für die Serie interviewt und fotografiert hatte, einen Artikel mit dem Titel »Neddy Burns«. Begleitet wurde er von einem Foto, in dem mir der Wind den Hut so hochwehte, dass es aussah, als würde er wie bei einem typischen »*chav*« schief auf dem Kopf sitzen. In dem Augenblick, da das Medieninteresse an der sozialen Benachteiligung austrocknete, wurde ich nicht mehr gebraucht. Ich dachte, man hätte mich zur Teilnahme aufgefordert, weil die Leute meine Erkenntnisse schätzten. Doch nun dämmerte mir, warum man mich eigentlich gebeten hatte, *Neds* zu moderieren: Weil man mich für einen *»ned«* hielt.

Heute verstehe ich, dass meine Armutsgeschichte von vielen als gute Gelegenheit gesehen wird, um ein bisschen Geld zu machen, nicht als etwas, das an sich einen Wert hat. Ich denke nicht schlecht von den Leuten, die unbeabsichtigt diesen Eindruck in mir verfestigt haben; ich glaube nicht für einen einzigen Augenblick, dass die Leute, die in der Armutsindustrie arbeiten, etwas anderes haben als gute Absichten. Damals dachte ich, vielleicht wegen meiner Wurzeln in sehr weit links stehenden Gruppierungen und wegen meiner Naivität als junger Mensch, das Ziel meiner und unserer Arbeit sei ganz einfach die Überwindung der Armut. Wenn man die Funktionsweise der Armutsindustrie jedoch aus der Nähe sieht, erkennt man, dass sie sich im Zustand permanenten Wachstums befindet und dass es ohne Individuen und Familien und Gemeinden, die sich in der Krise befinden, für diese Institutionen keine Rolle mehr gäbe.

Ich wurde zur Schau gestellt von politischen Gruppen, die meine »beeindruckenden«, »aufrichtigen«, »zu Herzen gehenden« Bekenntnisse als Beweis dafür präsentierten, dass wir uns als Gesellschaft verändern müssten. Aber kaum wurde ich ein bisschen älter und stellte andere Fragen, kaum wendete sich mein kritisches Auge denen zu, die meine Geschichte für ihre eigenen Zwecke missbrauchen wollten, seien es nun Aktivisten, Wohltätigkeitsorganisationen oder Politiker, schon wurde ich verunglimpft als »arrogant«, »aggressiv«, »gefährlich«, »selbstmitleidig«, »zügellos«, »egomanisch«. Ein »Verräter«, bei dem »sich immer alles nur um ihn selbst dreht«.

Natürlich sind das alles berechtigte Einwände. Ich bin mit Sicherheit nicht ohne Fehler. Aber ich habe nie etwas anderes getan, als über Armut zu reden. Ich schreibe nicht über mich selbst, weil ich mich für wichtig halte, sondern weil ich herausgefunden habe, dass man mir dann zuhört: Wenn ich ein paar persönliche Anekdoten über meine alkoholkranke Mutter und meine schwere Kindheit einstreue. Das ist die Schaufensterdekoration, die nötig ist, damit jemand aus der Unterschicht überhaupt ernst genommen wird von den Großen und Guten dieser Welt.

Auch mit meinen 33 Jahren ist die Armut noch immer das Thema, das mein Leben definiert. Ich habe Ihnen alles über mich erzählt. Und jetzt kommt, was ich wirklich sagen möchte.

Ich glaube nicht mehr daran, dass Armut ein Problem ist, das unsere Politiker lösen können. Nicht, dass ich mir das nicht wünschen würde, aber ich glaube, dass ein ehrliches Gespräch darüber, was getan werden müsste, auf politischer Ebene schwierig zu führen ist. Wenn die Mächtigen aufrichtig sagen würden, was nötig wäre, würde uns das bis ins Mark erschüttern. Nicht nur wegen der Größe der Aufgabe für die Gesellschaft, deren Dimensionen unzumutbar sind, sondern auch, weil eine gewisse Eigenverantwortung dazugehört, die für die Linke zu einem Tabu geworden ist. Denn obwohl wir in linksgerichteten Kreisen immer wieder vehement einen grundlegenden Wandel und radikale Aktionen fordern, reagieren die Leute empfindlich und eingeschnappt, wenn man zur Sprache bringt, dass auch sie selbst sich ändern müssen. Die Wahrheit ist doch, ob man sie hinnimmt oder nicht: Wenn es um Armut geht – nicht als politisches Thema, sondern als globales Phänomen, in dem wir alle eine aktive Rolle spielen –, gibt es keine Akteure und keine Gruppe, denen oder der wir eindeutig die Schuld geben können.

Im Gegensatz zur landläufigen Meinung ist das Problem der Armut viel zu komplex, um es allein den »Konservativen« oder den »Eliten« in die Schuhe zu schieben. Genau wegen dieser Komplexität und der Schwierigkeit, sie zu verstehen, suchen wir nach einfachen Sündenböcken. Ob es die Linke ist, die den Reichen die Schuld gibt, oder die Rechte, die den Armen die Schuld gibt, wir alle neigen dazu, uns nur für die halbe Wahrheit zu interessieren, die uns von der Verantwortung für das Problem freispricht. Das ist aber nichts, was ein Politiker, der gewählt werden will, seinen potentiellen Wählern sagen kann.

Armut ist zu einem Spiel geworden, das zwischen einigen konkurrierenden Teams gespielt wird. Die Teams unterscheiden sich von Land zu Land, aber die Regeln des Spiels sind üblicherweise dieselben. Die Schuld für die Armut wird grundsätzlich einer Außengruppe zugeschoben, die, wie uns gesagt wurde, Armut nicht nur ermöglicht und davon profitiert, sondern auch noch Spaß daran hat, dass die Leute arm sind. Dieses Spiel ist so hinterhältig und zynisch, dass sogar die Wahrheit nur noch wahr wird, wenn eine Seite sie instrumentalisieren und gegen die andere verwenden kann. Anstatt zuzugeben, dass niemand wirklich weiß, was zu tun ist, tun unsere glücklosen Führer, die ihre eigenen politischen Dilemmas im Auge behalten müssen, einfach so, als hätten sie die Situation unter Kontrolle. Und wenn sie dann, was unvermeidlich ist, ihre früheren Versprechen brechen, die hastig gegeben wurden, um unsere Wut zu besänftigen, erzählen sie uns, das liege daran, dass die anderen Teams absichtlich den

Fortschritt behindern. Dieses Spiel wird von allen Parteien gespielt, an welchem Ende des Spektrums sie auch stehen.

Nehmen wir uns einen Augenblick und überlegen, welchen Schaden dieses Spiel an unserer Gesellschaft anrichtet.

Wenn eine politische Partei einer anderen die Schuld am Problem der Armut gibt, erzeugt sie in der Öffentlichkeit fälschlicherweise den Eindruck, dass nur ein einziger politischer Akteur oder eine einzige Gruppe die Lösung der komplexen Fragestellung kennt. Das ist eine gefährliche Vereinfachung. Eine Vereinfachung, die uns zwingt, uns gegenseitig als Helden oder Schurken in der endlosen Geschichte der Armut darzustellen, oft ausgehend von unbewussten Vorurteilen, falschen Überzeugungen und Ressentiments. So wie großer Stress das Verlangen nach Alkohol, Essen und Drogen befeuert, so fördert unsere Weigerung, die Komplexität der Armut ernsthaft anzugehen, eine politische Naivität, die jede Person auf eine Karikatur ihrer selbst und jedes Thema auf eine Floskel reduziert. Die parteilichen Rivalitäten sind inzwischen so toxisch, dass bereits der Gedanke, sich mit dem Gegner in guten Absichten an einen Tisch zu setzen, fast lachhaft ist. So etwas vorzuschlagen, wird allgemein als kindisch abgetan. Wenn man hingegen versucht, einen Konsens zu erreichen, oder, Gott behüte, den Wert und die Integrität von Leuten, mit denen man politisch nicht einer Meinung ist, anzuerkennen, so riskiert man, öffentlich verspottet oder gelyncht zu werden – von den eigenen Leuten.

Nicht einmal die krasse Realität von Kindesmissbrauch, der Anstieg der Kriminalitätsrate, die Allgegenwart von Gewalt, die Tragödie des häuslichen Missbrauchs, die Geißel der Obdachlosigkeit oder die tödliche Unausweichlichkeit von Alkoholismus und Drogensucht, die so vieles noch verstärkt, beschämen uns so sehr, dass wir ein wenig Zerknirschung an den Tag legen würden. Und das, obwohl wir ganz genau wissen, dass wir ein Problem dieses Ausmaßes ohne die Beteiligung aller Parteien des politischen Spektrums nie werden lösen können. Wir treiben lieber unsere Spielchen. Und leider gibt es für einen Politiker absolut keine Motivation, das wahre Ausmaß des Problems ehrlich zu benennen. Wir würden das nicht akzeptieren. Wir brauchen alle jemanden, dem wir die Schuld zuschieben können. Wie gesagt: Für die einen sind es die Banker, für die anderen die Armen selbst. Wir sind in unserem Denken so gruppenfixiert geworden, dass die Politiker kaum eine Wahl haben, als unser Verlangen zu befriedigen und uns illusorisch schnelle Lösungen zu bieten, vereinfachende Slogans, Sündenböcke und beruhigende Plattitüden, die passenderweise die Schuld genau den Leuten zuschieben, die wir nicht mögen. Wenn es um Schuld geht, ist mit Sicherheit genug für alle da.

In dieser Situation der Gruppenfixiertheit, des Misstrauens und der politischen Unsicherheit ist es nur wahrscheinlich, dass sich das Problem noch vergrößert. Es ist an der Zeit, das einzusehen – was schwer sein wird für diejenigen, die tatsächlich etwas verändern wollen. Ohne Lust auf Konsens und radikalen Wandel – trotz eines gewissen rebellischen Impetus, der alle paar Jahre in Mode kommt – müssen die Leute, die den Armen helfen wollen, sich mit dem Gedanken vertraut machen, dass unser System samt allen internen Widersprüchen in vorhersehbarer Zukunft Bestand haben wird – jedenfalls in der Lebenszeit eines jeden, der dieses Buch nach seiner Veröffentlichung lesen wird.

Auch wenn aufmüpfige politische Parteien und soziale Bewegungen den Mächtigen einige Zugeständnisse abringen, wie sie es in den vergangenen hundert Jahren bei einer Reihe von Themen getan haben, wird der fundamentale Wandel, der nötig ist, um das Problem der Armut wirklich zu lösen, in unserer Lebenszeit nicht zustande kommen. Das heißt nicht, dass die Leute aufhören sollten, für das zu kämpfen, woran sie glauben. Und es heißt auch nicht, dass wir uns Machtstrukturen unterwerfen sollten, die eindeutig gegen unsere Interessen agieren. Nein, aber wir sollten uns von dem Gedanken lösen, dass wir nur den Kollaps des Kapitalismus und ein neues Land brauchen, und schon lösen sich alle Probleme von selbst. Das werden sie nämlich nicht.

Das Einzige, was schlimmer ist als ein ungerechtes Wirtschaftssystem, ist dessen Zusammenbruch. Der Gedanke, dass wir nur händereibend auf den großen Knall warten müssen, ist bestenfalls uninspirierend. Schlimmstenfalls wäre ein solcher Systemsturz bedrohlich. Sobald wir akzeptieren, dass derartige Phantasien reines Wunschdenken sind, können wir unsere Energie in andere Richtungen lenken – ausgehend von einer realistischeren Einschätzung dessen, was gegenwärtig möglich ist. Wir könnten uns mit den greifbareren Aspekten der Armut befassen. Wie ich bereits skizziert habe, umfasst die Armut viele Bereiche der menschlichen Erfahrung: soziale, psychologische, emotionale, politische und kulturelle. Auf einige Bereiche haben wir keinen unmittelbaren Einfluss, auf die Wirtschaft zum Beispiel. Auf andere können wir in regelmäßigen Abständen einwirken, etwa auf die politischen Parteien. Wieder andere Bereiche, wie unsere psychische Verfassung, unser Verhalten als Konsumenten oder unseren Lebenswandel, die ebenfalls eine wichtige Rolle spielen, sind nicht so ungreifbar und unveränderlich. Wir müssen uns ziemlich dringend fragen, welche Aspekte der Armut wir durch unser eigenes Denken und Handeln positiv beeinflussen können. Wenn Armut unsere Lebensqualität negativ beeinflusst, kann man dann etwas tun, das diesen Schaden verringert? Welche Aspekte der Armut liegen außerhalb unserer Kontrolle und welche innerhalb unserer Möglichkeiten, etwas zu ändern?

Bei den Linken wird ständig herumgeredet über neue Wirtschaftssysteme, über den Sturz der Eliten und die Steigerung der öffentlichen Ausgaben. Ich höre endlose Debatten über die strukturellen Unterdrückungsmechanismen der westlichen Gesellschaft und die dem Kapitalismus inhärente symbolische Gewalt. Aber selten höre ich jemanden über die Herausbildung von Empathie reden. Selten hört man eine Debatte über Fresssucht. Ich höre selten, dass Aktivisten offen über ihre Alkoholprobleme und ihren Drogenkonsum oder ihre psychischen Probleme sprechen.

Es ist, als wären diese alltäglichen Probleme für die Armen weniger wichtig als die Gedanken von Karl Marx. Als könnten wir all diese Dinge, die demoralisierend, einschränkend und tödlich sind, aufschieben in die Zeit nach der Revolution. Unter all den theoretischen Diskussionen und dem qualvollen Fachkauderwelsch der Politiker und Wirtschaftsweisen sind es diese Probleme der Psyche, des Körpers und der Seele, die alltäglichen, unglamourösen, zyklischen Dilemmas, womit viele Leute wirklich zu kämpfen haben.

Es geht um die Probleme, die den armutsassoziierten Stress noch verschlimmern. Um die Probleme, die die Leute apathisch, depressiv, streitlustig, chronisch krank und zutiefst unglücklich machen. Unsere schmerzhaften Gefühle sind der Treibstoff für das selbstzerstörerische Verbraucherverhalten, das Adrenalin ins Herz genau jenes Wirtschaftssystems schickt, das viele auf der Linken vermeintlich einreißen wollen. Zu den alltäglichen Problemen haben wir auf der Linken kaum etwas zu sagen. Oder zumindest sehr wenig, was von den Leuten in den benachteiligten Gemeinden auch gehört wird. Es ist nicht schwer zu verstehen, warum nicht.

Eine Systemanalyse, die sich auf externe Faktoren konzentriert, vergisst unklugerweise die Rolle zu erforschen, die wir als Individuen, Familien und Gemeinschaften bei der Gestaltung der Umstände spielen könnten, die unser Leben definieren. Die grobe Systemanalyse erfasst nicht die Feinheiten der Armut auf Bodenhöhe, den Zusammenhang zwischen falschen Überzeugungen und selbstzerstörerischem Verhalten, der viele von uns in einem Schleudergang aus Stress und gedankenlosem Konsum gefangen hält.

Diese Probleme, so banal sie auch sein mögen, sind für eine grundlegende Überwindung der Armut so fundamental wie jede Kritik des Wirtschaftssystems. Anstatt jedoch diese Wahrheit in unsere Analyse zu integrieren, haben wir es den rechten Bewegungen gestattet, das Konzept des persönlichen Handlungsspielraums und der Eigenverantwortung für sich zu beanspruchen. Schlimmer noch, wir diffamieren jeden, der andeutet, dass die Armen auch eine Rolle bei der Gestaltung ihrer Lebensumstände spielen könnten. Wir haben vergessen, dass man nicht jedes Problem einem größeren sozialen Missstand oder dem allgemeinen Machtgefüge zuschreiben kann. Wir leugnen die objektive Wahrheit, dass die Leute ihre psychischen Probleme, körperlichen Krankheiten und Süchte nur überwinden, wenn sie, neben einer korrekten Unterstützung, auch akzeptieren, dass sie in gewisser Weise selbst schuld sind an den Entscheidungen, die sie treffen. Doch eine solche Behauptung klingt für uns inzwischen anstößig, auch wenn sie wahr ist. Wann haben Sie zum letzten Mal einen prominenten Linken von der Kraft reden hören, die jedem von uns innewohnt, die Kraft, Probleme zu überwinden und die Bedingungen unseres Lebens zu verändern?

Ich warte.

Stattdessen verbreiten wir die naive Idee, dass alles gut wird, wenn nur das gegenwärtige System zusammenbricht. Wir propagieren die Lüge, wir könnten unser politisches oder wirtschaftliches System durch ein anderes ersetzen – als wäre das eine schmerzlose Formalität. Wir gehen hausieren mit der Behauptung, es sei einfacher, eine ganze Gesellschaft so umzubauen, dass sie unseren stetig wachsenden Bedürfnissen entspricht – einfacher, als in unserem eigenen Denken und Handeln einige maßvolle Anpassungen durchzuführen. Und wir schreien laut auf, sobald jemand in unseren Reihen es wagt, auf diese Dinge hinzuweisen.

Es ist an der Zeit, dass wir von uns selbst mehr verlangen. Nicht, weil das einfach oder gerecht wäre, sondern weil wir keine andere Wahl haben. Wir müssen die Abhängigkeit von den politischen Köpfen hinter uns lassen, damit wir um unserer selbst willen die Wirklichkeit gestalten können. Armut ist kein Spiel; an ihr wird sich in nächster Zeit nichts ändern. Die Armut ist von Dauer; alles wird eher noch schlimmer, als dass es besser wird. Das ist die Wahrheit, die unsere politischen Führer kennen und die sie uns ins Gesicht zu sagen nicht den Mut haben.

Wir müssen ein neues Feld in der Politik erschließen. Keins, das ausschließlich auf der Kritik am System beruht, sondern zudem auf einer eingehenden Prüfung unseres eigenen Denkens und Verhaltens. Eins, in dem es darum geht, die Idee der persönlichen Verantwortung zurückzuerobern von einer ungezügelten und sozial irregeleiteten Rechten. Wir brauchen eine Linke, in der es nicht nur um die Befürwortung eines radikalen Wandels, sondern auch darum geht, so viele unserer Probleme wie möglich selbst in die Hand zu nehmen, damit wir anfangen können, das verbrauchte menschliche Potential in unseren ärmsten Gemeinden wiederaufzubauen.

In diesem öden Kontext, in dem Politiker keine echten Lösungen haben und sich nicht zur Aufrichtigkeit überwinden können, was können wir den Leuten bieten – ohne ihre Köpfe mit falschen Hoffnungen oder Lügen zu füllen? Was haben wir den Leuten zu sagen, die nicht mehr da sein werden, wenn die dritte industrielle Revolution beginnt? Den Leuten, die die Einführung des bedingungslosen Grundeinkommens nicht mehr erleben werden? Nun, wir könnten zunächst einmal ehrlich sein: Eine Revolution wird es nicht geben. Nicht zu unseren Lebzeiten. Das System wird weiterhumpeln, und wir müssen mithumpeln.

Dass dieses System weiterbesteht, hat viel damit zu tun, wie wir als Individuen, Familien und Gemeinden denken, fühlen und handeln. So wie wir Produkte unserer Umwelt sind, ist unsere Umwelt ein Produkt unseres Verhaltens. Es geht um die Nahrung, die wir konsumieren, die Produkte, die wir kaufen. Um die Zeitungen, die wir lesen, um die Politiker, die wir wählen. Viele der Probleme, die wir haben und die wir dem System zuschreiben, sind in gewisser Weise von uns selbst erzeugt. Deshalb liegen viele dieser Probleme (wenn auch nicht alle) im Bereich unserer individuellen und kollektiven Gestaltungsmöglichkeiten. In Ermangelung einer baldigen blutlosen Revolte stellt sich für die Linke nicht mehr nur die Frage: »Wie gestalten wir das System radikal um?«, sondern auch: »Wie gestalten wir uns selbst radikal um?«

Und jetzt noch etwas zu meiner toten Mutter.

19

Tales from the Mall

Ich stehe geschlagen am Tresen von McDonald's und bestelle mein Menü. Ich beginne die dritte Woche Fast-Food-Konsum, nachdem ich es zuvor geschafft hatte, fast zehn Pfund abzunehmen. Die erfolgreiche Abstinenz macht meinen Rückfall ins emotionale Fressen schwer zu verdauen. Ich kenne das Gefühl allzu gut. Es ist nicht mein erster Rückfall.

Voller Angst, dass mich jemand sieht, den ich kenne, trage ich das Essen zu meinem Tisch. Es ist das letzte Mal, sage ich mir. Ununterbrochen gehen mir Berechnungen durch den Kopf, die mit Kalorien, Kilogramm und Pfund zu tun haben. Parallel zähle ich Meilen, Kilometer und Schritte zusammen. Meine Apps zeichnen alles auf, was ich esse und trinke, jede körperliche Anstrengung. Den Tag über erreicht mich ein kontinuierlicher Datenstrom. Aber wenn Wissen Macht ist, warum fühle ich mich dann so armselig und schwach? So übergewichtig?

Schlechte Angewohnheiten entwickeln sich schnell zur Routine; jede Abweichung erzeugt Angst und Unruhe. Der entstehende Stress löst den Drang aus, zum gewohnheitsmäßigen Verhalten zurückzukehren, ein mächtiger Impuls, der das Denken außer Kraft setzen kann.

Mit anderen Worten, wenn mein Hirn bei McDonald's essen will und ich müde oder gestresst bin, dann ist es sehr schwer, diesem Drang zu widerstehen. Ich öffne die Schachtel mit dem Chicken-Burger und schütte eine Portion Fritten in den Deckel, der jetzt flach auf dem Tisch steht wie eine Pappschüssel. Ich fange mit ein paar einzeln herumliegenden Fritten an, die auf den Tisch gefallen sind, dann wende ich mich dem Strohhalm zu, reiße die Papierhülle auf, ziehe den Strohhalm mit den Zähnen heraus und stecke ihn in den großen Plastikbecher. Dann sauge ich den ersten Schluck Cola heraus.

Das eiskalte, sprudelnde Getränk erfrischt mich; mich erfasst ein Optimismus, der schon fast an Euphorie grenzt. Doch dieses positive Grundgefühl verderbe ich mir, indem ich an ein Leben denke, in dem ich nie mehr zu McDonald's gehen werde.

Ich mache mich wieder an die Fritten. Diesmal ist eine größere Handvoll nötig, gefolgt von einem Schluck Cola. Der Prozess des Essens und Trinkens beschleunigt sich, und mein Appetit wird heftiger, je mehr Nahrung in mein System gelangt. Deshalb habe ich mir auch vorsorglich eine Extraportion Fritten bestellt. Das Wissen, dass es die Extraportion gibt, ist immer tröstend, fast wie die Gesellschaft eines anderen Menschen, aber ohne die soziale Angst.

Die Menge an Essen, die ich in einer solchen Fress-Trance verdrücke, ist obszön. Während ich durchs Handy scrolle und die Berichte von Leuten lese, die ihre Diäten nicht durchhalten, entwickle ich einen immer stärkeren Selbstekel.

Es ist, als würde mein Hirn vergessen, dass ich längst satt bin, und auf Autopilot schalten. Das Hochgefühl verfliegt schnell, und Melancholie sinkt herab. Ich schaue mich um. Die meisten Gäste im Restaurant sind ebenfalls übergewichtig und allein. Ich frage mich, ob auch für sie der kurzfristige Kick der ersten köstlichen Bissen ein Vorspiel ist für die tiefe Scham und Machtlosigkeit, die dem Gefühl entspricht, das uns überhaupt durch die Eingangstür treibt.

Ich glaube, es ist unmöglich, übergewichtig zu sein und sein Essen zu genießen. Einige können sich das vielleicht einreden, aber ich sehe doch, mit welcher Mühe sie in ihr Auto einsteigen. Ich sehe, wie sie von der anderen Straßenseite zur Pommesbude herüberstarren und überlegen, ob sie ihren aktuellen Gesundheitstrip kurz unterbrechen sollen. Der Gedanke an diese ersten Bissen, an die emotionale Erleichterung und die augenblickliche Befriedigung, die sie erzeugen, besitzt einen solchen Reiz, dass jeder Widerstand zwecklos ist, einen Reiz, der so berauschend ist, dass man alles vergisst, was man niemals vergessen wollte. Zum Beispiel, wie tief es einen deprimiert, dass man von diesem Fraß besessen ist und ihn in sich hineinschlingt.

Erst vor wenigen Tagen habe ich die Verpackungen von verschiedenen Süßigkeiten und Schokoladenriegeln in meiner Jackentasche versteckt, weil meine Partnerin nicht erfahren sollte, dass ich mich wieder einer Fressorgie hingegeben habe. Gleichzeitig gibt es natürlich Millionen von Menschen, die McDonald's maßvoll genießen. Aber für Menschen meiner Veranlagung, mit ernsthaften Impulskontrollproblemen, ist emotionales Essen nicht bloß gefährlich, es tötet die Seele. Der Gedanke am Ende eines solchen Gelages ist immer derselbe: Ich weiß nicht, warum ich das getan habe.

Dieser Teufelskreis aus emotionalem Unbehagen und selbstzerstörerischem Verhalten erstreckt sich auch auf andere Bereiche meines Lebens. Viele Jahre glaubte ich, dass mein Lebenswandel und die dazugehörigen Gesundheitsprobleme – Müdigkeit, Depression, Ängste, Zahnfleischerkrankungen, Schlaflosigkeit, Zahnschmerzen, sexuelle Funktionsstörungen, Alkoholismus und Drogenmissbrauch – Nebenprodukte des Kapitalismus seien. In vieler Hinsicht sind sie das auch. Aber das ist nicht die ganze Wahrheit.

Wie bei vielen Leuten in meinem Alter können die schlechten Essgewohnheiten direkt auf meine Großmutter zurückgeführt werden. Sie wurde Anfang der 1930er-Jahre geboren und wuchs in einer Zeit auf, als die Nahrungsmittel, die wir jetzt mit einem schlechten Lebenswandel in Verbindung bringen, noch gar nicht erfunden oder nur sehr schwer zu bekommen waren. Es war die Zeit vor den öffentlichen Massenverkehrsmitteln, vor der Automatisierung und der Telekommunikation, was bedeutete, dass die Leute jeden Tag körperlich arbeiten und die Wege zur und von der Arbeit zu Fuß zurücklegen mussten. Körperliche Anstrengung war ein wesentlicher Bestandteil des Alltagslebens. Anfang der 1930er-Jahre eröffneten in Amerika die ersten Drive-in-Restaurants, als Vorboten einer neuen Ära des wohlschmeckenden und erschwinglichen Fast Foods. Dieses Phänomen und die Probleme, die man später damit in Verbindung brachte, hätten Großbritannien vielleicht schon sehr viel früher erreicht. Aber wir wichen der Kugel einstweilen aus, weil wir uns in den Zweiten Weltkrieg stürzten.

Als meine Großeltern sich in den 1950er-Jahren kennenlernten, entstand die Konsumgesellschaft; die industriell verarbeiteten Lebensmittel von heute tauchten allmählich in den Lebensmittelläden auf. Man stelle sich vor, wie das gewesen sein muss für die Menschen, die noch die Kriegsrationierungen erlebt hatten. Ihre Erfahrung wirkte sich nicht nur auf die Art aus, wie sie als Konsumenten die Lebensmittel wahrnahmen und mit ihnen umgingen. Sie bestimmte auch, wie die Produzenten, die hungrig waren nach Marktanteilen, die Ware herstellten und verpackten. Beim Essen ging es nicht mehr allein um die Versorgung des eigenen Körpers. Es ging darum, sich selbst auszudrücken und neue Bereiche des persönlichen Genusses zu erkunden.

Als Großbritannien in den 1970er-Jahren die Vereinigung mit Europa anstrebte, war die Essensrevolution bereits in vollem Gange. Die Konsumenten hatten allmählich die Qual der Wahl, da die Firmen in heftigem Wettstreit um die Käufer standen. Nun wurden Verbindungen festgestellt zwischen industriell hergestellten Lebensmitteln und Gesundheitsproblemen wie etwa einem zu hohen Cholesterinspiegel. Da das öffentliche Bewusstsein für diese Risiken größer wurde, wuchs eine Teilindustrie heran, die weniger fette, scheinbar gesündere Alternativen anbot. Die Frage, was gesundes Essen ist, wurde kompliziert, nicht mehr intuitiv zu beantworten, eine Reise durchs Minenfeld.

Die Vorstellung von Nahrung, wie sie beschafft, produziert und gegessen werden sollte, änderte sich im Leben meiner Großeltern stärker als je zuvor in der Geschichte der Menschheit. Und doch blieb unser Verständnis dafür, was mit unserem Essen und mit unserer Ernährung überhaupt vor sich ging, gefährlich unterentwickelt. Als wir uns dann endlich schlaugemacht hatten, war es bereits zu spät – wir waren eine Familie von Zuckersüchtigen.

Meine Reise ins schlechte Essen begann früh im Leben

und wurde beschleunigt von der Tatsache, dass wir uns der Gefahren nicht bewusst waren. Als Kinder stellten wir uns vor der Schulkantine an und redeten aufgeregt darüber, was wir an diesem Tag zu Mittag essen würden. Salzige Suppen, Pies, Pasteten, Pommes, Bratkartoffeln, Fisch im Backteig, Würstchen und paniertes Hühnchen, bedeckt mit gebackenen Bohnen, matschigen Erbsen und künstlicher Sauce. Desserts waren obligatorisch, sie bestanden aus Karamellkuchen, Empire-Keksen, Angel-Delight-Pudding, Wackelpudding oder Schokoeis – alles erhältlich mit Vanillesauce. Vor der Mittagspause wurde ein Servierkarren durch die Klassenzimmer gerollt, randvoll mit Schokoriegeln, zähen Bonbons, Brausen, Fruchtsäften und Chips, was den Unterricht für bis zu fünfzehn Minuten unterbrach.

Das Beschaffen und Konsumieren dieser »Leckereien« wurde zu einer Hauptbeschäftigung, sodass es in den Pausen ebenso sehr um Süßigkeiten wie ums Spielen und Erholen ging. Ich fing an, bei bestimmten Lebensmitteln emotionale Assoziationen zu haben, woraus sich bald die Erwartung entwickelte, zu gewissen Zeiten ein Anrecht auf Süßes zu haben. Wurde diese Erwartung nicht erfüllt oder gab es eine Unterbrechung in der Zuckerzuführung, spürte ich Wut, Frustration und Enttäuschung. Diese Besessenheit beeinträchtigte meine Konzentrationsfähigkeit im Laufe des Tages erheblich. Wenn mir der Proviant ausging, weil ich kein Taschengeld mehr hatte, waren die Pausen melancholisch getrübt. Die Tage wurden länger, wenn ich keine Leckereien bekam. Meine Liebe zu Süßigkeiten war so tief, dass die Drohung, sie mir vorzuenthalten, neben der Gewalt um mich herum so ziemlich das Einzige war, was mein Verhalten noch kontrollieren konnte.

Zum Glück fehlte es bei meinen Großeltern selten an Nachschub.

Einen Großteil meiner Kindheit habe ich auf der anderen Seite von Pollok bei meiner Großmutter verbracht. Sie spielte die Doppelrolle von Mutter und Oma. Wir verbrachten viel Zeit damit, »einholen zu gehen«, wie sie es nannte. »Einholen gehen« war ein Code für einen Tagesausflug. Codes waren wichtig, weil sie uns zu kommunizieren halfen, ohne dass mein Großvater argwöhnisch wurde und einschritt.

Meine Großmutter und ich verbrachten viel Zeit in den klassischen schottischen Cafés. Die Hauptbestandteile dieser schottischen Cafés waren italienische Besitzer, einige Bratpfannen und Unmengen von amerikanischem und englischem Essen. Was sie »schottisch« machte, war die Tatsache, dass man zwischen den Gängen Eiscreme, Lokum, also türkische Geleewürfel, und Zigaretten bekam.

Wahrscheinlich das Erste, was man sieht, wenn man so ein Café betritt, ist eine Kühlvitrine voller grellbunter Sprudelgetränke, Dosen und Flaschen. Oft beschleicht einen ein gewisses Gefühl der Enge, als wären zu viele Dinge auf zu engem Raum versammelt. Das Café strahlt einen leicht schmierigen Charme aus, und wenn man genauer hinschaut, ist sein Reiz schwer zu benennen. Die roten Ledersitze sind nicht besonders bequem. Die Holztische, die normalerweise am Boden festgeschraubt sind, verstärken das Gefühl der Beengtheit. Vor allem, wenn man einen dicken Bauch hat – wie jeder hier drinnen.

Die Speisekarte, die normalerweise in einem Plastikhalter zwischen den angejahrten Würzzutaten klemmt, ist schlicht und bietet vorwiegend verschiedene Kombinationen von Pommes, Würstchen, Eiern und Bohnen. Schottische Arbeiterküche besteht im Wesentlichen aus Kinderspeisen, die in Erwachsenenportionen serviert wird. Wenn das Essen dann kommt, was normalerweise ein bisschen zu schnell geht, dämmert einem plötzlich, warum man nicht auf der Türschwelle kehrtgemacht hat, trotz aller Anzeichen, dass man woanders besser essen könnte: Der Raum ist umschlossen von vier Wänden aus reinem Zucker. Gläser mit bunten Süßigkeiten, Schokoriegeln und Kaugummis in jeder Form und Größe schmücken die Wände um einen herum.

Während man sein frittiertes Essen hinunterschlingt, denkt man vielleicht ein bisschen über diese Umgebung nach.

Wo genau ist man hier eigentlich? In einem Süßigkeitenladen? Einem Restaurant? Handelt es sich um einen Zeitschriftenkiosk oder vielleicht um einen Eiswagen, der im Gestrüpp feststeckt?

Niemand weiß das. Und in Schottland schert das auch niemand. Sogar die Mittelklasse ist mit dabei, solange das Essen nur mit einem Klecks Ironie serviert wird.

Wenn wir einmal nicht ausgehen konnten, hatte meine Großmutter mehr als genug Essen zu Hause. Den Tag begannen wir normalerweise mit einer gehäuften Schüssel Sugar Puffs oder Cornflakes, bestreut mit einem oder zwei Löffeln Zucker und ertränkt in eiskalter »Blaudeckel«-Milch – Vollmilch, geadelt durch einen blauen Deckel. Meine Großmutter hielt nichts von fettreduzierten Produkten; für sie waren sie geschmacklos, der reine Schrott. Nichts konnte sie mehr auf die Palme bringen als ein Margarineliebhaber oder einer, der ihr einen Vortrag über die Gefahren von Käse hielt. Den ganzen Nachmittag naschten wir dicke, mit Butter bestrichene Weißbrotscheiben und tranken große Becher Tee mit zwei oder drei Stücken Zucker, und zwischendurch knabberten wir Kekse. Wir tranken Kondensmilch direkt aus der Dose, wenn gerade keine anderen Leckereien bei der Hand waren. Ich weiß noch, dass ich einen Teelöffel oben in eine offene Dose legte und zählte, wie lang es dauerte, bis die dicke gelbliche Flüssigkeit hineingelaufen war, die ich mir dann langsam die Kehle hinuntertröpfeln ließ.

Die Allgegenwart von Zucker in meiner Kindheit wird versinnbildlicht durch mein erstes Halloween. Als Coladose verkleidet lief ich von Haus zu Haus und bat die Nachbarn um Schokolade.

Ganz offensichtlich ist der Kapitalismus ein wichtiger Faktor, wenn es um unseren Lebenswandel, unsere Gesundheit oder unser Selbstbild geht. Es ist nicht immer leicht herauszufinden, wie man ein ethisches, umweltfreundliches Leben führen und gleichzeitig ein gutes Vorbild für seine Kinder sein kann. Viele von uns sehen den Kapitalismus als Hindernis in diesen Bestrebungen – und mit gutem Grund.

Aber was ist mit den ganzen billigen, rund um die Uhr geöffneten Fitnesscentern in meiner Nachbarschaft?

Oder dem frischen, biologischen, regional produzierten Essen, das ich mir an die Haustür liefern lassen könnte?

Was ist mit YouTube, wo ich so ziemlich alles zum Thema Essen erfahren kann, was ich will, ob es nun Tipps zum Abnehmen sind oder Informationen darüber, wie man gesundes Essen billig und in so kurzer Zeit wie möglich produziert.

Ist es nicht der Kapitalismus, der uns diese Ressourcen verfügbar macht?

Warum nur ist es für die Linken ein Tabu, dies anzuerkennen?

20

Sieben Tage im Leben eines Rebellen

Es geht um mehr als nur um Geld. Hoffentlich habe ich Sie davon inzwischen überzeugen können. Die Armut ist eher ein Gravitationsfeld, das soziale, wirtschaftliche, emotionale, physiologische, politische und kulturelle Kräfte umfasst. Unabhängig davon, wie die individuellen Faktoren, Familie oder Bildung etwa, zwischen den einzelnen Personen divergieren, werden die Armut und ihre Folgen den jeweils persönlichen Lebensweg sehr wahrscheinlich bestimmen. Das ist der Grund, warum wir die soziale Mobilität und die Lebenserwartung eines Babys ausschließlich aufgrund seines Geburtsgewichts, des Geburtsorts und der sozialen Klasse seiner Eltern bestimmen können. Das ist der Grund, warum wir gewisse Verhaltensweisen wie Gewalttätigkeit und Gesundheitsprobleme wie Übergewichtigkeit bei armen Leuten überdurchschnittlich häufig sehen. Dass es zwischen den sozialen Klassen Ungleichheiten gibt, ist unbestreitbar; der Streit geht darüber, wie die Ungleichheit beseitigt werden sollte und wer letztendlich die Pflicht hat, sich darum zu kümmern.

Die Diskrepanz zwischen denen, die das Gespräch führen, und denen, die das Problem betrifft, behindert nicht nur den Fortschritt, sondern führt auch dazu, dass Menschen in Armut sich von der »Kultur« falsch dargestellt und ausgeschlossen fühlen.

Kultur ist ein sehr breiter Begriff, der vieles bedeuten kann. Messer und Gabel sind Kultur. Kultur ist die Art, wie wir uns anziehen, was wir in unserer Freizeit tun und wie wir miteinander reden. Kultur ist, woran wir glauben, mit wem wir schlafen, warum wir uns mit anderen Leuten über gewisse Themen streiten. Aber darüber hinaus ist Kultur auch eine Ware, eine für uns aufbereitete Erfahrung, in die wir eingebettet werden. Begriffe wie »Massenkultur« oder »Populärkultur« versuchen zu beschreiben, was dem Durchschnittsmenschen gefällt. Alles andere gilt als »Subkultur«. Doch obwohl es mehr Kultur zu konsumieren gibt als je zuvor, fühlen viele Leute sich nur wenig von ihr repräsentiert oder gar ausgeschlossen.

Zum Beispiel haben Frauen, die Schwulen-, Lesben- und Intersexuellenbewegung, ethnische und religiöse Minderheiten und Behinderte Jahrzehnte darum gekämpft, in Bildung, Kultur und Medien fair dargestellt und behandelt zu werden. Sie haben gekämpft, weil sie sich, wenn sie sich mit der »Massenkultur« beschäftigten, nicht adäquat repräsentiert sahen, oder wenn sie es taten, wurden sie, aufgrund der privilegierten Annahmen anderer, oft als Karikatur überzeichnet. Zunehmend wird der Diskurs über kulturelles Ausgeschlossensein in Begriffen der Identität geführt. Identität, unser Gefühl, wer wir sind, und unsere persönliche Beziehung zur Kultur, ist zu einem der größten Faktoren geworden, wenn wir uns marginalisiert fühlen. Aber wie bei der Armut definiert jeder Identität anders. Zwei Personen können im Hinblick auf Ethnie, Nationalität, Religion, Geschlecht und Sexualität objektiv kaum unterscheidbar sein, betrachten sich selbst vielleicht aber als gar nicht so ähnlich. Sie können den Gedanken sogar anstößig finden, weil sie sich jeweils mit völlig anderen Dingen identifizieren. Das macht es für Leute, die Kultur produzieren, ein bisschen schwierig, weil sie mit unseren sich ständig entwickelnden Ich-Begriffen mithalten müssen – oder den Vorwurf riskieren, dass sie andere ausschließen.

In Schottland gibt es einige, die sich als schottisch, andere, die sich als englisch definieren. Wer sich schottisch fühlt, wird einen deutlichen Unterschied machen zwischen dem eigenen Begriff von der schottischen Kultur und dem, was als die dominante britische Kultur gesehen wird, wobei viele glauben, dass die eine den Vorrang hat vor der anderen. Zum Beispiel sind viele Leute in Schottland verärgert darüber, dass wir keine eigenen Sechs-Uhr-Nachrichten haben. Stattdessen wird die Sendung aus London übertragen. Andere glauben, dass die Karte, auf der das Vereinigte Königreich bei der Wettervorschau gezeigt wird, ein absichtlicher Versuch ist, Schottlands wahre geografische Größe im Verhältnis zu England zu verschleiern. Einige glauben, dass dies geschieht, um England als die dominante Kultur zu bestärken, und dass Schottland als Region Englands dargestellt wird und nicht als eigenständiges Land. Andererseits gibt es auch viele in Schottland, für die Nationalität nicht der primäre Faktor ihrer Identität ist und die deshalb die Kultur nicht aus diesem Blickwinkel betrachten. Für einige sind Geschlecht oder Rasse viel wichtigere Faktoren. Für andere sind es ihre Religion oder ihre politischen Überzeugungen. Es geht darum, dass die Leute sich, ausgehend von ihrem persönlichen Gefühl dafür, wer sie sind, der Kultur nähern. Identität wird zu dem Blickwinkel, aus dem heraus alles betrachtet wird.

Es ist normalerweise so, dass diejenigen, die sich von einem Aspekt der Massenkultur falsch dargestellt oder marginalisiert fühlen, diese Fehlinterpretation entweder der Ignoranz oder den böswilligen Absichten einer dominanten, privilegierten Klasse zuschreiben. Für einige sind es die Männer, für andere die Weißen, für wieder andere sind es die körperlich Gesunden oder die Normalen, und für die Nächsten sind es die Engländer oder die Amerikaner. Jeder sieht die Welt aus seinem ganz persönlichen Blickwinkel, und deshalb wird es niemanden überraschen, dass ich, angesichts der subjektiven Natur von Kultur und Identität, die These aufstelle, dass die Klasse die wesentlichste Trennlinie unserer Gesellschaft ist. In Wahrheit handelt es sich weniger um eine Trennlinie als um eine riesige klaffende Wunde. Ob man blindes Vertrauen in den Rat eines Arztes setzt, von einem Lehrer geprüft oder diszipliniert, von einem Sozialarbeiter oder vom Jugendamt befragt, von einem Polizisten in Handschellen abgeführt und von einem Anwalt beraten wird, die Klasse ist das eigentliche, unausgesprochene Problem.

Es ist nicht weiter verwunderlich, dass Leute aus der Unterschicht, wenn sie mit einer Populärkultur in Berührung kommen, die vorwiegend von und für die Menschen weiter oben in der Nahrungskette produziert wird, sich oft vorkommen, als würden sie eine Parodie der Realität sehen. Die Realität, die ihnen etwa in den Zeitungen, im Fernsehen oder im Radio gezeigt wird, wirkt so schrill verzerrt, dass sie sich den Kopf kratzen und fragen: »Wer zum Teufel denkt sich so ein Zeug aus?« Die Fragen, die in der »Populärkultur«

gestellt, und die Themen, die erkundet werden, wirken oft oberflächlich, kitschig oder völlig daneben. Die Kultur verwandelt sich in etwas, das die Leute glauben lässt, sie existierten außerhalb von ihr.

Anstelle der Verschwörungstheorien, die viele von uns sich zusammenbasteln, gibt es vielleicht eine viel einfachere Erklärung dafür, warum die Populärkultur so viele Leute vor den Kopf stößt: soziale Mobilität. Die Anliegen der dominanten sozialen Klassen treten stärker hervor als die der anderen, weil die dominanten Klassen sozial mobiler sind. Daraus folgt, dass sie eher in einflussreiche Positionen aufsteigen und an die Spitze einer Gesellschaft gelangen, die ihre eigenen Interessen widerspiegelt. Wenn man aus wohlhabenderen Verhältnissen kommt und sozial mobiler ist, dann ist es relativ einfach, die Leiter hochzusteigen und seine Position zu halten. Die zurückzulegende Entfernung ist einfach kleiner; man trägt weniger Gepäck mit sich herum. Das erklärt, warum diejenigen, die ihr Leben weiter oben auf der sozialen Leiter beginnen, eher in Führungspositionen gelangen und dort so ziemlich jeden Aspekt unseres Lebens bestimmen, gestalten und in eine bestimmte Richtung lenken können. Sogar Organisationen, die sich scheinbar um die Bedürfnisse und Belange der unteren Klassen kümmern, wie Wohltätigkeitsorganisationen und die Boulevardmedien, werden normalerweise von Leuten kontrolliert, die nur einen theoretischen Begriff davon haben, was arm zu sein bedeutet. Es gibt natürlich Ausnahmen von der Regel, doch je weiter man nach oben steigt, desto stärker wird man sich der dort vorherrschenden Empfindlichkeit bewusst. Diese Klasse der Spezialisten sitzt auf jeder Ebene der Gesellschaft fest an den Schalthebeln und gestaltet sie nach ihrem eigenen

Bild, indem sie das tut, was wir alle tun: anzunehmen, dass die eigenen Interessen, Vorlieben und Bestrebungen universell sind. Alles außerhalb davon ist »Gegenkultur«, ein Aufstand oder ein Fehler in der Matrix.

Nehmen wir an, niemand will, dass ein anderer sich ausgeschlossen fühlt. Aber wenn man versucht, die eigenen Gedanken und Meinungen über die riesige Kluft in der sozialen und kulturellen Erfahrung hinweg auszudrücken, gehen Nuancen in der Übertragung verloren. Gute Absichten werden verschleiert, und je breiter die Kluft, desto größer das Risiko von Missverständnissen. Es ist diese Spannung zwischen den verschiedenen, konkurrierenden Perspektiven, die unter der Haube unserer Gesellschaft schwärt und zu einem Motor für Ressentiments, Misstrauen und sogar Hass wird. In Schottland wird die Armutsindustrie von einer linksorientierten, liberalen Mittelklasse dominiert. Weil diese Spezialistenklasse so aufrichtig wohlmeinend ist, wenn es um die Interessen von Menschen in benachteiligten Gemeinden geht, werden sie ein bisschen aufgeregt und verletzlich, wenn genau diese Leute ihrer Wut auf sie Ausdruck geben. Weil sie sich selbst als die Guten sehen, kommen sie nie auf den Gedanken, dass die Leute, denen sie angeblich helfen wollen, sie in Wahrheit als Opportunisten, Karrieristen oder Scharlatane sehen. Sie bezeichnen sich selbst als Verteidiger der Unterklasse, und sollten die Armen plötzlich eigene Ideen haben oder, Gott behüte, gegen die Armutsexperten rebellieren, wird die Schuld den Beschwerdeführern zugeschoben. Diese Spezialisten sind sich oft ihrer Erkenntnisse so sicher, dass sie, ohne lang zu überlegen, die Leute, die sie angeblich vertreten, als selbstzerstörerisch brandmarken, sobald diese eine rechtsgerichtete Partei wählen. Das zeigt nicht nur einen beängstigenden Mangel an Eigenwahrnehmung in Bezug auf die Gründe, warum die Leute sich von der Linken abwenden, sondern impliziert auch, dass diejenigen, die den Wert ihrer Gedanken und Methoden nicht mehr sehen, nicht nur undankbar, sondern auch dumm sind.

21

Garnethill

Im Jahr 2014 fing die Glasgow School of Art Feuer. Es war ein einzigartiges Gebäude, entworfen von Charles Rennie Mackintosh, und über seinen Verlust wurde in der Sprache nationaler Tragödien gesprochen. Bilder des Brands prangten auf der Titelseite jeder Zeitung, und Politiker wie der First Minister Alex Salmond und auch Prominente wie Brad Pitt reagierten sofort und garantierten finanzielle Unterstützung für die Schule und die betroffenen Studenten. Die herausragende Stellung der Art School in unserer nationalen Psyche rief eine so breite öffentliche Reaktion hervor, dass der Vorfall, bei dem niemand verletzt wurde oder starb, tagelang die Schlagzeilen beherrschte. In Wahrheit war die öffentliche Reaktion gar nicht so breit. Tatsächlich war sie eher eng begrenzt. Die Reaktion kam nur von dem Teil der Öffentlichkeit, der sich der Art School auf irgendeine Weise verbunden fühlte. Die meisten Leute in Glasgow kümmerte der Brand nicht weiter. Nach ein paar Tagen des ständigen Geredes über das Feuer, seine Folgen und darüber, ob der Schaden sich würde beheben lassen oder nicht, ärgerten sich einige (ich eingeschlossen) über die Berichterstattung, die sie für unverhältnismäßig hielten. Viele von uns fanden es anstößig, wie viel Zeit dieser Geschichte gewidmet wurde, nicht nur, weil wir an zeitgenössischer Kunst nicht wirklich interessiert waren, sondern weil wir in Gemeinden aufwuchsen, in denen ständig etwas abbrannte. Gemeinden, in denen Schulen gegen unseren Willen abgerissen wurden. In denen unser kulturelles Erbe beschlagnahmt und an private Investoren verkauft wurde. Wo Straßen über unser Land gebaut wurden, damit die Leute aus den Vorstädten zu Orten wie der School of Art fahren konnten, ohne im Stau warten zu müssen.

»Aber es geht um die Art School«, riefen die Leute und ließen durchblicken, dass sie ihre Interessen für allgemeingültig hielten. »Wen kümmert denn die Art School!«, das war die bildungsferne, vulgäre Antwort. Die Wahrnehmung der Glasgow School of Art durch jene, die sich mit ihr verbunden fühlten, entsprach dem Mangel an Interesse jener, die es nicht taten. Aber in den folgenden Tagen gab es keine eingehende Untersuchung, keine Diskussion der Gründe, warum der Brand so viele Menschen kaltließ. Anscheinend war das nicht interessant oder wichtig. Man nahm einfach an, dass diejenigen, die sich an der nationalen Trauer nicht beteiligten, unkultiviert waren. Eine andere Erklärung konnte es einfach nicht geben, keinen legitimen Grund, warum jemand sich nicht um die Glasgow School of Art scheren würde, denn, nun ja, es war doch schließlich die Glasgow School of Art! Eine so rückständige Haltung konnte nur die Folge einer gewissen Begriffsstutzigkeit sein. Dabei ist durchaus vorstellbar, dass diejenigen, die sich selbst als gebildet und kultiviert betrachteten, völlig danebenlagen.

In diesem Sommer war die Stadt Glasgow Gastgeber der Commonwealth Games. Wenn man den Medien und den Politikern glauben durfte, gab dieses Ereignis allgemein Anlass zu nationaler Einheit und Stolz. Aber im Schatten der Spiele waren die Bewohner der angrenzenden Wohnviertel Bridgeton, Parkhead und Dalmarnock verärgert über die Störungen ihres alltäglichen Lebens und die mangelnde Kommunikation im Vorfeld dieser Störungen. Die Anwohner selbst bekamen nur sehr wenig Medienaufmerksamkeit. Zugegeben, ein paar Lokalblätter berichteten über die Unzufriedenheit, aber die Geschichte verlor sich im karnevalistischen Hype, der das ganze Land erfasst hatte. Stattdessen prahlte das Glasgow City Council mit dem Juwel in der Krone ihres Commonwealth-Spektakels: einem öffentlichen WLAN-System, speziell für die Spiele entwickelt, mit dessen Hilfe wohlhabende, internationale Sportfans die Stadt erkunden konnten, ohne sich aus Facebook ausloggen zu müssen. Zusätzlich zum WLAN wurden in der Stadt Tausende Schilder aufgestellt, die den Besuchern in über fünfzig Sprachen den Weg wiesen zu den Veranstaltungsorten, Stadien und anderen Stätten kulturellen Interesses. In historisch benachteiligten Gegenden wie Cranhill in Glasgows West End, das noch immer nicht beschildert war, obwohl es seit 60 Jahren existierte, boten Gemeinschaftszentren einen WLAN-Service, der die 1990er-Jahre vor Scham hätte erröten lassen. Junge Leute, die auf Kriegsfuß mit dem Personal der Gemeinschaftszentren und der Polizei standen, terrorisierten die Gegend durch Vandalismus und Brandstiftung. Welke Blumensträuße hingen neben einem Spielplatz an einem Zaun und erinnerten an einen weiteren sinnlosen, alkoholinduzierten Tod. Wir sprechen von Gemeinden, die kein Zug anfährt und wo die Busfahrpläne das Papier nicht wert sind, auf dem sie gedruckt werden.

Aber alle waren so gefangen in dem Rummel um die Commonwealth-Spiele, dass niemand das beschämende Maß an sozialer Benachteiligung und politischer Ausgrenzung erkannte, das parallel dazu existierte. Während das Glasgow City Council und die schottische Regierung sich im Ruhm der internationalen Anerkennung sonnten, wurden die verarmten Gemeinden gestört, ignoriert oder bevormundet. Um dem Ganzen die Krone aufzusetzen, wurden die Anwohner durch die überhöhten Preise von den Spielen und den vielen peripheren Veranstaltungen ausgeschlossen, die allein auf Profit ausgelegt waren. Den Anwohnern, die zu Hause saßen und sich das Spektakel lediglich im Fernseher anschauen konnten, durfte man es nicht verdenken, wenn sie dachten: Lebe ich in derselben Welt wie diese Leute? Sobald man jedoch sein Missfallen oder seine Frustration über diese ärgerliche Ungleichheit zum Ausdruck brachte, wurde man zum Spielverderber gestempelt. Dann war man jemand, der den Fortschritt behinderte oder nicht fähig war, das größere Bild zu sehen. Wieder einmal war man nicht »konstruktiv«. Wenn man in diesen Gemeinden lebt, hat man immer das Gefühl, dass die eigenen Anliegen als zu engstirnig, zu kurzsichtig oder zu beschränkt gesehen werden; die Geschichte, die Karriere macht, ist die Geschichte, die die Bedürfnisse der vielen bedient. Und die fällt zufällig mit dem zusammen, was viele in unserer Gegend als »Mittelklasse« bezeichnen. Man erinnere sich an das, was der Komiker Stewart Lee gesagt hat.

Vielleicht könnte das auch erklären, warum einige Leute in den Nachwehen des Brexits und zum absoluten Vergnügen der Stewart-Lee-Fans von einer »Eliteintelligenz« zu sprechen begannen. Es war vielleicht nur der ungeschickte Versuch, das Phänomen zu beschreiben, dass die akzeptierte Kultur, einschließlich der Nachrichten, der Politik und der Unterhaltungssendungen, in deutlichem Widerspruch zur Realität der meisten Leute steht. Vielleicht sollte lediglich ausgedrückt werden, dass der Kontrast zwischen der Welt, die man uns als Realität vorsetzt, und derjenigen, in der wir tatsächlich leben, so stark ist, dass man annehmen muss, es handelt sich um eine bewusste Fälschung.

Zugegeben, diese Schlüsse fußen oft auf Paranoia und mangelndem Wissen über die Entscheidungsprozesse der Regierung und Medien. Mangelndes Wissen führt oft zur Erschaffung von Mythen, da die Leute ihre Verständnislücken mit Überspitzungen füllen. Aber diese Vorstellungen liegen nicht immer völlig daneben. Es stimmt durchaus, dass die Leute, die den Ereignissen im kulturellen Bereich eine Bedeutung überstülpen und sie so aufbereiten, dass wir anderen sie konsumieren können, oft aus privilegierteren Verhältnissen stammen. Und das führt ganz natürlich zu einem kulturellen Narrativ, bei dem viele Leute aus der Unterschicht sich den Kopf kratzen.

Großbritannien im Brexit bietet, bei all seiner Dysfunktionalität, Unordnung und Vulgarität, einen Blick darauf, was passiert, wenn die Leute sich der Tatsache bewusst werden, dass sie kein Teil der Entscheidungsprozesse sind, sondern über ihr Wahlrecht hinaus keine wirklichen Mechanismen zur Selbstbestimmung haben. Großbritannien im Brexit ist ein Schnappschuss darauf, wie es klingt, wenn Leute, denen man sonst kaum Gehör schenkt, beschließen, zum Mikrofon zu greifen, um allen zu sagen, wie sie die Welt sehen. Der

Brexit zeigt, was passiert, wenn die Leute gegen ihre eigenen Interessen stimmen, weil sie nicht glauben, dass es irgendetwas ausmacht. Leute übrigens, die von Liberalen aus der Mittelklasse dann als »Arschlöcher« und »Abschaum« beschimpft werden, wenn sie echten Schock darüber ausdrücken, dass ihre Stimme tatsächlich etwas bewirkt hat – zum ersten Mal in ihrem Leben. Zum Glück besitzen die »liberale Intelligenz« und die »großstädtische Elite« genug Einfluss, kulturelles Kapital und persönliche Handlungsmacht, um sich ihre eigene Parallelrealität zu erschaffen, sobald die groben Anliegen der Unterschicht in den öffentlichen Diskurs einsickern. Eine Parallelrealität, in der Twibbons, Sicherheitsnadeln, Gratis-Umarmungen, *Huffington-Post*-Kommentare, Tumblr-Blogs und geschlechtsneutrale Ingwerkeks-Produkte ausreichen, um jede Krise zu bewältigen. Wenn die geballte Macht des proletarischen Zorns auf das Politische einwirkt und unsere Kultur erschüttert, wird der Vorgang behandelt wie eine nationale Katastrophe. Auf ein solches Erdbeben folgt eine Welle aus herablassenden, bevormundenden und emotional hysterischen Social-Media-Posts, aus Blog-Einträgen und Online-Kampagnen, die das Katastrophenszenario beschreiben – wie immer, wenn eine Spezialistenklasse, ob auf der linken oder der rechten Seite, das unbestimmte Gefühl beschleicht, sie könnten nicht mehr das Sagen haben. Man widersetzt sich ihnen! Die Kultur wird nicht mehr allein nach ihren Vorstellungen gestaltet! Für diese Leute fühlt es sich wie Missbrauch an, wenn sie nicht weiter ihren Willen durchsetzen können.

Am Morgen nach dem Brexit-Votum riefen Liberale aus der Mittelklasse, Progressive und Radikale, die plötzlich mit dem vulgären und geteilten Land konfrontiert waren, in dem wir anderen seit Jahrzehnten leben, simultan diverse Krisen aus. Ein Land voller Gewalt und Rassismus. Ein Land, in dem gewisse Kreise dem Mainstream-Diskurs so entfremdet waren, dass sie jetzt anfingen, ihre eigenen parallelen Kulturen und sogar »alternative Fakten« zu erschaffen. Es machte einen wütend zu sehen, wie ein hyperventilierender *Guardian*-Abonnent nach dem anderen sich beschwerte, dass eine einst so große Nation vor die Hunde ging.

Wobei mit »Hunde« natürlich die Arbeiterklasse gemeint war.

In der Woche nach dem Brexit-Votum arbeitete ich in mehreren Gemeinden der Stadt, alle mit einem hohen Anteil an Menschen mit Migrationshintergrund. Im Gegensatz zu den Proklamationen in den sozialen Medien, wo viele sich die Freiheit nahmen, den Armageddon zu verkünden, reagierten die Immigranten und Armen sehr ruhig. Das Leben ging normal weiter. Die Leute organisierten Multikulti-Veranstaltungen in Solidarität mit den Migranten und Flüchtlingen. In den Parks wurden Pavillons errichtet, um Mikrokredite an örtliche Gruppen zu verteilen. Junge Leute besuchten Musikstunden in Jugendclubs, die in Kirchen untergebracht waren – und es war weit und breit kein Journalist zu sehen.

In diesen Gemeinden war die Woche nach der Abstimmung eine Woche wie jede andere. Die Gewalt ist hier jeden Tag zu beobachten – sie schießt nicht plötzlich aus dem Boden. Der Rassismus ist hier eine grässliche Lebenstatsache – er wird nicht »entfesselt«. Natürlich machten sich viele ausländische Staatsangehörige Sorgen, was das Referendum für ihre Staatsbürgerschaft im Vereinigten Königreich bedeuten könnte. Viele Farbige erlebten furchtbare Rassendiskriminierung vonseiten der Schwachköpfe, die den Brexit als Freibrief für Mobbing und Vandalismus nahmen. Es war völlig angemessen, dass die Gemeinden schnell reagierten, die Ängste anerkannten und bedingungslose Solidarität mit den Betroffenen zeigten. Aber ein Großteil der Entrüstung, die in der Luft hing, hatte nichts mit dem zu tun, was die Immigranten tatsächlich dachten oder fühlten; es ging um Leute, die wieder einmal ein Thema missbrauchten, um ihr eigenes, nacktes Klassendenken zu kaschieren. Zum Glück fing diese Gruppe wohlmeinender Mittdreißiger sich bald wieder und legte die übliche Zurückhaltung an den Tag, indem sie die Tatsache, dass sie ihren Willen nicht hatte durchsetzen können, mit dem Faschismus verglichen und jeden, der dies für übertrieben hielt, als Nazi-Apologeten beschimpften.

22

The Way We Live Now

Anfang der 1990er-Jahre, also in einer Zeit verstärkten politischen Engagements, war in Pollok eins der wichtigsten Themen das des öffentlichen Raums; wem er gehörte und wer die Macht hatte zu bestimmen, was damit geschieht. Damals wurde als paranoid bezeichnet, wer glaubte, diese öffentlichen Räume würden bewusst zurückgedrängt, um Platz zu schaffen für private Investoren; knapp zwanzig Jahre später wurde diese Paranoia rehabilitiert. Wie es so üblich ist, nimmt niemand sich die Zeit, anzuerkennen, dass die Leute in den ärmeren Gemeinden tatsächlich recht hatten. Das Leben geht weiter, als wäre nichts passiert. Denken Sie nur an den Manager oder Kollegen, der eine Ihrer Ideen oder Beobachtungen hört, sie bei der nächsten Personalbesprechung als die eigene ausgibt und von jedem für seine Weitsicht gelobt wird. Der Unterklasse anzugehören bedeutet, Tag für Tag dazusitzen und sich durch einen Strom von *Guardian*-Artikeln zu blättern, die bestätigen, was man schon vor zwanzig Jahren wusste. »Studien ergeben, dass

Kinder in dysfunktionalen Verhältnissen unter Lernschwierigkeiten leiden«, »Experten sagen, Zucker macht süchtig«, oder, mein persönlicher Liebling: »Wie Umfragen zeigen, wird der Kunstbetrieb von Leuten aus der Mittelklasse dominiert.« Wenn es nur eine Möglichkeit gäbe, die Leute, die das Narrativ gestalten, dazu zu bringen, ab und zu bei den Leuten am unteren Rand der Gesellschaft nachzufragen. Man könnte womöglich den Diskurs über Gesellschaft damit in Einklang bringen, wie Gesellschaft wirklich erlebt wird.

In den Gorbals ging man in der Regenerationsphase der Nachkriegszeit schlicht davon aus, dass die Leute nichts anderes bräuchten als einen anständigen Ort zum Leben. Die Hochhäuser und Wohnsiedlungen waren die Lösung für etwas, das vorwiegend als Wohnungsproblem betrachtet wurde. Erst später erkannten die Planer, dass die Leute auch ein Verantwortungsgefühl, eine aktive Teilhabe an der Gemeindegestaltung und angemessene Lebensstandards brauchten. Und wir alle lernten auf die harte Tour, dass dicht besiedelte Gegenden, in denen den Leuten ebendieses Verantwortungsgefühl und die aktive Teilhabe fehlten, sehr schnell verfallen können – materiell wie psychologisch. Aber diese Teilhabe zu gewähren, ist leichter gesagt als getan. Tatsächlich wurde das allgemeine Engagement zu einer der größten Herausforderungen in den Gegenden, in denen sich eine beträchtliche Anzahl der Bewohner, trotz der sozialen Medien und modernen Informationstechnologie, sozial isoliert fühlt und sich aus dem Gemeinschaftsleben zurückgezogen hat. Einer der Gründe dafür ist, dass es wenige öffentliche Räume gibt, die sie aufsuchen können – es sei denn, sie haben Geld.

In Pollok versucht das Silverburn (und vergleichbare

Malls), das menschliche Bedürfnis nach Verantwortung und aktiver Teilhabe zu befriedigen. Doch trotz aller Vorzüge eines solchen Ortes ist vieles in seinem Angebot illusionär und flüchtig. Konsumentengemeinschaften sind exklusiv; man muss regelmäßig Geld ausgeben, um Zugang zu erhalten. Und was das Verantwortungsgefühl angeht, so empfindet man vielleicht ein wenig Autonomie, wenn man den Laden in seinen neuen Turnschuhen verlässt, aber versuchen Sie nur mal, dort länger herumzuhängen, ohne noch etwas zu kaufen, dann merken Sie ziemlich schnell, wem der Laden wirklich gehört. Die Malls sollten als Erweiterung der Gemeinden fungieren – nicht als ihr Zentrum.

Zum Teil wegen dieser Konsumdörfer und der Art, wie sie sich in den Zentren unserer Gemeinden breitgemacht haben, neigen wir dazu, das Wort »Zentrum« gleichzusetzen mit einer materiellen Einheit. Ein »Zentrum« ist für gewöhnlich ein Gebäude, das Räumlichkeiten oder Büros enthält, in denen Leute zusammenkommen, arbeiten oder kommunizieren. Wenn es kein Gebäude ist, dann ist es ein Areal, das Leute in ihrer Freizeit nutzen. Doch wenn man bei »Zentrum« nicht an das Substantiv, sondern an das dazugehörige Verb »zentrieren« denkt, kann das starke Auswirkungen auf die eigene Vorstellung haben, was ein Gemeindezentrum sein kann.

Oder genauer, was es sein sollte.

Ein Gemeindezentrum sollte nicht nur Wärme, Obdach oder Zugang zu Räumlichkeiten oder Aktivitäten bieten, sondern den Leuten auch Orientierung vermitteln, ihnen Bildung und Inspiration verschaffen und so ein höheres Maß an Gemeinschaftsbewusstsein und gemeinsamen Zielen erzeugen, was oft zu erhöhtem Wohlbefinden, besserer Lebensqualität und letztendlich zu einem gestärkten sozialen Zusammenhalt führt. Doch wenn man in irgendein Gemeindezentrum in irgendeiner Stadt geht, findet man wahrscheinlich nur noch eine einst stolze, lokale Institution in ihren herzzerreißenden letzten Zügen.

Heute Abend sind ein paar Jugendliche in ein Gemeindezentrum im Süden von Glasgow gekommen, um Fußball zu spielen. Die Sache wird schnell fallen gelassen, als die Sozialarbeiter merken, dass sie keinen Ball anbieten können. Einer der Jungs rennt nach Hause, um seinen eigenen Ball zu holen. Als er zurückkommt, jammert er, dass zu wenig Luft im Ball ist. Die Sozialarbeiter haben keine Pumpe, um ihn aufzublasen. Die Hälfte der Jungs, die gekommen sind, weil sie unbedingt spielen wollten, macht sich wieder aus dem Staub und sorgt in der Nähe des Zentrums für Unruhe. Die restliche Gruppe wird in einen der anderen Räume eingeladen, um an den Aktivitäten dort teilzunehmen. »Aktivitäten« meint zum Beispiel das Spielen mit einer alten, beschädigten PlayStation mit kaputten Gamepads. Wenn man darauf keine Lust hat, gibt es immer noch Tischtennis – ohne Tisch –, bei dem das Netz über zwei zusammengeschobene Schreibtische gespannt wird; das Match wird schnell abgebrochen, da man so einfach nicht spielen kann. Einige Jungs schlagen sich zum Spaß einfach nur so den Ball zu.

In einem Raum etwas weiter unten hat soeben eine Spielgruppe für Kinder zwischen fünf und zwölf Jahren angefangen. Es ist eine »Spielzeug-Bibliothek« für Kinder, die in Armut leben; hier sollen sie Zugang zu Qualitätsspielzeug und hochwertigen Spielen haben. Die Kinder leihen sich ein Spielzeug für ein paar Tage aus, und wenn sie es zurückbringen, können sie ein anderes mitnehmen. Doch bevor das Projekt überhaupt losging, brach das Dach ein und der

Club war für Monate geschlossen. Im Jugendclub können junge Leute Pool auf wackeligen Tischen mit Queues ohne Spitze spielen. Wenn der Tisch kaputtgeht, wird er monatelang weder repariert noch ersetzt. Wenn er ersetzt wird, dann wird er falsch zusammengebaut und kann wochenlang nicht benutzt werden. Das Personal bringt oft persönliches Eigentum mit oder kauft vom eigenen Geld Computerspiele, Bastelmaterial und Batterien, um wenigstens einen gewissen Service liefern zu können. Die Kinder erscheinen zu Aktivitäten, die angekündigt werden, von denen die Sozialarbeiter aber entweder nichts wissen oder für die die entsprechenden Ressourcen fehlen. Man hat ständig das Gefühl, dass niemand wirklich weiß, was eigentlich los ist, und dass jedes Gespräch, das man mit einer Führungskraft hat, völlig ohne Folgen bleibt. Das Traurigste ist, dass es wirklich einen Bedarf für derartige Dienste gibt, und auch ein fähiges, leidenschaftliches Team, das sie unbedingt anbieten will. Trotzdem kommen viele junge Leute nicht mehr, weil die Qualität des Angebots so unbeständig ist. Schlimmer noch, die Angestellten des Öffentlichen Dienstes leben in ständiger Jobunsicherheit und sind extrem eingeschränkt in dem, was sie sagen und tun können, um die Probleme anzugehen. Die Angelegenheiten werden unter den Teppich gekehrt, ignoriert oder schlicht vergessen, weil die Leute wissen, dass etwas zu sagen mehr Mühe macht, als dass es etwas bringt.

Wer sich unter einer guten Zeit etwas anderes vorstellt, für den gibt es in der Gemeinde nur noch einen Ort, wo nicht von einem erwartet wird, dass man sein Geld ausgibt, und das ist die Bibliothek. Allerdings hat auch die Bibliothek einige fundamentale Änderungen durchgemacht. Sie wurde schrittweise umfunktioniert, quasi durch die Hintertür, zum Ersatz für das notleidende Gemeindezentrum, das mehr und mehr für kommerzielle Zwecke genutzt und an andere Organisationen, Gruppen und Kulturträger vermietet wird. Um eine Aufrechterhaltung des Bibliotheksbetriebs zu rechtfertigen, müssen die lokalen Behörden sie für gemeinnützige Organisationen öffnen, die nach billigen Räumlichkeiten suchen. Immer mehr wird die Bibliothek angeboten als Mehrzweck-Zentrum, eine Mischung aus Bücherei und Gemeindezentrum. Man muss sagen, dass eine solche Mischung nicht unbedingt eine schlechte Idee ist, wenn dies das Ursprungskonzept gewesen wäre. Eine solche Einrichtung wäre in einer Stadt wie Glasgow wohl ziemlich revolutionär. Im Wesentlichen wurde der Bibliothek das Gemeindezentrum jedoch übergestülpt, um den Dienst zu verschlanken und die Bibliothek offen halten zu können. Diese Praxis untergräbt die Integrität sowohl der Bibliothek wie des Gemeindezentrums. Es untergräbt das Prinzip, dass Gemeinden einen Anspruch auf diese beiden grundlegenden Einrichtungen haben, und zwar unabhängig voneinander. In diesen Gegenden wird nicht nur der öffentliche Raum zurückgedrängt, sondern auch das Prinzip, dass er überhaupt existieren sollte.

Zugegeben, viele von uns benutzen inzwischen keine Bibliotheken mehr. Aber für diejenigen, die es noch tun, kann man gar nicht genug betonen, wie unverzichtbar dieser Service ist. Vor allem in Gemeinden, die durch schlechte Bildung, geringe Chancen und hohe Stressbelastung charakterisiert sind, ist die Bibliothek ein Maschinenraum der sozialen Mobilität, wo die Leute Bewerbungen für ein Studium oder einen Job schreiben, Hilfe beim Ausfüllen der Antragsformulare für Beihilfen und Stipendium bekommen, Zugriff auf das Internet und Bücher haben und also neue Fähigkeiten erlernen und Informationen aufnehmen können. Leute, die eine Bibliothek betreten, versuchen aktiv, sich irgendwie weiterzubilden, haben aber oft nicht die grundlegenden Mittel und Fähigkeiten, um dieses Ziel zu erreichen. Wenn man sich in einer öffentlichen Bibliothek aufhält, ist man in Gesellschaft von Leuten, die versuchen, in ihrem oft chaotischen und stressreichen Leben einen großen Schritt vorwärts zu machen. Neben dieser offensichtlichen Funktion haben Bibliotheken noch einen anderen Vorteil – einen, den jeder Bibliothekar, der etwas auf sich hält, hütet wie seinen Augapfel. Die Bibliothek kostet nicht nur kein Geld, sondern sie ist in einer benachteiligten Gemeinde einer der wenigen Orte, der so still ist, dass man sich selbst denken hören kann.

Um ein Gefühl dafür zu kriegen, wie schwierig es ist, sich zu konzentrieren, wenn um einen herum viel los ist, muss man nur sein Handy nehmen, sich durch die Klingeltöne blättern und dabei diese Seite hier zu lesen versuchen – ich warte. Stellen Sie sich vor, Sie wären bereits ziemlich gestresst, weil Ihnen ein paar Schuldeneintreiber im Nacken sitzen oder die Gemeindesteuer drückt. Bedenken Sie außerdem, dass Sie im Lesen vielleicht nicht der Allerbeste sind. Vielleicht sind Sie alleinerziehende Mutter, mit einem Lernproblem wie Legasthenie, oder Sie haben mit einem Alkoholproblem zu kämpfen. Vielleicht wollen Sie eine Weiterbildung machen und haben nur beschränkt Zeit für Aktivitäten, die Konzentration erfordern? Vielleicht sind Sie ein junger Mann, erst kürzlich aus dem Gefängnis entlassen, vielleicht mit einer Fußfessel, und könnten eine Ausbildung bei einem Friseur oder dem örtlichen Delikatessenladen machen, haben aber keine Erfahrung? Dazu noch ein bisschen ADHD und ein psychologisches Problem, das vom Stress noch verschlimmert wird? Plötzlich wird das Betreten einer Bibliothek zu einem Akt, der immensen persönlichen Mut erfordert.

Das Betreten einer Bibliothek ist der erste Schritt eines Menschen aus der sozialen Isolation, aus der Arbeitslosigkeit und Armut heraus. Wenn man diese Art von prekärem Leben nicht jeden Tag lebt, kann man leicht vergessen, dass andere es tun – und dass es die reine Hölle ist. Für viele Leute, die auf Bibliotheken angewiesen sind, gibt es bereits genug Hürden – wirtschaftliche, kulturelle und soziale –, die einen davon abhalten, etwas so Schwieriges zu versuchen, wie ein Bewerbungsformular auszufüllen, Widerspruch gegen eine Sanktion des Job Centers einzulegen oder Lesen zu lernen.

Dann haben wir den älteren Mitbürger, der von unserer progressiven Politik weitgehend vergessen wird. Ein Witwer vielleicht oder ein Behinderter im Rollstuhl, der nur beschränkten Zugang zu den Gebäuden der Gegend hat. Die Bibliothek ist einer der wenigen Orte, wo er sich länger als fünf Minuten aufhalten kann, ohne Geld ausgeben zu müssen. Und wir dürfen nicht vergessen, in Gegenden wie diesen gibt es einen Grund, warum die Leute hin und wieder aus dem Haus müssen: papierdünne Wände, die bedeuten, dass man hört, wie die Nachbarn die Toilette spülen, Wasser kochen, Sex haben, streiten, Sachen reparieren, den Rasen mähen, ihre Autos anlassen – und zwar zu jeder Tages- und Nachtzeit. Ganz zu schweigen von den alles andere als heiteren Geräuschen einer gestressten Gemeinde und dem angsteinflößenden Verhalten, das diesen Stress befördert: Paare, die aggressiv streiten, betrunkene Jugendliche, die auf der Straße schreien, Fremde, die Tag und Nacht kommen und gehen. Ganz zu schweigen vom regelmäßigen Lärm der Polizeiautos, Krankenwagen und Feuerwehrfahrzeuge.

Die Bibliothek ist wie auch das Gemeindezentrum eine der vielen schwindenden Ressourcen, die als Sicherheitsventil fungieren. Eine Bibliothek bietet eine geschützte Umgebung, in der fragile Personen sich fortbilden oder geistig sammeln können. Aber immer häufiger kommt man in die Bibliothek und findet dort herumrennende Kinder oder Leute, die an Diskussionen oder Kursen teilnehmen wollen, oder lärmende Mutter-Kind-Gruppen. Diese Aktivitäten sind ebenfalls wichtig – aber sie sollten in einem Gemeindezentrum stattfinden. Bibliotheken sind zu geschäftigen, oft ziemlich lauten Orten geworden, was ihrem ursprünglichen Zweck zuwiderläuft. Die Gemeinderäte sehen sich einem zunehmenden Druck ausgesetzt, da sie trotz schwindender Ressourcen weiterhin ein Angebot auf hohem Niveau bereitstellen müssen, und die Axt fällt dann auf diejenigen Einrichtungen mit der geringsten Widerstandskraft. Schon merkwürdig, im sozialen Dampfdrucktopf einer benachteiligten Gemeinde, die charakterisiert ist durch chronischen Stress und niedriges Bildungsniveau, scheint ausgerechnet etwas so Einfaches und Grundlegendes wie ein stiller Ort, an dem man seinen Gedanken nachhängen kann, schon zu viel verlangt zu sein.

Stressbelastete soziale Bedingungen wirken sich auf alle Betroffenen aus. Im Lauf der Zeit verändern sie das Verhalten der Leute. Dies wiederum verändert Struktur und Ausrichtung einer Gemeinschaft. Wut und Verärgerung, gefördert von den tieferen psychologischen Herausforderungen im Zusammenhang mit der Armut – Angst, Depression, schlechter Lebenswandel, geringe Selbstachtung, soziale Unsicherheit –, sind eine erhebliche emotionale Belastung für jeden. Diese Belastung kann die menschliche Fähigkeit zu Mitgefühl, Toleranz und Mitleid einschränken und macht viele Leute wütend, erregt, missgünstig, verängstigt. Jetzt, mit dem Anwachsen von Fremdenfeindlichkeit und Rassismus und einer rhetorischen Dauerbeschallung, die diese Vorurteile nur weiter schürt, ist es nicht schwer zu erkennen, worauf viele, die unter diesen Bedingungen leben, fälschlicherweise ihren Zorn gerichtet haben. Genau das passiert in einer Gemeinde ohne Zentrum.

23

Haus ohne Halt

Armut drückt sich nicht nur im Verhalten und im Lebenswandel der Armen aus, sondern auch in ihren sozialen Haltungen. Apathie ist eine davon. Skepsis gegenüber den Behörden und öffentlichen Institutionen eine andere. Die Leute wachsen in Haushalten auf, in denen niemand daran glaubt, dass sich etwas verändern lässt, und bis sie erwachsen werden, haben sie diesen Glauben längst verinnerlicht. Die Apathie der Armen ist in politischer Hinsicht so offensichtlich, dass sie nicht ohne Folgen bleibt: Die politischen Köpfe richten ihre Parteiprogramme eher auf diejenigen aus, bei denen eine Teilhabe wahrscheinlich ist. So entsteht ein Teufelskreis, in dem die Interessen derjenigen, die nicht teilhaben, nicht berücksichtigt werden, was zu noch stärkerer Apathie führt. Nur hin und wieder, wenn das Fass überzulaufen droht, spuckt die soziale Benachteiligung ein Gegengift zur Apathie aus.

Es ist eine der Paradoxien der Armut: Je schwieriger die Lage wird, desto belastbarer werden einige. Die Kultur des Widerstands wird geschmiedet auf dem Amboss der sozialen Benachteiligung, und für jeden, der infolge der Armut verkümmert, wird ein anderer zielstrebiger und entschlossener. Soziale Benachteiligung kann Gemeinden auseinanderreißen, aber sie kann sie auch neu beleben, weil sie die Leute dazu nötigt, zusammenzuarbeiten, neue Lösungen für ihre gemeinsamen Probleme zu finden.

Der Anstieg der Tafeln, der *Food Banks,* wie sie in Großbritannien heißen, versinnbildlicht dieses Phänomen. Einerseits ist es moralisch ungeheuerlich, dass in einem so unbestreitbar wohlhabenden Land Menschen zur Tafel gehen müssen, um ihre Kinder zu ernähren. Aber genau diese Tafeln sind nicht nur reine Zweckgemeinschaften der Wohltätigkeit, sondern wurden auch zu Einflussbereichen, in deren Umkreis die Leute sich engagieren und organisieren. Es ist eine unbequeme Wahrheit der Armut und des Lebens im Allgemeinen: Der Überlebenskampf zwingt uns zur Selbstentwicklung. Nach fast einem Jahrzehnt der Austerität tut sich etwas in den Siedlungen, Hochhäusern und Wohnanlagen im Westen. Welchen Ausgang die Sache nehmen wird, ist noch nicht klar, aber es läuft eine Schlacht um die Seele der Arbeitergemeinschaften. Die Leute fangen an, sich zu organisieren, und wie in Pollok in den 1990er-Jahren sind die Anführer keine normalen Politiker, sondern wirkliche Ortsansässige, die sich ungeachtet des politischen Establishments zusammentun. Castlemilk ist ein Bezirk im Süden Glasgows, der in den 1950er-Jahren als »Sozialwohnsiedlung« gebaut wurde. Aber wie wir wissen, wurde das wohlmeinende Versprechen der Sozialwohnsiedlungen nie erfüllt. Die Wut und die Skepsis, die sich in Gemeinden wie Castlemilk im Lauf der Jahrzehnte aufbauten, nicht nur wegen der schlechten sozialen Bedingungen, sondern auch wegen der mangelnden

Gelegenheit, ihnen zu entfliehen, wurde zu einer volatilen Energie im Spannungsverhältnis zwischen Wut und Apathie. Viele der Bewegungen wurden zu politisieren versucht, da man hoffte, sie bei den Wahlen nutzen zu können. Das plötzliche Interesse an der täglichen Misere der »Arbeiterklasse«, der »Unterschicht« oder der »Armen« scheint im Vorlauf von Wahlen (oder einem Referendum) immer seinen Höhepunkt zu erreichen. Dieses Interesse vergeht sehr schnell wieder. Sind die Politiker erst einmal an der Macht, ziehen sie sich in ihre privilegierten politischen Sphären zurück. Dies bleibt nicht unbemerkt von den Ortsansässigen, denen die Politiker ja oft insgeheim die notwendige Erfahrung und Raffinesse absprechen, politisch sinnvoll zu agieren.

»Ich bin keine Politikerin«, sagt Cathy Milligan, eine 53-jährige Lokalaktivistin, die in Castlemilk aufwuchs. Cathy war unabhängige Kandidatin bei der letzten Kommunalwahl. Sie gründete, zusammen mit einigen anderen, im Jahr 2014 Castlemilk Against Austerity (CAA). Dass Cathy keine Politikerin ist, ist derzeit ihr größter Pluspunkt; wie lange das noch so bleiben wird, kann niemand genau sagen. In Gemeinden wie den unseren haben Politiker kein großes Ansehen. Cathy ist so schlau, sich gegen die Klassifikation als »Politikerin« zu wehren, so wie Joe in The Barn den Begriff »Manager« zurückwies – beide wissen, dass diese Begriffe nur Argwohn und Skepsis wecken. Im Augenblick ist Cathy eine Frau des Volkes. Sie ist nicht nur ständig in der Gegend unterwegs, sondern beherrscht auch die lokale Sprache und die Gebräuche des Viertels, die von vielen der Politiker als derb, vulgär, beleidigend und schmähend empfunden werden. Vor allem von Politikern, die nur mal kurz vorbeischauen, um ein wenig politisches Kapital zu schlagen. Cathy hat ein gutes Gespür, nicht nur für die alltäglichen Anliegen der Anwohner, sondern auch dafür, wie die Leute diese Anliegen formulieren und wie die unterschiedlichen Probleme der Gemeinde sich in Ausbrüchen von Apathie, Wut und zunehmend auch Rassismus und Fremdenfeindlichkeit ausdrücken können.

»Die Wurzel des Rassismus ist die Austerität«, sagt Cathy ganz eindeutig. »Sozialhilfeempfänger wenden sich gegen andere Sozialhilfeempfänger. Wenn du mit dem Rücken zur Wand stehst, kommen deine schlimmsten Eigenschaften zum Vorschein. Als menschliche Wesen wissen wir, wie wir füreinander da sein können. Aber Ökonomie der Austerität beendet jedes soziale Miteinander. Wir beziehen Prügel; wir kämpfen um unser Leben.«

»Ums Leben kämpfen« – das ist keine Übertreibung. Für viele in Castlemilk wird die Armut am Ende zumindest indirekt den Tod bedeuten. Was Cathy so einnehmend macht, ist die Tatsache, dass sie ihre Intelligenz nicht allein nutzt, um die örtliche Wut für ihre eigenen Zwecke zu kanalisieren. Stattdessen zeigt Cathy sich einfühlsam und fürsorglich. Sie ermutigt die Leute, den Glauben an sich selbst wiederzufinden und Verantwortung zu übernehmen für den Erhalt der eigenen Gemeinde. Cathy erkennt, dass die entsprechenden Fähigkeiten in der Gemeinde sowohl emotional wie sozial nur wenig ausgeprägt sind und dass es echte Veränderungen nur geben wird, wenn die Leute aktiver, engagierter und belastbarer werden. Bei dieser Belastbarkeit geht es nicht nur um den Glauben an die politische Teilhabe, sondern auch darum, der Versuchung zu widerstehen, den üblichen Sündenböcken wie den Immigranten und Drogensüchtigen die Schuld an der Armut zuzuschieben. Cathy findet sich mit der Tatsache ab, dass die Ära der Austerität womöglich noch für viele Jahre andauern wird, besteht aber darauf, dass die Leute Farbe bekennen und sich nicht nur als hilflose Opfer sehen. »Wir sagen nicht, dass wir auf alles eine Antwort haben. Aber wir sind schlau genug, die Antworten zu finden. Wir glauben aneinander, und wir glauben an die Gemeinschaft.«

In nur einem Monat organisierte CAA eine Vielzahl von Kampagnen und Veranstaltungen, die sich den Bedürfnissen und Wünschen der Gemeinde widmeten. In Castlemilk versteht man, dass mehr nötig ist als das ewige Gejammer über den »konservativen Abschaum«, um eine Veränderung im Denken zu bewirken, die nötig ist, um die Gemeinde zu sanieren. Ob es nun Programme zur Nahrungsmittelverteilung sind, die darauf abzielen, das soziale Stigma der Nahrungsarmut zu reduzieren, ob Broschüren gegen Rassismus und Fremdenfeindlichkeit verteilt oder Seminare zu den Auswirkungen von Mobbing organisiert werden, CAA stürmt voran ohne Rücksicht auf die Interessen der politischen Parteien oder Aktivisten, die bei den Anti-Trump-Veranstaltungen um ihre Logenplätze kämpfen. Ganz offensichtlich ist jeder willkommen.

Tatsächlich wird das Gerede über Trump und den Brexit hier als Ablenkung betrachtet. Bei einer Aufführung von Ken Loachs preisgekröntem Film *Ich, Daniel Blake* gab mir der Glasgower Dichter und Aktivist Robert Fullertone – der die Art von Gedichten schreibt, die man in keinem Schulbuch findet – sprichwörtlich eins hinter die Löffel, weil ich bei einer Podiumsdiskussion Donald Trump erwähnte. »Bist du da draußen, Trump?«, rief er, zur Tür gewandt. »Komm doch rein!« Vielleicht meinte er den Scherz in Anspielung auf die

Rolle des dauergebräunten Egomanen als Buhmann für radikale Sozialisten und linksradikale Gruppen. Solche Gruppen müssen seit einigen Jahren darum kämpfen, sich Gehör zu verschaffen, da das Gewebe der Gesellschaft immer deutlicher nationalistische Falten wirft. Aber die Kundgebungen und Aktionen, die sie veranstalten, um die Moral der Gesellschaft zu verbessern, haben genau in der Arbeiterklasse, die diese Gruppen zu mobilisieren hoffen, nur Zynismus und Gereiztheit hervorgerufen. Die Linken werden nicht mehr ausschließlich als die Guten gesehen. Fullertone, ein sprachgewandter Redner, wie man ihn selten findet, glaubt, dass die Fixierung auf Trump und den Brexit nur von dem Kampf ablenkt, der tatsächlich im Viertel stattfindet.

Während viele der Linken – die inzwischen die liberalen Institutionen der Künste, der Medien, des öffentlichen Dienstes und der gemeinnützigen Organisationen dominieren – nur in der Lage zu sein scheinen, der konservativen Rechten die Schuld an allem zu geben, haben einige in den Gemeinden wie Castlemilk die Nase von den Linken ebenso voll wie von allen anderen. Aber neben dieser nach außen gerichteten Wut auf das System, auf alle, von denen die Leute sich ignoriert oder im Stich gelassen fühlen, gibt es hier auch eine deutliche Tendenz zur Selbstanalyse.

Dieser Drang, nicht nur alle anderen, sondern auch sich selbst in Frage zu stellen, ist nicht nur bewundernswert, sondern zudem extrem praxisnah. Die Leute begreifen, dass sie die eigene Apathie vergrößern, solange sie die Schuld an ihren Lebensumständen stets auf andere abschieben, und dass sie damit ihre eigene Handlungsmacht an die Opportunisten übergeben. Castlemilk Against Austerity ist zwar weiterhin fest davon überzeugt, dass die Austeritätspolitik den Anwohnern das Leben schwerer macht, aber man bastelt nicht länger am »Wir sind arm«-Klischee. Stattdessen organisiert CAA nicht nur den Widerstand gegen das System, sondern fordert auch die Gemeinde auf, die eigenen Unzulänglichkeiten und irrigen Überzeugungen zu überprüfen. Ob es darum geht, dass die Schuld für die sozialen Probleme auf die Immigranten abgewälzt wird, oder darum, dass viele den Wunsch nach Wandel äußern, aber die Hände immer nur in den Schoß legen, CAA steht in vorderster Linie, wenn es darum geht, die eigenen Fehler und Vorurteile zu benennen.

Bei einer Rede vor vollem Saal in Kinning Park nahm Fullertone kein Blatt vor den Mund. »Das Problem mit der Politik ist im Augenblick, dass niemand von uns daran beteiligt ist. Es reicht nicht, nach dieser Veranstaltung auf die Straße zu gehen und sich für das zu begeistern, was auf der Bühne gesagt worden ist. Man muss selbst etwas tun. Mich bringt heute Abend mein Rücken um, ich habe mein Inhalierspray verloren und kriege schlecht Luft, aber das hält mich nicht davon ab, mit langsamen Schritten dorthin zu gehen, wo der Kampf tobt.«

Der Kampf wird direkt vor seiner Tür ausgetragen, in seiner Straße, bei ihm zu Hause. In diesen Gemeinden findet man die wahren Fußsoldaten im Kampf gegen die rechtsextremen Ideen. Es ist ein bisschen riskanter, einem Rassisten wirklich die Stirn zu bieten, als wenn man nur einen Blog schreibt oder einen missbilligenden Tweet verfasst. Auf der Straße im Viertel kann man sich wirklich in Gefahr begeben, nicht nur, indem man den Rassisten entgegentritt, sondern indem man dabei konsequent sichtbar bleibt. Hier an der Basis reicht es nicht, in den sozialen Medien eine Hexenjagd auf jene Leute zu entfachen, die sich unanständig verhalten. In Castlemilk und vergleichbaren Vierteln ist es keine Alternative, die entsprechenden Leute nur zu verurteilen. Hier ist der Krieg der Ideen dreckig und derb und manchmal schockierend. Die Leute hier legen ihre Differenzen auf eine Art bei, die in keiner Schule gelehrt wird. Robert Fullertone beherrscht den Saal, nicht nur als Redner, sondern auch als Honoratior, Weiser und als Führer. Aber in politischen Kreisen oder Aktivistengruppen mit gehobener Gesprächskultur gilt Robert oftmals als ein bisschen vulgär, ungehobelt oder – mein persönlicher Favorit – als zu wütend.

Er spricht eine kraftvolle, von Herzen kommende Sprache, die einem in die Eingeweide fährt. Er kann auf eine Art mit Worten umgehen, die Politiker quer durchs Spektrum vergeblich zu imitieren suchten. CAA, die ein Crowdfunding initiierten, um bescheidene 1000 Pfund für die Kommunalwahlen aufzubringen, dürften von diversen Teilen der Öffentlichkeit noch immer niedergeschrien oder verhöhnt werden. Die Rassisten werden Cathy vorwerfen, dass sie die Verbrechen von Immigranten rechtfertigt, die weder Mitgefühl noch Hilfe verdienen, da doch so viele »Einheimische« ums Überleben zu kämpfen haben. Andere werden ihren Versuch, die politische Arena zu betreten, als Ablenkung von einer sinnvollen Betätigung betrachten, ob nun parteipolitisch oder nationalistisch. Und der Rest wird zu dem Schluss kommen, dass jedes Engagement nur eine Verschwendung von Zeit und Energie ist, weil sich sowieso nie etwas ändert.

Ich glaube, angesichts der schieren Macht von Cathys und Roberts Botschaft, bei der es nicht nur um den Kampf gegen das System, sondern auch um die Infragestellung der eigenen Person und der eigenen Gemeinde geht, werden diejenigen, die sie verhöhnen wollen, irgendwann die Köpfe einziehen, um keine Blicke auf sich selbst zu ziehen. Bei uns im Viertel ist das Leben sehr real; die Leute können einen allein mit ihren Blicken in die Schranken weisen. Wenn öffentliche Leistungen beschnitten werden und die Apathie wächst, während in politischen Kreisen die Debatte endlos weitergeht, sind es Leute wie Cathy und Robert mit ihrer Weigerung, den Kopf einzuziehen und sich als Opfer abstempeln zu lassen, die den Leuten zeigen, dass es noch eine andere Art zu leben gibt.

Sie werden zum neuen Mittelpunkt der Gemeinde. Leider hat nicht jede Gemeinde eine Cathy oder einen Robert, um die Leere zu füllen.

24

Warten auf die Barbaren

Wenn man eine starke Abneigung gegen jemanden hegt, wird alles, was derjenige sagt oder tut, ein Ärgernis. Hat man sich erst einmal entschieden, entweder aufgrund von Dingen, die man gelesen oder von anderen erfahren hat, oder aufgrund einer direkten Begegnung mit dem Betroffenen, dass man denjenigen nicht länger ertragen kann, dann fängt man unbewusst an, Argumente gegen diese Person zu sammeln. Es muss nicht unbedingt eine Person sein, manchmal ist es ein Ort, eine Institution, eine Idee oder eine Überzeugung. Was das Objekt der Verärgerung auch sein mag, man wird immer gemeinsame Sache machen mit anderen, die zu einem ähnlichen Schluss gekommen sind. Wer hingegen Sympathie, Solidarität oder Unterstützung für den Gegenstand der Verachtung zu zeigen scheint, verliert jeden Respekt und wird als Fortsatz des Dings, das man zu hassen gelernt hat, neu eingestuft. Das ist die emotionale Realität, in der ein Großteil der gegenwärtigen politischen Debatte verwurzelt ist. Bedenkt man das Ausmaß des Misstrauens, das quer durchs politische Spektrum in den Diskussionen zu praktisch jedem Thema gezeigt wird, ist es ein bisschen absurd, so zu tun, als wären es nur Rassisten und Fremdenfeinde, die gewisse Teile der Bevölkerung auf unfaire Weise dehumanisieren. In meiner Jugend habe ich Konservative als »Abschaum« bezeichnet, ohne etwas vom real existierenden, breiten Spektrum der konservativen Meinungen zu wissen. Andere in meinem Viertel behaupten, »alle Bullen sind Schweine« – auch die Polizisten, die auf messerschwingende Terroristen zulaufen, um die Bevölkerung zu schützen. Von früh an werden uns die in unserem Umfeld üblichen Stammesgebräuche eingeimpft, wir übernehmen sie, ohne lange zu überlegen, und halten sie später fälschlicherweise für unsere eigenen.

Das größte Merkmal des Tribalismus, der inzwischen unsere Kultur prägt, ist der Glaube an die Legitimität unserer eigenen Ressentiments. Wir sehen uns selbst als komplexe Denker, die durch sorgfältiges Überlegen zu ihren Schlussfolgerungen kommen, und wir glauben, dass alle, die anderer Meinung sind, von Dummheit und Vorurteilen getrieben sind. Komischerweise übersehen wir, dass unser Denkprozess fast identisch ist mit dem der anderen, mal abgesehen von der moralischen Überlegenheit unserer jeweiligen Ziele. Der Glaube an den Wert unserer Heuchelei ist eine der wenigen Dinge, die wir alle in dieser zunehmend zersplitterten Gesellschaft gemeinsam haben.

Erst kürzlich habe ich erleben dürfen, wohin diese Art zu denken führen kann. Ich besuchte eine Förderschule in Schottland, in die man mich eingeladen hatte, um mit Teenagern zu arbeiten, mit denen die Sozialarbeiter nicht zurechtkamen. Die Jungs hatten sich geweigert, sich an den Unterrichtsaufgaben zu beteiligen, und scrollten stattdessen stur durch ihre Handys.

Diese Schule, eines von den vielen »Projekten« in Glasgow, ist für junge Leute gedacht, deren zu fördernder »zusätzlicher Bedarf« körperliche Aspekte haben darf, Lernprobleme wie Legasthenie, stressinduzierte Zustände wie ADHS, die Benutzung eines Rollstuhls. Meine heutige Aufgabe besteht darin, zwei Jungs zu »motivieren«, die auf bestem Weg in die komplette soziale Isolation sind.

Die Stimmung im Raum ist schal. Jeder verhält sich seinem Klischee entsprechend: Die Jungs sind streitlustig, die Lehrer greifen auf die Sprache des Zuchtmeisters zurück. Ich bin hier, um etwas Leben in die Bude zu bringen, habe allerdings grässliche Laune.

Ein Umzug und mehrere Jobs gleichzeitig, dazu versuche ich, mein Buch abzuschließen, das ist alles nicht ganz unstressig. Ich habe kaum geschlafen, mein Bauch fühlt sich an wie eine Waschmaschine voller Beschwerdeschreiben, die einen gerechtfertigt, die anderen haltlos. Seit zwei Wochen träume ich insgeheim davon, Drogen einzuwerfen. Die Erinnerung daran, dass ich ein Süchtiger bin, wirkt sehr weit weg. Fast wie ein Traum. Es sind Erinnerungen, bei denen ich in nüchternem Zustand normalerweise erschaudere, wie ich saufend im Bus sitze oder in einem Abfallkorb nach Zigarettenkippen suche. Jetzt gerade wärmen sie mir in einem Anfall von Nostalgie das Herz. Es ist der gleiche Selbsttäuschungsprozess, der mich vor ein paar Stunden in einen McDonald's getrieben hat, oder gestern Abend auf eine Porno-Seite, derselbe Mechanismus, der mich heute Morgen hat Süßigkeiten in die Tasche stopfen lassen. Das Gefühl emotionalen Unbehagens erzeugt einen Drang, dem ich nur schwer widerstehen kann. Ich denke über die sehr reale Möglichkeit eines Rückfalls nach.

Ich bin total gestresst, müde, wütend, ich habe absolut keinen Bock und weiß deshalb genau, was diese Jungs durchmachen. Meine Fähigkeit, mich ganz in die Arbeit einzubringen, nicht nur als Profi, ist der Grund, warum ich auf so schwierige Leute wie diese jungen Männer gut eingehen kann. Um eine Beziehung aufzubauen, bitte ich sie zunächst, eine Gedankenkarte zu zeichnen – ein Netzdiagramm, eine Ideensammlung. Da ich nicht viel über sie weiß, schlage ich ein Thema vor, über das sie wahrscheinlich einigermaßen Bescheid wissen: Glasgow, die Stadt, in der sie leben.

»Was für ein Drecksloch«, sagt der eine und gibt damit die Standardantwort von Kindern seines Alters, die ihre eigenen Gemeinden als dysfunktional, dreckig und kaputt empfinden.

»Überall Junkies«, sagt der andere.

»Was ärgert euch an Glasgow sonst noch?«, frage ich.

»Sie kommen her und nehmen die Jobs und Häuser, obwohl wir schon genug Obdachlose auf der Straße haben.«

»Sie vergewaltigen Leute.«

»Sie sollten nicht in ihrer eigenen Sprache reden dürfen.«

»Anstatt vor dem Krieg davonzulaufen, sollten sie vielleicht in ihren eigenen Ländern bleiben und kämpfen?«

»Wenn sie Großbritannien hassen, warum kommen sie dann überhaupt her?«

Innerhalb von zwei Minuten kommt Leben in diese normalerweise stummen, unansprechbaren, passiv-aggressiven Jungs. Sie zeigen mir ein Thema, das ihnen nicht nur unter den Nägeln brennt, sondern bei dem sie auch glauben, sich wirklich auszukennen. Es ist nur ein bisschen schade, dass sie Rassisten sind.

Dergleichen rassistische Ansichten, die oft von zu Hause übernommen werden, werden nicht selten bis ins Erwachsenenalter mitgeschleift und dann an die nächste Generation weitergegeben. Was der Grund dafür ist, dass viele Angst haben, auch nur die kleinsten Zugeständnisse zu machen an diese Leute und ihre »legitimen« Sorgen in Bezug auf die Einwanderung.

25

Der nackte Affe

Nicht jeder, der sich Sorgen wegen der Einwanderung macht, sollte automatisch als Rassist abgetan werden. Dies zu akzeptieren, könnte allerdings als Türöffner für die schlimmste Form der Fremdenfeindlichkeit gesehen werden. Es ist grundlegend, dass man die Ausdrucksformen des Rassismus nicht einfach übernimmt, sondern zu seinen wahren Ursachen vorstößt, weshalb ich im Folgenden skizzieren möchte, wie man der Anti-Immigrations-Stimmung vielleicht entgegentreten könnte. Zunächst einmal muss die rassistische Komponente in jeder Anti-Einwanderungs-Kampagne selbstverständlich angegangen und verurteilt werden. Dennoch bedeutet die Beschäftigung mit einem so komplexen sozialen Problem, dass man sich mit Wahrheiten auseinandersetzt, die einige als unappetitlich betrachten, und die psychosozialen Triebfedern untersucht, die rassistische Ansichten untermauern können.

Die Ansicht, dass jeder, der sich Sorgen wegen der Einwanderung macht, schlecht informiert, rassistisch oder dumm sei, ist kontraproduktiv. Ich zum Beispiel finde das

Wort »Junkie« ziemlich anstößig, aber wenn ich beschließen würde, nicht auf die Meinung von jemandem zu hören, der das Wort benutzt, würde ich mir erhebliche Probleme schaffen – vor allem, wenn es mein Ziel ist, den Dialog zu diesem Thema zu verbessern. Manchmal müssen wir uns, sosehr es auch schmerzt, an die Realität anpassen, bevor wir versuchen können, sie zu ändern. Anderen Menschen unsere Werte aufzwingen zu wollen, in der Hoffnung, sie zu unserem Denken zu bekehren, ist nicht nur naiv, es ist aussichtslos.

Ein solches Vorgehen ist vor allem dann zum Scheitern verurteilt, wenn man es mit deutlich unterschiedlichen Erfahrungswerten zu tun hat – die Person, die wir als Rassisten bezeichnen, ist in der Realität seiner eigenen moralischen Welt ebenso fest verwurzelt wie wir in der unseren. Nur um eins klarzustellen: Ich will nicht behaupten, dass es eine automatische moralische Gleichwertigkeit zweier einander gegenläufiger Ansichten gibt. Ich meine bloß, dass die Leute aufgrund ihrer Herkunft und ihrer Erziehung dazu neigen, an ihren Überzeugungen festzuhalten, ganz unabhängig vom Wahrheitsgehalt dieser Überzeugungen. Deshalb wird auch die Angst, außerhalb der eigenen Gemeinschaft öffentlich bloßgestellt oder verurteilt zu werden, kaum jemanden dazu bringen, seine Meinung zu ändern. Zusätzlich ist es sehr wahrscheinlich, dass eine Vorverurteilung dieser Leute Argwohn und Skepsis hervorruft – Gefühle, die jede Möglichkeit zum Dialog verengen. Moralische Entrüstung und Verurteilung, so gerechtfertigt sie sein mögen, sind meistens Energieverschwendung, wenn man damit jemanden zu einer Meinungsänderung bewegen will. Für mich besteht im Umgang mit diesen moralischen Grenzen die wahre Herausforderung, wenn es um Immigration als politisches Streitthema geht.

Die Frage, an welchem Punkt die Debatte zusammenbricht, wird mit forensischer Detailgenauigkeit von dem amerikanischen Wissenschaftler und Psychologen Jonathan Haidt in seinem Buch *The Righteous Mind: Why Good People are Divided by Politics and Religion* analysiert. (Sinngemäß: »Der rechtschaffene Geist: Warum gute Menschen von Politik und Religion entzweit werden.«) Seine Untersuchung des Wechselspiels zwischen Biologie, Neurologie, Evolution und Psychologie legt nahe, dass man sich bei der Suche nach dem gemeinsamen Nenner gegnerischer politischer Lager bewusst machen muss, bis zu welchem Ausmaß der Instinkt die Politik antreibt. Er argumentiert, dass wir eine Debatte oft für unlösbar halten, weil wir andere Meinungen zu schnell abtun oder dämonisieren. Reaktionen des Abscheus und der Empörung sowie der soziale Druck, den wir erleben, weil wir einem politischen Dogma entsprechen wollen, machen es eher unwahrscheinlich, dass wir einer gegensätzlichen Meinung die volle Beachtung schenken. Damit machen wir uns vielleicht bei unserem eigenen politischen Stamm beliebt und schärfen unsere Selbsteinschätzung, provozieren aber auch einen Zusammenbruch des Dialogs oder einen noch ernsteren Konflikt. Wenn wir die Kluft der Verständnislosigkeit überbrücken und die scheinbar unversöhnlichen politischen und kulturellen Unterschiede überwinden wollen, dann hält Haidt es für unverzichtbar, dass wir die moralische Vielfalt anerkennen und die Dialogkanäle offen halten. Er schreibt:

»Wenn man, bei einem moralischen oder politischen Thema, die Meinung des anderen wirklich ändern will, muss man die Dinge nicht nur aus der eigenen, sondern auch aus der Perspektive der anderen Person sehen. Und

> wenn man sie dann wirklich so sieht wie der andere – tief und intuitiv –, merkt man vielleicht, dass sich das eigene Denken in der Reaktion darauf öffnet […] Empathie ist ein Gegenmittel zur Selbstgerechtigkeit, auch wenn es schwer ist, über eine moralische Kluft hinweg Empathie zu empfinden.«

Deshalb müssen wir, wenn wir Rassismus und Fremdenfeindlichkeit wirklich angehen und entkräften wollen, das Arsenal unserer Werkzeuge erweitern. Die Kampagne der Bloßstellung hat versagt. Toleranz, Vielfalt und Inklusion erfordern eine Komponente stärkerer emotionaler Intelligenz. Es gibt eine neue emotionale Realität, die wir in unseren Horizont integrieren müssen, wenn wir das Problem wirklich angehen und nicht nur eindämmen wollen. Die Realität ist, dass die Armut so schlimm ist, dass sie das Denken, die Gefühle und das Verhalten der Leute beeinflusst, weshalb nun ein Großteil dieser Anti-Einwanderungs-Stimmung (jedoch nicht ausschließlich) in den verarmten Vierteln beheimatet ist. Zugegeben, der öffentliche Widerstand und die Zensur haben die übelsten Auswüchse vielleicht unterdrücken können und so den Eindruck erweckt, das Problem wäre nicht mehr vorhanden. Das Thema wird jedoch in noch deutlicherer Form in nächster Zukunft wiederauftauchen.

Wie wir wissen, ist nicht jeder zu einer selbstkritischen Haltung bereit, aber diejenigen von uns, die es sind, haben keine Wahl: Wir müssen aus diesem Blickwinkel agieren – auch auf das Risiko hin, vom eigenen Stamm kritisiert oder ausgestoßen zu werden. Jeder muss die Freiheit haben, den eigenen moralischen Richtlinien zu folgen, aber wichtig ist auch, dass es für diejenigen, die das möchten, erlaubt sein muss, den Graubereich zwischen den scheinbar schwarzen und weißen moralischen Fragen zu erkunden.

Wir sollten uns nicht zu Werturteilen verleiten lassen, die allein auf der Sprache der Leute basieren; wenn jemand etwas sagt, das vermeintlich auf eine rassistische Haltung hindeutet, müssen mehrere Faktoren berücksichtigt werden, bevor man einen Menschen wirklich als Rassisten abtun kann. Wenn jemand seiner Meinung ein »Ich bin kein Rassist, aber …« vorausschickt, dann sagt er vielleicht die Wahrheit. Man muss den sozialen und kulturellen Kontext sowie die persönlichen Umstände berücksichtigen. Nehmen wir die beiden Jungs, die ich im vorherigen Kapitel erwähnt habe. Hätte eine Verurteilung durch mich wirklich irgendetwas bewirkt, abgesehen davon, dass ich jeden späteren Dialog unmöglich gemacht hätte? Was hätte ich erreicht, wenn ich diese Jungs als Rassisten beschimpft hätte – zumal ich von ihnen nicht als moralische Autorität akzeptiert wurde und es für sie kein Problem gewesen wäre, von mir als Rassist bezeichnet zu werden?

Das Bemühen um eine Differenzierung verschiedener Arten des Anti-Einwanderungsgefühls ist keine Entscheidungssache, es ist eine praktische Dringlichkeit – und hat nichts mit der Rechtfertigung regressiver sozialer Einstellungen oder einer Billigung rassistischer Ansichten zu tun. Es geht ganz im Gegenteil darum, sich ernsthaft und robust zu engagieren. Geduld, Toleranz und kulturelle Differenziertheit sind ebenso nötig wie eine harte moralische Linie. Das bedeutet, dass wir uns zeitweilig von unserem eigenen Gefühl, was richtig ist und was falsch, frei machen und uns der moralischen Logik von Leuten, mit denen wir nicht übereinstimmen, öffnen müssen.

Meiner Erfahrung nach kommen viele Leute zu als rassistisch charakterisierbaren Schlussfolgerungen, weil sie die entsprechende Erziehung genossen haben oder die Einzigen, die ihnen zuhören wollen, zufälligerweise Fanatiker sind. Das heißt aber nicht, dass man diese Leute nicht vom Gegenteil ihrer derzeitigen Meinung überzeugen kann – es müssen nur die Umstände stimmen. Jemanden als Rassisten abzustempeln, impliziert, dass derjenige unrettbar verloren ist, ohne jede Zukunft, ein hoffnungsloser Fall. Ein so unverblümter Schuldspruch birgt das Risiko, das Gefühl des Ausgeschlossenseins zu verstärken, das die Leute in die Arme der extremen Rechten treibt. Im Fall der beiden Jungs in der Förderschule wäre eine solche Verurteilung so sinnvoll gewesen, als würde man einem Stück Obst eine Zeitung vorlesen. Ich glaube, dass in jedem Kontext eine differenzierte Herangehensweise an die immigrationskritische Haltung nötig ist und dass jeder Mensch eine differenzierte Betrachtung verdient, bevor man ihn in den Mülleimer zu den anderen Erbärmlichen wirft.

Manchmal fühlen sich die Leute von rechtslastigen Gestalten wie Donald Trump und Nigel Farage angezogen, weil sie das Gefühl haben, endlich gehört zu werden; sie haben das Gefühl, es jenen heimzahlen zu können, von denen sie sich im Stich gelassen und ausgegrenzt fühlen. Manchmal überwiegt der Drang zur Vergeltung alle anderen Anliegen. Parallel dazu zeigt in der westlichen Welt die Tatsache, dass Einwanderung ein allgemeingesellschaftliches Problem ist, in gewissen Kreisen wenig Wirkung. Viele aus dem linken Spektrum glauben, dass auch nur das kleinste Zugeständnis an die immigrationskritischen Forderungen dem Faschismus die Tür öffnen wird. Andere beteiligen sich an einer Kampagne der Leugnung und Verschleierung, was die Fakten der Einwanderung angeht. Die Leute, die nicht bereit sind, einige dieser unbequemen Wahrheiten auch nur zu diskutieren, fallen in zwei Lager: diejenigen, die wissen, dass es ein Problem gibt, es aber für gefährlich halten, es in den von der extremen Rechten besetzten Begriffen zu diskutieren, und diejenigen, die ernsthaft glauben, dass es kein Problem gibt und dass jeder, der etwas anderes sagt, ein Rassist ist.

Lassen Sie mich wiederholen: Die Bedrohung, die der rechtslastige Populismus darstellt, ist real. Aber die Behauptung, dass es keine legitimen Probleme mit der Einwanderung gibt, ist wenig zielführend und verkennt, wie sehr die Politik in der emotionalen Wirklichkeit der Leute verwurzelt ist.

Es ist kaum überraschend, dass die Leute, die sich für die Einwanderung aussprechen, normalerweise diejenigen sind, die tatsächlich auf irgendeine Art mit der Thematik zu tun haben. Es dient ihren persönlichen, professionellen und kulturellen Zwecken, die Vorzüge der Einwanderung hervorzuheben und von jeder Anti-Einwanderungs-Polemik abzuraten. Sie gehören Netzwerken und sozialen Kreisen an, die Einsichten in die Entscheidungsprozesse haben oder diese vielleicht sogar beeinflussen können. Gemeinnützige Organisationen, Aktivisten und Politiker, die Einwanderung begrüßen, beeilen sich, die »Nettogewinne« der Immigration hervorzuheben, ganz im Gegensatz zu jenen, denen diese Netzwerke verschlossen sind. Weiter unten in der wirtschaftlichen Hackordnung sind Nettogewinne selten zu spüren, sie sind deshalb kein überzeugendes Argument, sondern eher ein Ablenkungsmanöver.

Wie zuvor schon beschrieben, ist das Gefühl des Ausgeschlossenseins eine der Hauptursachen für die explosive Stimmung in der Gemeinde. In Bezug auf die Einwanderung tritt die extreme Rechte auf unterschiedliche Weise hervor, um von dem Vakuum zu profitieren, das die Linke durch ihre Weigerung, sich mit dem Problem zu befassen, hinterlassen hat.

Es ist keine Hexerei: Hört zu, und die Leute, die sich ignoriert fühlen, werden sich wieder mit Leidenschaft an der Diskussion und dem Leben im Viertel beteiligen. Leute, die es gewohnt sind, abgewiesen zu werden, werden schnell Vertrauen zu den Individuen, Bewegungen, Organisationen und politischen Parteien fassen, die sie miteinschließen. Dies erzeugt die soziale Elektrizität, die als positiver politischer Impuls genutzt werden kann. Wenn wir unsere Haltung zu den immigrationskritischen Gefühlen ändern und auf sie eingehen, werden viele erkennen, dass die Diskussionen einen Sinn haben, und sich von der extremen Rechten abwenden.

Rassismus existiert auf allen Ebenen der Gesellschaft. Es wäre falsch, etwas anderes zu behaupten oder anzudeuten, dass gewisse Leute aufgrund ihrer Armut aus der Verantwortung für ihre sozial regressive Haltung oder ihre Hassverbrechen entlassen werden könnten. Die Angst vor einer Legitimierung von Rassismus ist vollkommen berechtigt. Fanatiker, die ermutigt werden durch die in unserer Gesellschaft so sichtbaren sozialen Unterschiede, werden jede Gelegenheit nutzen, sich mehr Einfluss zu verschaffen. Wer aber die Ängste bezüglich der Immigration beiläufig abtut oder die unterschiedlichen Grade der zum Ausdruck gebrachten Befürchtungen und ihren größeren Kontext ignoriert, der riskiert, die Leute vom Diskurs über ihr eigenes Leben auszuschließen.

Ich weiß, dass ich vielleicht ein bisschen naiv oder arg optimistisch bin, aber mir fällt es sehr schwer, die Leute, die in benachteiligten Gegenden leben, als unrettbar abzuschreiben, nur weil sie einige der offensichtlichen Probleme in ihrer Gemeinde zur Sprache bringen. Ja, es ist falsch, dass die Leute die Einwanderer selbst zu Sündenböcken machen, aber es ist nicht falsch zuzugeben, dass die Einwanderungspolitik auf sozial benachteiligte Gemeinden problematische Auswirkungen haben kann. Dies einzugestehen nimmt einem Großteil der im Augenblick gegen die Linke gerichteten Kritik den Wind aus den Segeln, deren Haltung bei diesem Thema als hoffnungslos idealistisch kritisiert wird.

Wir müssen uns die Auswirkungen anschauen, die größere Immigrationsschübe auf benachteiligte Gemeinden haben, in denen psychosozialer Stress bereits endemisch ist. Wir können die sozialen Probleme nicht einfach einräumen oder ignorieren – je nachdem, wie sehr wir persönlich betroffen sind. Wenn wir akzeptieren können, dass Kriminalität oder chronische Krankheit oft ihre Wurzeln in der Armut haben, dann müssen wir ebenso zu akzeptieren bereit sein, dass andere sozial regressive Haltungen dieselbe Entstehungsgeschichte haben. Es ist wichtig, dass wir jene, die wir überzeugen oder tolerieren können, von den anderen abzugrenzen lernen, die wir wirklich bekämpfen müssen. Es geht nicht darum, den Rassisten einen Persilschein auszustellen; es geht darum, ihnen nirgendwo mehr eine Zuflucht zu bieten.

Einige der gefährdetsten Menschen, die vor Armut und Gewalt fliehen, finden sich nach ihrer Ankunft in Großbritannien in unseren verarmten und gewalttätigen Gemeinden wieder. In dem derzeitigen Strudel aus Überspitzungen, Schuldzuweisungen und gegenseitigen Vorwürfen ist es durchaus möglich, eine vernünftige Diskussion zu führen über die Ursachen und Wirkungen der Einwanderung und darüber, was wir alles besser machen können. Nicht zuletzt auch für die Einwanderer.

26

Schall und Wahn

Während das politische Spektrum immer weiter zersplittert und neue Allianzen entstehen, fallen viele Teile der ärmeren Gemeinden von der traditionellen Linken ab, obwohl diese sich prädestiniert fühlt, sie zu vertreten. Es ist eine Lücke entstanden, die skrupellos von rechten Gestalten besetzt wird, die sich der verwaisten Sprache des Klassenkampfes bedienen.

Ein großes Streitthema der Linken war immer der Bereich der »Identitätspolitik«.

In diesem Zusammenhang existieren einige aus den USA importierte Schlagworte. Eins davon ist die »Intersektionalität«, mit der beschrieben werden soll, wie Diskriminierungen wegen des Geschlechts, der Rasse oder der sexuellen Orientierung, aber auch Faktoren wie Religion oder Behinderungen sich auf Individuen und Gruppen auswirken. Die Intersektionalität ist eine von vielen Theorien, die sich unter dem Dach der »sozialen Gerechtigkeit« versammeln. Soziale Gerechtigkeit sollte eine Weiterentwicklung und Diversifizierung von Klassenpolitik sein, wobei sich ihr Geltungsbereich über die soziale Klasse hinaus auch auf Rasse, Geschlecht, etc. erstrecken sollte. Aber je wichtiger die Intersektionalität wurde, desto mehr wurde die Klassenanalyse vernachlässigt. Soziale Gerechtigkeit ist keine Klassenpolitik mehr, die breitere Schichten berücksichtigt, sondern wertet in der Ausprägung als Identitätspolitik die traditionelle klassenbasierte Analyse auf.

Im schottischen Online-Magazin *Bella Caledonia* spricht sich der Aktivist Henry Bell für die Intersektionalität aus. In seiner kurzen Polemik »In Defence of Identity Politics« (dt. etwa: »Zur Verteidigung der Identitätspolitik«) behauptet er, dass die Bevorzugung des Klassenkampfes die Subkulturen der gleichheitsgefährdenden Unterdrückung verdeckt und unterwandert und die Identitätspolitik trotz ihrer Unvollkommenheit die bestmögliche Gelegenheit bietet, einen inklusiven Dialog zu entwickeln. Bell schreibt:

> »Das mehr als ein Jahrhundert dauernde Beharren der Linken, dass der Klassenkampf entscheidender sei als jede andere Unterdrückung und dass seine Zerstörung zur Zerstörung dieser anderen Kontrollsysteme führen werde, verunsicherte die Mehrheit der Leute. Es war außerdem eine Lüge. Sie diente zum Erhalt rassistischer und patriarchalischer Strukturen in unserer eigenen Bewegung. Wenn wir uns die Privilegien und Unterdrückungen, die wir verkörpern, nicht eingestehen, werden wir nicht in der Lage sein, sie zu zerstören.«

Das Problem ist, dass Bell die Kritiker der Intersektionalität vor eine falsche Entscheidung stellt: Akzeptiert meine Sichtweise, oder kehrt zurück zum toxischen Machismo der Klassenpolitik des 20. Jahrhunderts. Ja, die Unterdrückung existiert, und es ist ebenso wahr, dass die Klassenpolitik so wie viele Lebensbereiche der westlichen Gesellschaft von weißen Männern beherrscht war. Aber die Identitätspolitik ist zu einem Synonym für eine Art des Aktivismus geworden, die viele Leute quer durch das politische Spektrum für illiberal, mäkelig und kontraproduktiv halten. Und ich gehöre dazu.

Man nehme einen der Hauptbestandteile der Identitätspolitik: die Kultur des Anprangerns. Unter Anprangern versteht man die Praxis, jemanden öffentlich zu rügen, normalerweise online. Das Anprangern wird manchmal begleitet von einem Keine-Plattform-Bieten, bei dem Organisationen und Institutionen gedrängt werden, gewisse Personen aus dem öffentlichen Diskurs zu verbannen. An sich schon zweifelhaft, neigen diese Methoden dazu, die Anliegen zu verschleiern, die sie angeblich unterstützen. Das Thema wird beleuchtet von dem in Toronto lebenden Autor Asam Ahmed in seinem Artikel »A Note on Call-Out Culture« (dt. etwa: »Ein Beitrag zur Kultur des Anprangerns«), veröffentlicht im März 2015 im Magazin *Briarpatch*. Ahmed schreibt:

> »Es ist keine Übertreibung zu sagen, dass es einen leichten Hang zum Totalitarismus nicht nur in der Kultur des Anprangerns gibt, sondern auch in der Art, wie in progressiven Gruppen definiert und kontrolliert wird, wer dazu gehört und wer nicht. Die entsprechenden Grenzen werden zumeist durch die Verwendung einer angemessenen Sprache und Terminologie errichtet – eine Sprache und Terminologie, die sich beständig verändert und bei der man kaum mithalten kann. In einem solchen Kontext ist es unmöglich, nicht irgendwann die falsche Formulierung

zu wählen. Und was passiert, wenn jemand andererseits diese Sprachen der Verantwortlichkeit perfekt beherrscht und gelernt hat, das eigene Handeln durch einen Rückgriff auf genau diese Sprachen zu rechtfertigen? Wie ziehen wir Leute zur Verantwortung, die Experten in der Verwendung anti-oppressiver Sprache zur Rechtfertigung des eigenen oppressiven Verhaltens sind? Wir haben kein Wort, um diese Art von perverser Machtausübung zu beschreiben, obwohl sie in progressiven Kreisen fast täglich vorkommt.«

Aktivistengemeinden, vor allem solche, die sich im universitären Umfeld entwickeln, bringen die Kritik an der Identitätspolitik oft mit der Leugnung zusammen, dass Unterdrückung und Ungleichheit überhaupt existieren. Das Hauptmerkmal der identitätspolitischen Herangehensweise an das Thema der sozialen Gerechtigkeit ist, dass sie sich hauptsächlich auf die Narrative von Opfer- und Minderheitsgruppen verlässt und daraus eine kulturelle Triebkraft zieht; ein Trojanisches Pferd, wenn man politische Ziele verfolgt. Jede Kritik an dieser Form von Aktivismus läuft Gefahr, als Angriff auf die Minderheitsgruppen oder Missbrauchsopfer umgedeutet zu werden. Eine Debatte wird unmöglich – was kein Zufall ist, sondern Absicht.

In »Why This Radical Leftist is Disillusioned by Leftist Culture« (dt. etwa: »Warum die radikale Linke von der linken Kultur enttäuscht ist«), betrachtet die Aktivistin Bailey Lemon das Thema aus der Perspektive einer linken Frau. Der Artikel fand ein breites Echo bei anderen Linken, die ihre eigenen Erfahrungen darin wiederfanden. Lemon schreibt:

»Ich habe keine Lust mehr auf die Cliquen und Hierarchien, auf die Gängelungen durch andere und das Machtgefälle zwischen Leuten, die behaupten, Freunde und Genossen zu sein. Ich bin erschöpft und traurig, weil jede Uneinigkeit oder Meinungsverschiedenheit im Aktivistenkreis zum Streit führt und manchmal zur Abwendung von gewissen Leuten, die als ›nicht mehr sicher‹ betrachtet werden, sowie zur öffentlichen Bloßstellung und Beschimpfung. Es ist ekelhaft, dass wir behaupten, eine neue Welt, eine neue Gesellschaft aufzubauen, eine neue Herangehensweise an die sozialen Probleme – aber wenn jemand einen Fehler macht oder etwas Falsches sagt und/oder tut, dann geben wir ihm nicht einmal die Chance, seine Sicht auf das Vorgefallene zu erklären. Der Prozess der Konfliktlösung selbst ist von Ideologie getrieben, nicht von der Bereitschaft, die Fakten zu verstehen. Tatsächlich hat man in den heutigen Aktivistenkreisen schon Glück, wenn man sich angemessen Zeit nehmen darf, um eine Sache zu verstehen. Gleichzeitig stehen alle unter Druck, müssen glauben, was man ihnen sagt, egal, was in einer gegebenen Situation wirklich passiert ist. Das hat mit Freiheit nichts mehr zu tun. Auch nicht mit sozialer Gerechtigkeit. Es ist daran nichts ›Progressives‹ oder ›Radikales‹.«

Wer glaubt, dass Identitätspolitik der einzige Weg ist, um eine inklusive Diskussion zu garantieren, der äußert sich ungern zu ihren schädlichen Tendenzen. Eher schreiben ihre Unterstützer jede Kritik den unzufriedenen, beleidigten, frauenfeindlichen weißen Männern zu, die es nicht ertragen, wenn man ihre Privilegien in Frage stellt. Dabei sprechen sie über die Köpfe zahlloser Frauen, Farbiger, Lesben, Schwuler und Trans-Menschen hinweg, die die Intersektionalität angeblich unterstützen soll. Jede Analyse fängt mit einer Privilegienkritik an und erklärt die Meinungen von Leuten, die widersprechen, für nichtig. Pathologische Übervereinfachung wird nicht nur ermutigt, sondern ist Vorschrift; die Verantwortung für die Missstände in der Gesellschaft wird, ohne Berücksichtigung der sozialen Herkunft, bei den »weißen Hetero-Männern« abgeladen, die als Personifizierungen von Macht und Privilegien gesehen werden.

Würde Intersektionalität auf der ganzen Linie angewendet, würden wir ein kompletteres Bild der Dynamik erhalten, die in unseren multikulturellen Gesellschaften im Spiel ist – darunter auch die übergreifenden Diskriminierungen, Vorurteile und Missbräuche, die zwischen den Minderheitengruppen selbst passieren. Als tabu oder anstößig betrachtet wird das Eingeständnis von Rassismus unter Lesben, Schwulen, Bi- und Transsexuellen, Homophobie unter Afro-Amerikanern, Diskussion der Transgender-Problematik in feministischen Gruppen, Unterwerfung von Frauen in muslimischen Gemeinden, häusliche Gewalt in lesbischen Beziehungen und Vernachlässigung oder Missbrauch von Kindern durch ihre Mütter. So wie die Kritik der weißen, männlichen Privilegien möglich ist, so sollte die Intersektionalität uns erlauben, das Phänomen der wohlhabenden Studenten an den westlichen Eliteuniversitäten besser zu verstehen – die zu kontrollieren versuchen, wie wir anderen denken und über unsere eigenen Erfahrungen sprechen, und dabei behaupten, für uns zu sprechen, obwohl sie uns aus dem Diskurs ausschließen. Stattdessen wird, sobald jemand auf Widersprüche oder Anomalien hinweist, von den Aktivisten ein ganzes Arsenal von abschätzigen oder verleumderischen Begriffen in Stellung gebracht, um jede Kritik abzuweisen und jede Diskussion abzuwürgen.

Aktivisten behaupten, dass bereits Worte eine Form der Gewalt sind, während sie sich selbst das Privileg zugestehen, alles zu tun, was zum Erreichen ihrer Ziele nötig ist. Akte der Einschüchterung, der Belästigung und der körperlichen Gewalt werden als heldenhafter Kampf bewertet. Jede Interaktion wird durch die intersektionale Brille gesehen und deshalb als Machtdynamik begriffen. Im Zustand höchster Erregung nach einem Shitstorm in den sozialen Medien denken diese Aktivisten oft nicht mehr an die menschlichen Folgen ihres Handelns. Sie haben keine Skrupel, ausgehend von Informationen aus zweiter Hand oder dem Klatsch aus den Sozialen Medien, den Ruf eines Menschen zu zerstören oder seinen Arbeitsplatz zu gefährden. Letztendlich ist diese Kultur, während sie alle anderen zur Rechenschaft zieht, selbst niemandem Rechenschaft schuldig.

Die schmerzhaften Erfahrungen der Opfer werden von diesen Aktivisten mittelbar kanalisiert und als politische Rammböcke verwendet. Unterdessen wird jede Art der Infragestellung gleichgesetzt mit der Gefährdung und möglichen Retraumatisierung verletzlicher Personen. Genau dies gibt der Intersektionalität ihre Durchschlagskraft. Ihr Diskussionsstil, auch wenn er viele Leute anzieht, entfremdet und lähmt andere und bringt sie zum Schweigen. Als Mittel zur Erkenntnis der Komplexität unserer unterschiedlichen Erfahrungen als Individuen und Gruppen ist sie zweifellos sehr nützlich. Als praktisches Werkzeug zur Motivation eines breiten Spektrums von Stimmen für eine offene Diskussion ist sie ein spektakulärer Missgriff. Genau die Angehörigen der verletzlichen und marginalisierten Gemeinschaften, die die Intersektionalität unterstützen soll, fühlen sich von ihrem Jargon potentiell abgestoßen und haben Angst, etwas zu sagen oder zu fragen, weil sie auf keinen Fall die falschen Begriffe benutzen und dann verurteilt und verstoßen werden wollen. Wenn sie wirklich den Mund aufmachen und eine Kritik formulieren, werden ihre Meinungen sehr wahrscheinlich abgetan als internalisierte, kulturelle Mythen, die von ihren Unterdrückern am Leben erhalten werden.

Privilegierte Gruppen ignorieren weiterhin, wie sehr ihre Sprache und ihr Verhalten die soziale Ausgrenzung verstärken und ihr kulturell exklusiver Diskurs die unteren Schichten ausgrenzt. Für viele ist der Begriff »Arbeiterklasse« ein Synonym für »weiß und männlich«, was es einfacher macht, das Thema Klasse kurzerhand abzutun – vor allem vor dem Hintergrund der jüngst erstarkten Alternativen Rechten. Weiße Männer aus der Unterschicht, von denen viele soziale Abgrenzung und Missbrauch erlitten haben, werden die Prügelknaben der privilegierten Studenten. Darüber hinaus behaupten Aktivisten, moralisch überlegen zu sein, weil sie angeblich die gelebte Erfahrung anderer ins Zentrum ihres Handelns stellen. Aber diese moralische Überlegenheit bezieht sich nur auf die gerade anerkannte In-Gruppe. Wenn man »draußen« ist, mit einer Meinung, die gerade nicht ins Bild passt, werden die eigenen Gefühle bedeutungslos, zum Gespött, und die eigene Erfahrung als Opfer von Missbrauch, Traumatisierung oder Unterdrückung wird zum Nebenschauplatz. Identitätspolitik in dieser aggressiven, zur Waffe instrumentalisierten und unkommunikativen Form überhöht selektiv die Erfahrungen, die ihre eigenen Belange rechtfertigen und aufrechterhalten, während sie andere Erfahrungen, die ihr nicht entsprechen, kleinredet oder verurteilt.

Von den Fürsprechern der Intersektionalität hören wir, dass der »Kapitalismus Unterdrückung und Privilegien produziert« und die Identitätspolitik der beste und radikalste Mechanismus ist, sich dem zu widersetzen. Im Gegenzug hat der hitzige Kampf um soziale Gerechtigkeit das volle Gewicht der amerikanischen Konzerne hinter sich. Die Identitätspolitik hätte unsere Kultur nicht so effektiv durchdringen können, hätten die Eliten sie als Bedrohung ihrer Interessen betrachtet. Dass sogar in globalen Marken wie *The Daily Show,* einer von Comedy Central ausgestrahlten Nachrichtensatire, und auch in Programmen der BBC die campusgesteuerte Sprache der Intersektionalität gesprochen wird, legt nahe, dass die Identitätspolitik genau von jenen Gruppen gefördert wird, die sie eigentlich bekämpfen will.

Es ist mit Sicherheit nicht schlecht, dass multinationale Firmen wie Pepsi, General Electric, Pfizer, Microsoft und Apple ihren Einfluss nutzen, um soziale Gerechtigkeit zu fördern. Es bleibt jedoch die Frage, was dabei für sie drin ist. Die Intersektionalität in ihrer gegenwärtigen Form ist eben kein Ärgernis der Privilegierten, sondern zersplittert die Gesellschaft in konkurrierende politische Fraktionen und untergräbt, was den Mächtigen wirklich Angst macht: eine gut organisierte, gut ausgebildete und vereinte Arbeiterklasse.

Wie alles andere bevorzugt die Identitätspolitik jene, die sozial mobil und zur Teilhabe fähig sind. Es scheinen vor allem die Frauen, Schwulen, Lesben und Farbigen aus der Mittelklasse zu sein, denen der Aufstieg gelingt. Politische Parteien heben oft ihre progressiven Qualifikationen hervor, indem sie die Aufmerksamkeit auf die ethnischen Minderheiten in ihren Reihen lenken, kehren jedoch bewusst unter den Teppich, wie viele von ihnen Privatschulen besuchten.

Klassenfragen werden oft unter einem progressiven Anstrich versteckt, da die Identitätspolitik für die sozial Mobilen nur ein weiteres Mittel ist, um Dominanz in allen Aspekten des öffentlichen Lebens zu erreichen. Dennoch wird die Intersektionalität von Dauer sein und hatte, trotz ihrer offensichtlichen Probleme, viel zu bieten, nicht zuletzt für jene, für die infolge der sozialen Barrieren eine politische Teilhabe schwierig ist. Die in den Vordergrund gerückten Ideen und Theorien – Privilegien, sichere Orte, Triggerwarnungen, Gaslighting – können, trotz des Hypes, der um sie gemacht wird, sehr nützlich sein als Hilfestellungen für die Opfer von Missbrauch oder Unterdrückung, um eine eigene Sprache und das Selbstbewusstsein zur Artikulation der persönlichen Erfahrungen zu entwickeln. Intersektionalität kann den Leuten helfen, ihre ersten wichtigen politischen Schritte zu machen. Aber sie sollte nie als Antwort auf sämtliche Fragen betrachtet werden. Die Intersektionalität ist wie die gesellschaftliche Klasse nur ein Fenster zur Welt. Sie erklärt nicht alles, und man sollte junge Aktivisten nicht dazu verleiten, dies zu glauben. Die Führer der Linken müssen mehr tun, nicht nur, um den Diskurs zu erweitern und eine größere Meinungsvielfalt zu gestatten, sondern auch, um die Intersektionalität mit der Klassenpolitik zu versöhnen. Beide müssen den gleichen Stellenwert erhalten, sonst schließen sie einander aus. Es ist schwer vorstellbar, dass die Leute in den benachteiligten Gemeinden begeistert sind von einer Art der Politik, die vieles von dem, was sie selbst nun einmal denken, sagen und tun, als eine Form des Missbrauchs interpretiert.

27

Frankenstein

Der letzte Tag im März 2017 war der 16. Todestag meiner Mutter. Wie immer ging der Tag auch diesmal ohne viel Aufhebens vorüber. Andere Familien nehmen sich die Zeit, das Leben derjenigen, die sie verloren haben, zu feiern, aber bei uns gab es so etwas nie. Nach ihrem Tod brauchten wir Jahre, um zu verstehen, was passiert war. Die Kommunikation zwischen den einzelnen Familienangehörigen war aus verschiedenen Gründen so verkrampft, dass auf den sich verschlechternden Gesundheitszustand meiner Mutter und schließlich auf ihren Tod kein gemeinsamer Abschluss folgte. Sie hat nicht einmal ein Grab. Keinen Ort, den man besuchen könnte, es sei denn, man hat Lust auf die dreistündige Fahrt nach Fortrose, nördlich von Inverness, wo wir einige Jahre nach ihrem Tod ihrer Asche unklugerweise verstreut haben. Bis dahin wurden ihre Überreste in einer schlichten Urne aufbewahrt, die wir für wenig Geld vom Krematorium erhalten hatten. Sie stand versteckt im offenen Kamin bei meinem Vater, neben der alten Eimerbong meines Bruders – einer selbst gebauten Vorrichtung zum Gras Rauchen.

Es ist überraschend, was man von seinen Eltern neben den üblichen körperlichen Ähnlichkeiten noch so alles mitbekommt. Noch immer erinnere ich mich an diesen Samstagnachmittag im Frühling 2001, als meine Mutter aus dem Leben schied. Es ist das Kreischen meiner Schwester, das mir im Gedächtnis bleiben wird. Dieser markerschütternde Schrei, als meine Oma aus der Diele zurückkam, wo sie telefoniert hatte, und die Worte äußerte, die wir jeden Augenblick zu erwarten gelernt hatten.

»Es tut mir leid, Kinder. Eure Mutter ist gestorben.«

Meine Großmutter war keine Frau der großen Worte. Zwei Generationen großzuziehen und gleichzeitig den Alkoholismus und die Beschimpfungen meines Großvaters zu ertragen, hatte sie mit einer gewissen Vorsicht gegenüber ihren eigenen Gefühlen ausgestattet. Aber ich sah das Leid in ihren Augen. Das Leid, das sie empfand und wie so oft versteckte, aus Liebe zu uns. Kaum dass sie den Satz beendet hatte, sprang meine Schwester von ihrem Stuhl auf und krümmte sich vor Kummer. Der Schmerz in ihrer Stimme riss mich aus meinem Schockzustand und holte mich zurück in das Zimmer, wo mir erst jetzt wirklich bewusst wurde, was ich eben gehört hatte. Sie rannte aus dem Zimmer und brach auf der Treppe zusammen. Meine Großmutter folgte ihr und versuchte, sie zu trösten.

Fassungslos bis zur Ungläubigkeit setzte ich mich in den Sessel am Fenster. Sosehr ich weinen oder irgendeine Art von Trauer zeigen wollte, die Tränen wollten einfach nicht kommen. Die Reaktion meiner Schwester erschien mir viel natürlicher als meine; ich bekam ein schlechtes Gewissen, weil ich keine angemessene Gefühlsregung zeigte. In der ganzen quälenden Beziehung zu meiner Mutter hatte es immer wieder Situationen gegeben, in denen ich ihr wirklich den Tod wünschte. Jetzt war dieser Wunsch in Erfüllung gegangen, und hier saß ich, ruhig und gelassen. Soweit ich mich erinnere, empfand ich sogar eine gewisse Erleichterung, dass diese traurige Episode endlich vorbei war. Natürlich war die Episode, die ich meinte, nicht der langsame gesundheitliche Verfall meiner Mutter, sondern ihr ganzes unnötig verkürztes Leben; eine tragische Geschichte, in der ich eine immer kleinere Rolle gespielt hatte, wiederkehrende, kurze Auftritte als zorniger Sohn in der unscheinbaren Seifenoper ihrer Existenz, die nach 36 Jahren abrupt abgesetzt wurde. In vier Jahren werde ich älter sein, als sie es am Tag ihres Todes war. Irgendetwas an dieser Tatsache beunruhigt mich. Früher habe ich mir Sorgen gemacht, dass ich es nicht so lange schaffen würde – und hatte auch allen Grund dazu. Zum Glück bin ich jetzt einer von fünf Geschwistern, die weiterhin als fragiler Beweis der mäandernden Existenz meiner Mutter zurückbleiben.

Ihr kurzes Leben und ihr Tod jagten eine Wellenbewegung durch uns alle, eine Wellenbewegung, die sich zu einem Tsunami auswuchs, der das Treibgut vergangener Schrecken mit sich brachte, die wir alle im Alkohol zu ertränken versucht hatten.

Ich erinnere mich noch an meinen Auftritt am Tag ihrer Bestattung im Krematorium. Die Trauergäste waren mein Publikum, und ich füllte die Zeit vor der Zeremonie, indem ich Witze riss. Wir standen in einem Glashaus etwa hundert Meter von der Kirche entfernt und warteten darauf, hereingerufen zu werden. Ich weiß noch, wie ich blasiert dachte, ich sei noch einmal davongekommen, weil ich nicht so emotional reagierte. Die Trauergäste schauten staunend zu, während ich sie mit meinen Witzeleien amüsierte. Plötzlich wurden ihre Gesichter in einer unheimlichen Gleichzeitigkeit lang, und die Blicke wanderten leicht nach links, als wäre hinter mir ein Gespenst aus der Erde gestiegen. Der Drang, mich umzudrehen, wurde abgeschwächt von der Angst vor dem, was ich zu sehen bekommen würde.

Während ich es genoss, im Mittelpunkt zu stehen, war hinter mir der Leichenwagen vorgefahren und stahl mir die Schau. Ich weiß noch, wie ich um Luft rang, während mir die Tränen in die Augen stiegen. Jetzt war es real. Sie war nicht mehr da und würde nie mehr zurückkommen.

Nach dem Gottesdienst kamen die meisten von uns im Haus meines Onkels zusammen. Die Leute erzählten sich bei ein paar Drinks Geschichten über meine Mutter, und als mein Onkel mir eine eiskalte Flasche Bier reichte, hatte ich das starke Gefühl, ein Mann zu sein. Da stand ich also in Anzug und Krawatte und mit meinem langen schwarzen Mantel und sah von Kopf bis Fuß aus wie ein Gentleman. Mich verwirrte nur, dass niemand etwas sagte, als man mir eine Flasche Alkohol gab, obwohl ich doch erst siebzehn war. Bis dahin hatte ich schon einige Trinkgelage hinter mich gebracht, die jedoch meist damit endeten, dass mir langweilig oder furchtbar schlecht wurde. Noch nie war mir erlaubt worden, im Kreis der Familie Alkohol zu trinken.

Bei den ersten Schlucken hatte ich das Gefühl, das Ende einer Ära erreicht zu haben. Meine Mutter hatte einen sehr langen Schatten über uns geworfen. Der alkoholinduzierte Albtraum, unter dem wir alle gelitten hatten, war endlich vorbei. Es war exakt einer von den Momenten, für den kaltes Bier überhaupt gebraut wurde. Die Entspannung breitete sich von den Lippen langsam über das Gesicht aus, dann die Arme hinunter und in jede Fingerspitze, bis sie die Magengrube erreichte.

Mit den letzten Tropfen klärte sich für mich das Bild auf sanfte Weise.

Was diese Periode doppelt schwierig gemacht hatte, war die Tatsache, dass ich wegen des Zusammenbruchs der Familie von meinen unmittelbaren Angehörigen entfremdet worden war und bei meinen Freunden und meinen Großeltern lebte. In den Wochen und Monaten nach der Trauerfeier hatte ich große Schlafprobleme. Die Lösung meiner Großmutter für dieses Problem war, mir jeden Abend ein paar Tabletten zu geben, die mir beim Einschlafen helfen sollten. Sie hießen Co-Proxamol und waren ihr von ihrem Arzt als Schmerzmittel verschrieben worden. Ich kann bestätigen, dass sie ganz wunderbar halfen.

28

Trainspotting

Als ich den Film *Trainspotting* zum ersten – und einzigen – Mal sah, war das ein ziemlich verschwommenes Erlebnis, weil ich unter dem Einfluss eines starken Beruhigungsmittels namens »Jellies« stand. Mein Kumpel, mit dem ich die Tabletten genommen hatte, wollte – wenn ich mich recht erinnere – den Film unbedingt mit mir sehen, weil er wusste, dass es für mich das erste Mal sein würde. Es ist immer ein Kick, zu sehen, dass jemand etwas, das man liebt, zum ersten Mal erlebt, und dieser spezielle Freund war bei einigen meiner »ersten Male« an meiner Seite – alles Drogenerfahrungen. Jetzt ging er mit mir in einen Film, der nicht nur die starke Wirkung der Drogen zeigt, sondern auch die sozialen Bedingungen, die überhaupt erst den Bedarf nach ihnen erzeugen. Hin und wieder spürte ich, wie er zu mir schaute, um zu sehen, wie ich bei den Schlüsselszenen reagierte. Aber ich bezweifle, dass ich die Reaktionen zeigte, die er sich erhofft hatte. Tatsächlich konnte ich den Film nicht genießen, weil er ein so realistisches Bild des drogenumnebelten Wahnsinns zeigte. Er brachte die Erinnerungen an meine eigene Kindheit zurück.

Die Mittagssonne fing sich in den Vorhängen, Staub tanzte in den Strahlen, die durch die Risse der leblos vor den schmutzigen Fenstern hängenden Gewebefahnen fielen. Das Zimmer war erfüllt von einem bernsteinfarbenen Schein, der die Illusion von Wärme vermittelte. Ein Riemen, der um einen Arm straffgezogen wird, bevor die Nadel in die Vene sticht. Die meisten Leute werden so etwas nie zu sehen bekommen, geschweige denn, dass die eigene Mutter sich den Schuss setzt. Die meisten werden sich stattdessen fragen, wie jemand sich derart gehen lassen kann, dass ihm ein solches Leben noch reizvoll erscheint. Und in der Tat war das Beste, was den Kritikern zum Filmstart von *Trainspotting* einfiel, eine Diskussion darüber, ob er zu vulgär sei oder Drogen verherrlichte. Ob das nicht vielleicht ein bisschen am Thema vorbeiging?

Wie viele der anderen Filme und Musikvideos, die Gewalt und Drogen auf hyperrealistische Art darstellen, erzeugte *Trainspotting* bei mir gemischte Gefühle. Ich versuchte meiner Vergangenheit zu entkommen, während ich in zittriger Euphorie im Haus meines Freundes saß und die Abenddämmerung gegen diese wunderschönen orangenen Vorhänge brandete.

Als ich zum ersten Mal Ecstasy nahm, war ich auch zum ersten Mal in meinem Leben ohne Angst. Als die Droge mich überspülte und mich von aller Feindseligkeit, Angst und Egozentrik reinigte, war ich plötzlich sehr auf das Glück anderer konzentriert. Ich hatte mich noch nie so emotional frei, so mental wach und sozial unbefangen gefühlt. Es war ein Friede, wie ich ihn vorher nicht kannte. Wir redeten, lachten, tranken und rauchten bis weit in die Nacht, und als es dämmerte, ging das Abenteuer weiter. Mein Freund, der mir meine erste Pille gegeben hatte, war ein Drogendealer, und am Morgen schien er genau zu wissen, was wir tun, und wichtiger noch, was wir nehmen sollten. Wir gingen in sein Haus, wo wir eiskaltes Bier tranken, Kette rauchten und uns den Soundtrack von *Die Nacht der lebenden Toten* anhörten. Wir stellten uns vor, dass wir in dieser Zombie-Apokalypse die beiden letzten lebenden Menschen wären, und die Infizierten, die draußen durch die Straßen zogen, jeden Augenblick ins Haus einbrechen und ihre Zähne in unser Fleisch graben könnten. In diesem Augenblick kamen wir gar nicht auf den Gedanken, dass wir diejenigen sein könnten, die sich mit etwas angesteckt hatten.

Leute werden so schnell süchtig nach einer Droge, weil das Runterkommen ein so ätzendes Erlebnis ist. Es zerstört einem die Seele. Und das, noch bevor man überhaupt süchtig wird. Ich rede nicht mal von Entzugssymptomen. Der Begriff »Runterkommen« wird der Erfahrung nicht gerecht, weil er etwas Sanftes oder Allmähliches suggeriert. Tatsächlich ist es so, als würde man in die Atmosphäre eines Planeten eintauchen, der nur aus Angst besteht. Das Runterkommen steht in direktem Verhältnis zur Großartigkeit der Illusion, die man aufrechtzuerhalten versucht. Einige Leute erleben kein schlechtes Runterkommen, weil sie, wenn sie high werden, nicht vor irgendetwas davonrennen. Für sie ist high werden einfach nur eine Erweiterung ihrer Zufriedenheit. Aber für mich waren Alkohol und Drogen ein Ticket, um aus meinem eigenen Kopf zu entkommen, eine Flucht aus einem rasenden, von Unruhe, Angst, Feindseligkeit und Unsicherheit verwüsteten Hirn. Die extreme Wachsamkeit, die mir geholfen hatte, meine schwierige Kindheit durchzustehen, drehte sich jetzt wie eine Schraube in mein Bewusstsein und machte es mir fast unmöglich, mich entspannt zu fühlen. Drogen nahmen mir diese Last. Sie besänftigten die schwierigen Erfahrungen. Sie taten genau das, wozu sie geschaffen waren: Sie löschten den Schmerz. Und sie waren so effektiv, dass ein Leben ohne sie bald unmöglich zu ertragen war. Schon nach kurzer Zeit wurde ein Leben ohne Alkohol und Drogen unvorstellbar.

Ich weiß noch, dass ich gleich in der Woche nach meiner ersten Ecstasy-Erfahrung mich kaum mehr beruhigen konnte, als wir in einer Ecke des Nachtclubs auf den Dealer warteten. Der Laden fühlte sich leer und kalt an, die Leute wirkten unnahbar und distanziert. Einige Dealer sind jung und vertrottelt, andere hart und verrückt. Sobald man erst einmal süchtig ist, ist das alles unwichtig. Man geht zu dem, der die Drogen hat, wer das auch sein mag, und man pfeift auf die Risiken. Von den tristen Hochhäusern einer Siedlung in Paisley bis zu den luxuriösen Behausungen im West End, es war nie zu spät und nie zu teuer, wenn man dringend high werden musste. Die Gier, dieses Gefühl reiner, ungefilterter Verbundenheit zu sich selbst wiederzuerlangen, drängte alles andere in den Hintergrund.

»Was, wenn er nicht kommt? Wo kriegen wir dann die Pillen her? Wie soll ich mich ohne sie amüsieren?« Dies waren die Fragen, die mein ganzes Denken beherrschten. Erst vor einer Woche hatte ich Ecstasy zum ersten Mal probiert, und als ich runterkam, fühlte es sich an, als würde ich an Depressionen sterben. Aber kaum ging es mir wieder einigermaßen gut, wollte ich nichts anderes, als abermals high zu werden. Es war, als hätte mein Hirn die Erinnerung, wie schrecklich ich mich danach fühlte, nicht speichern können – und auch nicht, was ein dreitägiger Exzess ganz nebenbei kostete. Ohne Drogen war es, als hätte jemand der Welt alle Farbe entzogen. Ohne Alkohol oder Drogen fühlte ich mich allein und ängstlich, aber wenn ich wusste, dass sie unterwegs waren zu mir, oder wenn sie bereits durch meine Adern liefen, konnten eine Morgendämmerung, ein Musikstück oder die Freundlichkeit eines Freundes meine Seele entzünden. Wenn man high ist, erkennt man plötzlich, dass der Augenblick, den man erlebt, das Einzige ist, was man hat. Dass jenseits des Augenblicks nichts existiert. Drogen können eine grundlegende Wirkung auf die Selbstwahrnehmung und die der Welt haben. Aber diese unbestreitbare Nützlichkeit ist, wie alles Neue, zeitlich begrenzt. Man kommt an einen Punkt, ab dem der Erfahrung nichts mehr von Wert abzugewinnen ist, ab dem die Drogen nur noch an sich selbst denken, ohne Rücksicht darauf, was sie emotional mit einem machen. Und während die Wirklichkeit, vor der man davonlaufen will, immer chaotischer wird, und die Illusionen, in die man einzutauchen bereit ist, immer tiefer, wird man in der Gemeinschaft der Trinker und Konsumenten, in der ein solches Verhalten akzeptiert wird, immer isolierter. Dinge, die einen in der Vergangenheit schockiert hätten, ob es nun Lügen oder Diebstahl sind, werden zur Routine, während die Sucht und die Unehrlichkeit, die sie hervorbringt, einen moralisch deformieren.

Ich erinnere mich noch an einen öden Sonntagmorgen, als ich mit meinem Freund nach einer durchfeierten Nacht die Schnapsläden abklapperte. Egal, wie viel Alkohol ich in einer Nacht bereits gekauft hatte, immer ging mir ungefähr zur gleichen Stunde am Morgen der Nachschub aus. Wir teilten uns eine Dose Lager und rauchten Kette und waren in ein Gespräch vertieft. Nachdem wir die ganze Nacht Ecstasy, Pilze und Ketamin konsumiert hatten, beschlossen wir, noch eine Jelly einzuwerfen, bevor wir uns zum Laden aufmachten. Als die Wirkung einsetzte, stolperte ich, fiel zwischen einige Mülltonnen und fing an zu lachen. Diese Familie der Drogen (die Opiate) war mir die liebste, weil sie mir ein sehr sanftes, entspanntes Gefühl vermittelten und mir ermöglichten, mich präzise und genau auf die Art, wie ich wollte, auszudrücken. Meine gesamte Haltung änderte sich, wenn ich auf diesen Drogen war. Sie ließen mich erahnen, welcher Mensch ich sein könnte, wenn ich nicht verängstigt oder gestresst war. Wenn ich diese »Downer« nahm, fielen mir einfache Dinge wie etwa die Hausarbeit viel leichter, Dinge, die ich normalerweise aufschob, weil sie mir Angst machten. Wenn ich auf Downern war, fand ich es auch leichter, zu telefonieren oder Briefe zu öffnen. All die Dinge, die ich sonst verdrängte – oder völlig ignorierte –, weil sie mich stressten, wurden viel leichter, wenn ich high war. Ich merkte, dass ich gern unter Leuten und nicht so einsiedlerisch war, wie ich geglaubt hatte. Ich fand zudem heraus, dass Opiate und Alkohol eine gute Mischung waren.

Aber dieser Sonntagmorgen war ein gutes Beispiel dafür, wie ein Mensch eine gefährliche Schwelle überschreiten und dabei immer noch glauben kann, alles sei in Ordnung. Nachdem ich zwischen die Tonnen gefallen war und der Freund mir aufgeholfen hatte, warteten wir in einer Wohnstraße neben dem Schnapsladen, weil wir zehn Minuten zu früh dran waren. Wir tranken und rauchten weiter und hielten uns dabei immer noch für aufrechte Mitglieder der Gesellschaft. Ich glaube, ich pisste sogar auf die Straße. So gefangen waren wir in unserer Phantasie, zwei unangepasste Rebellen zu sein, die mutig gegen den Strom der Lohnsklaven anschwammen, dass wir nicht sehen konnten, was wir wirklich waren, lebende Tote nämlich. Wir hatten keine Ahnung, was aus uns geworden war. Da standen wir herum, manchmal in fremden Häusern und Wohnungen, zu denen wir uns gewaltsam Zugang verschafft hatten, redeten laut, rauchten Zigaretten und urinierten in die Gegend, nur um die Zeit bis zur nächsten Dröhnung herumzubringen. Hätte ich früher Leute gesehen, die genau das taten, wäre meine erste Reaktion gewesen, sie barsch abzuurteilen und sie für Junkies zu halten. Aber wenn's um einen selbst geht, gibt es erstaunlicherweise nur wenig Bewusstsein für die Realität, in der man lebt. Wenn man selbst in der Situation ist, sieht man einen viel größeren Kontext. Man kommt nie auf den Gedanken, dass man der Junkie sein könnte oder der Rowdy oder der egoistische, unehrliche, abwesende Bruder oder Sohn. Solche Leute sind immer die anderen – nie man selbst.

Die Realität meines Lebens stand in starkem Kontrast zur Selbsttäuschung, die ich aufrechterhielt. Ich hatte keinen Job, hatte mich völlig aus jeder Ausbildung verabschiedet und verbrachte Wochen und Monate ohne jeden Kontakt zu meiner Familie. Ich lebte von staatlicher Fürsorge und suhlte mich in der Illusion, ich hätte eine mysteriöse psychische Krankheit, obwohl doch die Mehrzahl meiner Probleme direkt damit zu tun hatte, dass ich ein Säufer und ein Junkie war. Ich zeigte so gut wie kein Interesse für irgendjemanden außerhalb meines direkten Umfelds aus Säufern und Drogensüchtigen, und wenn meine Großmutter mich anrief und sagte, dass sie sich Sorgen machte, wurde ich wütend und hielt ihr vor, sich einzumischen. Einmal beschuldigte ich sie sogar, ihre Einsamkeit an mir auszulassen. Wenn es um meine Freunde ging, die meine Sauferei nie kritisierten – zumindest zu diesem Zeitpunkt noch nicht –, hatte ich alle Zeit der Welt. Aber jeder andere in meinem Leben war nebensächlich, wie auch meine Verantwortlichkeiten. Mein Gefühl, ein Opfer zu sein, isolierte mich von der Wirklichkeit hinter einer Wand aus irregeleiteten Selbstrechtfertigungen. Aber hätte man mir das damals gesagt, hätte ich denjenigen schneller fertiggemacht, als eine Flasche Schnaps das auf nüchternen Magen schafft. Es war verwirrend, die Möglichkeit in Betracht zu ziehen, dass ich allmählich allem ähnelte, was ich hasste – deshalb tat ich es nicht.

Stattdessen kauerte ich mich tiefer in die Gräben der Verleugnung. Irgendwann schmuggelte ich aus Versehen Drogen in ein Gefängnis, ohne es zu bemerken. Das Valium, das, in Alufolie gewickelt, im Futter meiner Hose steckte, löste den Metalldetektor am Haupttor aus. Da sich hinter mir eine Schlange bildete und die Wachen nicht feststellen konnten, was den Alarm ausgelöst hatte, ließen sie mich durch. Auf dem Weg durch das Gefängnis, wo ich mit jungen Leuten mit Drogenproblemen arbeiten sollte, entdeckte ich die Pillen dann durch reinen Zufall. Doch anstelle von Schock oder Angst oder wenigstens einem Anflug von Erkenntnis, welchen Gefahren ich mich aussetzte, spürte ich nur immense Erleichterung und rannte sofort auf die nächste Toilette, um das Valium zu nehmen. Bei anderer Gelegenheit trank ich bei der Arbeit, verschwand kurz auf der Toilette, um einen Schluck zu nehmen. Das wäre nicht so schlimm gewesen, wenn ich in irgendeinem Lager gearbeitet hätte, aber der Großteil meiner Arbeit in der Gemeinde hatte mit jungen Leuten zu tun, für die ich Verantwortung übernahm. Dass ich nicht sehen konnte, was für ein furchtbares Beispiel ich bot und was für ein kompletter Heuchler ich war, zeigt vielleicht die Tiefe der Selbsttäuschung, die man aufrechterhalten muss, um einer Sucht zu frönen.

Eines Tages erhielt ich einen Anruf mit der Information, dass meine Großmutter als Notfall ins Krankenhaus gebracht worden sei. Ich arbeitete gerade an einem BBC-Projekt – lustigerweise über junge Leute, die Sauforgien veranstalteten. Nach der Arbeit besuchte ich sie im Krankenhaus und sah sofort, in welch schlechtem Zustand sie war. Bei meinem nächsten Besuch hatte ich einen Brief bei mir, meinen letzten Abschiedsgruß an sie. Niemand wusste so genau, was passieren würde, aber ich hatte das Gefühl, dass sie nicht mehr lange hatte. Ein paar Tage später sagte man uns, dass sie auf dem Weg der Besserung sei. Alle freuten sich über diese Nachricht. Aber wenige Tage, bevor sie nach Hause entlassen werden sollte, zog sie sich eine Krankenhausinfektion zu und fiel in einen kritischen Zustand. Die Ärzte rieten uns, so schnell wie möglich ins Krankenhaus zu kommen, um Abschied zu nehmen. Aber ich kam nicht. Trotz des Aufstands, den ich wenige Jahre zuvor gemacht hatte, weil ich die Hand meiner sterbenden Mutter nicht ein letztes Mal hatte halten können, verzichtete ich nun darauf, am Totenbett meiner Großmutter zu sitzen und zu sagen, was ich zu sagen hatte. Es war die Frau, die mich praktisch aufgezogen hatte, aber als sie sterbend im Krankenhaus lag, versteckte ich mich zu Hause hinter einer Flasche und legte mir Ausreden zurecht, warum ich nicht kommen konnte. Obwohl doch die Wahrheit die war, dass ich nicht hinging, weil ich dafür eine Stunde mit dem Trinken hätte aufhören müssen.

Das ist der Albtraum der Sucht. Im Zentrum der eigenen Existenz stehen nicht länger nur Schmerz oder emotionale Traumata, sondern ein tiefer und bösartiger Egoismus und ein Mangel an Rücksichtnahme auf die Bedürfnisse anderer. Die Unfähigkeit, über den eigenen Schmerz, die eigene, enge Weltsicht hinauszusehen. Sogar meine politischen Ansichten waren nichts anderes mehr als eine Ausdehnung meiner Ressentiments, die ich benutzte, um mein Verhalten zu rechtfertigen. Ich konnte niemals nüchtern werden, solange ich nicht akzeptierte, dass ich mir einen Großteil dessen, wofür ich mich hielt, tatsächlich aus Eigennutz und Selbsttäuschung zurechtgelegt hatte. So am Rande der Selbstzerstörung taumelnd, musste ich mich dem undenkbaren Gedanken stellen, dass meine Vorstellung von mir selbst und der Welt von Grund auf falsch war.

29

The Moral Landscape

Wir bilden uns viel auf unsere Überzeugungen ein – auch auf die, die wir geerbt haben, ohne etwas dafür zu tun. Wir tragen diese Werte aus zweiter Hand wie Ehrenabzeichen, um unserer Umgebung zu signalisieren, dass wir gut informierte Menschen mit Tiefgang und Prinzipien sind, ganz im Gegensatz zu den anderen traurigen Gestalten. Die anderen, die nur dazu da sind, das perfekte Absolute abzugeben, gegen das wir, die Erleuchteten, uns absetzen. Ein ganzer Haufen von Begriffen wie »linke Spinner«, »rechter Abschaum« oder in jüngster Zeit auch Verunglimpfungen wie »Kämpfer für soziale Gerechtigkeit« wurde zum allgemeinen Sprachgebrauch, dazu benutzt, Gruppen, die uns nicht passen, auf eine beherrschbare Größe zu reduzieren. Kritik an unseren Überzeugungen abzutun ist ein Reflex wie Blinzeln oder Atmen, weil eine unangefochtene Überzeugung leichter aufrechtzuerhalten ist.

Aber was, wenn man insgeheim die eigene Position neu überdenkt? Wenn neue Informationen ans Licht kommen?

Was, wenn gewisse Lebenserfahrungen die eigene Wahrnehmung verändert haben oder die eigenen Interessen sich neu ausrichten? Vielleicht hat man einen intellektuellen Wachstumsschub durchlebt und die cannabisduftende Rauchwolke und das alkoholisierte Klischee seiner jüngeren Jahre hinter sich gelassen? Vielleicht hat man einen neuen Partner kennengelernt oder es geschafft, der Schwerkraft seines toxischen Umfeldes zu entkommen? An verschiedenen Punkten unseres Lebens werden Veränderungen unvermeidbar. Wir müssen entscheiden, wie groß oder klein unser Widerstand dagegen sein soll. Wir wissen alle, was es heißt, seinen Prinzipien treu zu bleiben, aber wie soll man damit umgehen, wenn die eigenen Überzeugungen sich ändern? Wenn man erwachsen wird, ein anderer Mensch? Einige Leute bekommen Kinder, andere durchleben Nahtoderfahrungen. Einigen wird ein neuer Job angeboten, wieder andere lernen ihre Seelenverwandten kennen. Für mich war nüchtern zu werden, nüchtern zu bleiben und zu verstehen, warum ich so unglücklich war, ein tiefgreifender und lebensverändernder Prozess. Obwohl ich lügen müsste, wollte ich behaupten, dass die Nüchternheit mich nicht von vielen Leuten entzweit hätte, die früher meine Freunde und Verbündeten waren.

Wenn man eine so fundamentale Veränderung im Denken durchmacht, liegt alles im eigenen Leben auf dem Prüfstand. Alles, was man einmal über sich gedacht hat. Diese Prüfung auf Herz und Nieren, der ich mich jahrelang stur verweigert hatte, war etwas, dem ich mich letztendlich unterwerfen musste, um zu lernen, wie ein Leben ohne Rausch funktioniert. Und man kann sich nicht wirklich kennenlernen, ohne zu begreifen, was die eigene Politik motiviert.

Als ich die Schichten der Arroganz und Selbstrechtfertigung abschälte, die mir im Verlauf von zehn Jahren gewachsen waren, begann ich zu begreifen, dass meine politischen Prinzipien nicht gerade ein Leuchtfeuer der selbstlosen Integrität und Tugend waren. Im Grunde genommen waren sie das genaue Gegenteil.

Ich bin mir sicher, ich spreche nicht nur für mich selbst, wenn ich sage, dass meine linken Überzeugungen ein Erbe waren, so wie man einen Titel oder eine Religion erbt. Viele dieser Überzeugungen hatten mir gute Dienste geleistet und waren auch für eine breitere Gesellschaft von Nutzen, aber wäre ich in einem Umfeld aufgewachsen, in dem eine andere Ideologie vorherrschend gewesen wäre, das Christentum etwa oder der Konservatismus, dann hätte ich stattdessen wahrscheinlich diese Denkrichtungen übernommen.

Dass unsere Überzeugungen ebenso sehr blinder Zufall wie freie Entscheidung sein können, hält uns nicht davon ab, mit einem Gefühl moralischer Überlegenheit herumzustolzieren. Oder ist das nur bei mir so? Es ist schwer, das zuzugeben, aber wenn wir unsere Überzeugungen wirklich auf den Prüfstand stellen, über die Plattitüden hinaus, die wir öffentlich von uns geben, wenn wir also zwischen den Zeilen unserer Arroganz lesen, dann werden wir diverse Elemente der Heuchelei entdecken. Werte, von denen wir behaupten, sie nützten anderen, nutzen passenderweise auch uns selbst. Der Sozialismus zum Beispiel. Beim Sozialismus, wie ich ihn verstehe, geht es um anständige Lebensverhältnisse für jeden in der Gesellschaft. Aber wenn ich ehrlich bin, war das nicht immer meine Hauptmotivation dafür, ein Sozialist zu sein. Nicht, wenn ich meine Motive ernsthaft untersuche. Letztlich war ich nur deshalb ein Sozialist, weil ich nicht so gern arm war. Ich fühlte mich ausgeschlossen von Gesellschaft und Kultur, gab der Mittelklasse daran die Schuld und beschloss, die Verhältnisse so umzugestalten, dass ich nicht mehr das unterste Glied in der Kette war. Auch wenn ich die Behauptung hochhielt, es ginge mir um das Wohlergehen anderer, wollte ich doch insgeheim die Bedingungen meines eigenen Lebens verbessern. Es war einfach so, dass es viele gab, die dasselbe wollten, und unser gleichgerichtetes individuelles Eigeninteresse erzeugte die tröstende Illusion, wir würden einen kollektiven Altruismus betreiben.

Ja, ich glaubte wirklich, dass ich, weil ich Sozialist war, moralischer und mitfühlender war als zum Beispiel ein Sozialdemokrat oder ein Liberaler. Im Grunde genommen übernahm ich einfach das Glaubensgebäude, in das ich hineingeboren wurde, und machte mir nie die Mühe, die mir angeborene ideologische Grundausstattung zu hinterfragen.

Die sozialen Medien haben uns eine öffentliche Plattform zur Verbreitung unserer Überzeugungen gegeben. Unsere Threads und Blogs, in denen wir unsere eigene Meinung kundtun und anderer Leute Gedanken verteufeln, sind in irgendeiner Cloud gespeichert und für alle Zeiten abrufbar. Jeder scheint sich seiner Überzeugungen sicher zu sein. Was man in den sozialen Medien weniger häufig sieht, sind Leute, die demütig verkünden, dass sie sich bei einer Sache geirrt haben. Dass man so selten auf jemanden trifft, der seinen Blickwinkel geändert hat, ist wahrscheinlich der Grund, warum so wenige von uns es tun. Wir wissen nicht einmal, wie so ein Prozess aussieht, so gefangen sind wir inzwischen in unserer Weltsicht. Aber wer hat insgeheim nicht schon einmal über die Argumentation der anderen Seite nachgedacht? Wer hatte noch nicht diesen nagenden Zweifel in der Magengrube – nachdem man die eigene unerschütterliche politische Meinung gerade noch einmal verstärkt hat? Wer hat sich noch nicht bei etwas so sehr geirrt, dass man gezwungen war, sich zügig zu überlegen, bei was sonst man noch falsch gelegen haben könnte?

In einer von politischem und religiösem Tribalismus gebeutelten, globalisierten Welt wird es zu einem politischen Akt, sich gelegentlich zu fragen, wo man einen Fehler gemacht haben könnte. Ist es nicht ein bisschen bequem zu denken, dass wir, »die Guten«, uns auf der richtigen Seite der Geschichte befinden – sogar auf der richtigen Seite eines jeden Disputs über die richtige Seite der Geschichte? In einem unendlichen Universum und auf einem Planeten, der seit Milliarden von Jahren existiert, ist es da nicht ein bisschen unwahrscheinlich, dass man bei allem recht hat? Der Gedanke ist lächerlich, wenn man einmal ehrlich ist. Wie kann jemand, der sich für informiert hält, einen solchen Quatsch wirklich glauben? Man kann nicht behaupten, über alles nachgedacht zu haben; es muss einem die eigene absurde Natur doch mindestens einmal am Tag durch den Kopf gehen. Es scheint moralischer, zuzugeben, dass man sich geirrt hat, und seinen Weg zu korrigieren, als stur zu glauben, dass man seit Teenagertagen nicht mehr danebengelegen hätte.

Trotz aller Integrität, die die Leute sich zuschreiben, weil sie ihren Überzeugungen treu bleiben, ist es eigennützig, sich auf übernommene Überzeugungen etwas einzubilden und sie sein ganzes Leben mit Stolz zu tragen, so ausgefranst und hässlich sie auch sein mögen. Wie meine Mutter, die sich an den falschen Glauben klammerte, sie könnte ihre Sauferei kontrollieren und genießen, auch als ihr schon eine tödliche Diagnose gestellt worden war. Wie ich selbst, der das Trugbild meiner Selbsttäuschungen nicht durchschauen konnte.

Es gab eine Zeit, da wäre ich schwer beleidigt gewesen, hätte jemand anzudeuten gewagt, dass die chaotischen Bedingungen meines Lebens zum Teil selbstverursacht waren, dass ich, als menschliches Wesen, eine gewisse Verantwortung für meine Lebensumstände trug und die Gesellschaft, entgegen meiner festen Überzeugung, nicht an allen meinen Problemen schuld war.

30

Die Verwandlung

1971 sagte der legendäre Glasgower Gewerkschafter Jimmy Reid in der berühmten Ansprache an seine Mitstreiter, die die United Clyde Shipbuilders besetzten: »Es wird keine Krawalle gegen. Es wird keinen Vandalismus geben. Es wird keine Sauferei geben…, weil die Welt uns zuschaut.« Diese Sätze sorgten zu der Zeit für einige Aufregung. Einer der Arbeiter sagte: »Wir waren alle schockiert, als Jimmy vor einer Fernsehkamera zu uns sagte, dass es keine Krawalle oder Sauferei geben wird, weil die Welt uns zuschaut, was anzudeuten schien, dass wir für genau diese Welt, über die er redete, Rowdys und Alkoholiker waren.«

Reid riskierte, seine Kollegen vor den Kopf zu stoßen, um eine spezielle Wahrheit zum Ausdruck zu bringen: Nicht alle Schuld für unsere Lebensumstände kann externalisiert werden, manchmal sind wir selbst unser schlimmster Feind. Reid schärfte den Arbeitern ein, nicht den Klischees zu entsprechen, die über sie im Umlauf waren. Er gab ihnen zu verstehen, dass sie, wenn sie ihre Ziele erreichen wollen,

Verantwortung für ihr eigenes Verhalten übernehmen müssten – genau so wie sie gegen das System angingen.

Verantwortung zu übernehmen ist ziemlich schwer. Vor allem, wenn man glaubt, dass genau das die Aufgabe von jemand anderem wäre. Mein ganzes Leben lang sagte man mir, das System sei schuld an den Problemen meiner Familie und meine Familie an den meinen. Diese Überzeugung, dass es immer um die Schuld der anderen geht, wurde noch verstärkt durch die Armutsindustrie und die Politiker, die viel gewinnen konnten durch meine Bereitschaft, ihnen die aktive Rolle zu überlassen.

Ich war kaum je nüchtern, für lange Zeit jedenfalls nicht, bis ich mir eingestand, dass für viele der Misslichkeiten in meinem Erwachsenenleben niemand anderes schuld war als ich selbst. Das ist natürlich innerhalb der Linken ein weiteres Tabuthema. Der Gedanke, dass es eine wichtige Tugend im Leben ist, persönlich Verantwortung zu übernehmen, stößt viele vor den Kopf. Ich kann nicht für alle sprechen, die in Armutsverhältnissen gelebt haben, ich kann nur sagen, dass mein eigenes Leben besser wurde, als ich aufhörte, anderen die Schuld für all das zu geben, was falschlief. Und nirgendwo traf das mehr zu als in meiner emotionalen Welt. Der Mangel an Einsicht, was die wirklichen Ursachen für meinen Stress waren, für das Gefühl der Ausgeschlossenheit und meinen schlechten Gesundheitszustand, brachte mich dazu, so viele falsche Überzeugungen zu übernehmen, dass ich fast völlig durchdrehte. Kein Wunder, dass ich so gestresst war.

Wer ist nun aber in der besten Position, um unseren Stress zu reduzieren?

Wir müssen nur einen kurzen Blick auf die mindere Qualität des Dialogs zwischen den politischen Parteien werfen, um zu erkennen, dass beim Thema Armut (und vielen anderen) die Lösungsansätze von uns Individuen und aus den Gemeinden kommen müssen. Denn können wir es uns leisten, eine Angelegenheit, die so wichtig ist wie unser unmittelbares Wohlergehen, auf die lange Bank zu schieben, bis der Regierung eine Lösung einfällt? Vor allem, da so viele Veränderungsmöglichkeiten in Reichweite unserer eigenen Fähigkeiten liegen?

Die Armut zu beheben ist mit Sicherheit keine zu große Aufgabe für unsere Gesellschaft. Wenn man allein an die Fortschritte im Bereich der Technologie und Medizin denkt, ist es lachhaft, unserem Einfallsreichtum Grenzen zu setzen. Aber unsere kollektive Einfalt ist ebenfalls grenzenlos. Die Beseitigung der Armut würde einen globalen politischen Konsens erfordern, wie wir ihn noch nicht gesehen haben. Eines Tages wird so etwas vielleicht geschehen, aber sicherlich nicht heute. Und auch nicht morgen. Der pathologische Glaube, dass nur der Staat das Problem der Armut lösen könnte, wirkt kurz und mittelfristig sowohl lähmend als auch selbstzerstörerisch. Armut wird es noch für ein paar Jahrhunderte geben. Die Wunderwaffen, die uns von unseren Führern versprochen werden, sind allesamt Rohrkrepierer.

Wenn man akzeptiert, dass die Regierung das Problem in nächster Zeit nicht lösen wird, schränkt das die Möglichkeiten natürlich ein. Zudem nimmt es einen Teil der Last von der Regierung und bürdet sie uns auf. Das soll nicht bedeuten, dass wir den Widerstand oder unsere politische Aktivität beenden können, ganz im Gegenteil. Der Entschluss, sich der Realität dieser Probleme zu stellen, bringt eine Rationalisierung mit sich, die uns effektiver macht, als Individuen und als Gemeinschaften.

Es widerspricht der Intuition, die Verantwortung für gewisse Dinge zu übernehmen, vor allem wenn sie jenseits unserer Kontrolle liegen. Das trifft insbesondere zu, wenn wir an die Opfer von Missbrauch, häuslicher Vernachlässigung oder Unterdrückung denken. Es geht jedoch nicht um Schuld, sondern um den aufrichtigen Versuch, herauszufinden, welche Teile des Puzzles innerhalb unserer Handlungsmöglichkeiten liegen. Diese Herangehensweise ist viel radikaler, als wenn wir die Verantwortung für jedes Übel in der Gesellschaft einfach einem »System« oder einer vage definierten Machtdynamik zuschreiben – etwas, das wir Linken gern tun. Bei dem Bestreben, Verantwortung zu übernehmen, geht es nicht darum, einem ungerechten System eine Freikarte auszustellen, es geht darum zu erkennen, dass wir Teil dieses Systems sind und in gewisser Weise auch mitschuldig an seinen Funktionsfehlern. So habe ich zum Beispiel das Wechselspiel zwischen meinem emotionalen Unbehagen und der Gier nach Junk-Food beschrieben. Wie ist ein solches Problem am effektivsten zu überwinden? Was lässt sich eher erreichen? Ein Verbot von McDonald's oder die Veränderung des eigenen Lebenswandels? McDonald's bedient die Nachfrage von mir und Leuten wie mir, die sich von ihren emotionalen Bedürfnissen steuern lassen. Diese emotionalen Bedürfnisse beeinflussen fast alle meine Aktivitäten als Konsument und Bürger. Wenn gewisse Unternehmen den arglosen Konsumenten bewusst schädliche Produkte aufdrängen, sollten sie dafür selbstverständlich zur Rechenschaft gezogen werden. Es gibt zahllose Falschinformationen über Nahrungsmittel, die bewusst verbreitet werden, um den Konsum von Produkten zu fördern, die bekanntermaßen gesundheitliche Auswirkungen haben. Aber wenn ich nicht bereit bin, meine eigene Rolle als Konsument und die sozialen Implikationen meiner Kaufentscheidungen zu akzeptieren, dann ist meine Behauptung, wirklich an Veränderungen interessiert zu sein, nicht aufrechtzuerhalten. Mein eigenes Leben ist durchsetzt mit den entsprechenden Beispielen. Wenn ich ehrlich mit mir bin, dann haben mich mein irregeleitetes Opfergefühl und die ständige Externalisierung der Schuld blind gemacht für gewisse Dinge, die mir geholfen hätten, meine Schwierigkeiten zu überwinden. Ich muss mich fragen, welche Qualität mein Widerstand gegen die soziale Ungerechtigkeit überhaupt hatte – angesichts der Tatsache, dass mir die Einsicht in die grundlegendsten Wahrheiten meines eigenen Lebens fehlte.

Auf dem Höhepunkt meiner Sauferei war mein Leben in eine labile Balance zwischen vorsätzlicher Selbsttäuschung und Aufschieberei geraten. Manchmal tut es das immer noch. Es gab so viele Bereiche, in denen ich etwas hätte tun können, aber nicht tat, unter dem Vorwand, dass ich es gar nicht tun könnte oder jemand anderes es für mich tun müsste. Nirgendwo war dieses Verhalten offensichtlicher als im Hinblick auf meine psychische Gesundheit, was zum Motor meines Stresses, meiner Selbsttäuschung und meines schauderhaften Lebenswandels wurde. Ich erinnere mich, wie ich mit einem Valium-Rezept vom Arzt kam und direkt in den Pub ging. Ich erinnere mich, wie ich rotzbesoffen in einen Pub taumelte und mich bei meiner Freundin, die dort arbeitete, beklagte, dass der Sozialdienst für Suchtkranke mich ganze vierzehn Tage auf einen Termin warten ließ. Ich nahm diese Ungeheuerlichkeit als Vorwand, um weiterzutrinken, und verpasste zwei Wochen später den Termin. Ich redete mir ein, ich würde trinken, weil ich psychische Probleme hätte. Bis zu meinem 30. Lebensjahr legte ich mir aktiv eine Diagnose zurecht, die erklären sollte, warum ich mich so schlecht, verängstigt und deprimiert fühlte. Ich versteifte mich so sehr auf den Gedanken, ich sei krank, dass ich blind war für die Wahrheit: Ich war deprimiert, weil ich ein egoistischer Alkoholiker war. Dieses Beharren auf die Existenz meiner psychischen Erkrankung verlängerte meine Sauferei wahrscheinlich um fünf Jahre.

Meine Aufschieberei und meine kleinen Abweichungen von der Wahrheit mögen bedeutungslos erscheinen, sie sagen jedoch etwas aus über meine Bereitschaft, mir selbst gegenüber ein Auge zuzudrücken. An diesem Punkt in meinem Leben war ich extrem streitbar und fühlte mich moralisch selbstsicher wie kaum je zuvor, aber dieses Gefühl der Sicherheit war im Grunde ungerechtfertigt und entfernte mich weit von der Realität, die ich fest im Griff zu haben glaubte. Meine Lebensumstände wurden nur noch problematischer. Mein Stress wuchs. So beschäftigt mit allem, was meiner Meinung nach falsch war auf der Welt, verlor ich die Fähigkeit, dankbar zu sein für die kleinen Dinge und für die Menschen um mich herum.

Denn letztlich tat das System, trotz meines offensichtlichen Wunsches, den Kapitalismus zu stürzen, damals alles, um mir zu helfen.

Jahrelang klapperte ich die verschiedenen psychologischen Hilfsdienste ab, weil ich ernsthaft glaubte, ich sei entweder stark depressiv oder verrückt, obwohl ich eigentlich nur ein müder, schlecht ernährter Alkoholiker war, der hin und her sprang zwischen den Höhen der Alkoholisierung und den trostlosen Tiefen des Entzugs und des finanziellen Ruins. Gleichzeitig hoffte ich auf den baldigen Umsturz, rieb mir die Hände und erwartete den unmittelbaren Kollaps der Gesellschaft. Meine Selbstgerechtigkeit machte mich blind für die Tatsache, dass genau die Gesellschaft, deren Ende ich erhoffte, trotz aller ihrer himmelschreienden Makel meine ständig wechselnden Bedürfnisse bediente. Eine Horde von Fachleuten stand auf Abruf, um für mich da zu sein; ich bekam eine Unterkunft, diverse finanzielle Beihilfen und andere Formen der Unterstützung. Ich hatte Zugang zu Bibliotheken und zum Internet; ich war gut informiert, wie man Probleme, wie ich sie hatte, lösen konnte. Überall in der Stadt gab es Hilfsgruppen, Hunderte davon, in denen Leute saßen, die trocken geworden und es geblieben waren. Doch irgendwie war ich für all das blind. Diese Dinge passten nicht so recht in mein Narrativ, dass es der Gesellschaft an Integrität und Mitgefühl fehlte. Ich war nicht bereit, meine Probleme ehrlich zu analysieren, bei denen es letztendlich ebenso sehr um mein eigenes Verhalten ging wie um Armut oder Kindesmissbrauch. Ich lief stur weiter auf meinem Pfad der wahnhaften Selbstauslöschung.

Es ist absolut korrekt zu sagen, dass ich psychisch krank war; was ich allerdings nicht begreifen konnte, war das Ausmaß meiner Krankheit. Die Selbsttäuschung hatte jeden Winkel meines Denkens eingenommen. Meine vormals legitime Wut und Verärgerung über meine Erziehung und über die Gesellschaft waren zu einer Entschuldigung dafür geworden, tun und sagen zu können, was immer mir gerade in den Sinn kam. Ich hatte jede Verhältnismäßigkeit verloren. Ich konnte nur sehen, wo ich verletzt worden war, nie, wo ich andere verletzte. Ich konnte sehen, wo man mir Unrecht zugefügt hatte, aber nie, wo ich selbst Unrecht tat. In meinen linken Kreisen wurde ich dafür nie kritisiert, da alle anderen sich genauso verhielten. Die Leute feuerten mich an, so besessen ich auch war, nicht weil das, was ich sagte, wahr oder sinnvoll war, sondern weil es diejenigen bestätigte, die mir zujubelten. Wir waren Leute, die zu glauben gelernt hatten, dass alles auf der Welt sich ändern müsste, nur sie selbst nicht.

Irgendwann glaubte ich tatsächlich, dass ich nicht verantwortlich wäre für meine Gedanken, Gefühle und Taten. Dass alles, was mit mir zu tun hatte, nur ein Nebenprodukt des Systems wäre, das mich schlecht behandelte und ausschloss. Und dass ich diese Schwierigkeiten nur überwinden könnte, wenn meine Lebensumstände komplett verändert würden.

Eine solche Überprüfung der Rolle, die wir selbst bei der Gestaltung unserer Lebensbedingungen spielen, geht der Diskussion in der Linken völlig ab. Wenn ich noch einen weiteren Kommentar über den Neoliberalismus als Wurzel all unserer Probleme lese, fange ich wieder an zu trinken. Es steht außer Frage, dass das gegenwärtige ökonomische System voller Widersprüche, Ungleichheiten und Korruption ist. Aber in einigen Bereichen der Linken darf man sich tatsächlich in dem Glauben bewegen, es sei nur ein schneller Staatsstreich nötig, und schon verschwänden all die scheinbar unlösbaren Probleme, die wir als Individuen, Familien, Gemeinden und Länder haben. Aber indem man die Leute darin bestärkt, dass die Lösung ihrer Probleme ihre eigenen Fähigkeiten und Möglichkeiten übersteigt, verweigert man ihnen genau die Handlungskompetenz, die ihnen von der Armut genommen wird. Seit meiner Kindheit hat die Linke mir die Grundlagen meiner Überzeugungen geliefert. Bis heute sind es die Aktivisten der radikalen Linken, die als Erste auf die Alltagsprobleme der schwächsten Glieder unserer Gesellschaft reagieren; sie kämpfen gegen Null-Stunden-Verträge, wecken Bewusstsein für die Not der Obdachlosen und sind bereit, körperlich gegen Neonazis zu kämpfen. Die Linke agiert an der Basis als unser Gewissen. Sie irritiert uns mit ihren Appellen an unser Mitgefühl. Sie erschöpft und frustriert uns mit ihren Anfeuerungen und Handlungsaufrufen. Und sie fordert uns heraus, wenn wir versagen. Viele von den Zugeständnissen, die uns die Mächtigen gemacht haben, wurden erst ermöglicht von jenen Radikalen, die nicht ruhen, bis etwas getan ist.

Doch all das spricht die Linke nicht von ihrer Selbstgefälligkeit frei.

Wir müssen anerkennen, dass diese Fortschritte genau in der Gesellschaft stattgefunden haben, mit der wir so oft im Zwiespalt liegen. Ist das nicht offensichtlich? Unser System ist gespickt mit internen Widersprüchen und Ungerechtigkeiten, aber es ist zugleich dynamisch und bietet uns viele Freiheiten. Unser gegenwärtiges System ist trotz aller Fehler so dynamisch, dass es Nahrung, Obdach und Arbeit, zudem Ausbildungs- und Trainingsmöglichkeiten sowie die Ressourcen für genau jene Bewegungen bietet, die ganz offen versuchen, es zu stürzen. Diese Art der Freiheit darf nicht verhöhnt oder für selbstverständlich genommen werden. Auch sollten wir nicht so tun, als wäre eine solche Freiheit leicht herzustellen.

Das Auftauchen der extremen Rechten darf nicht als Entschuldigung für die Heucheleien und Selbstgefälligkeiten unserer Politik gelten. Auch darf es nicht missbraucht werden, um einen extrem linken Radikalismus zu fördern, der Engstirnigkeit anderen politischen Ideen vorzieht oder eine Laissez-faire-Haltung gegenüber der politischen Gewalt propagiert. Wir müssen der Versuchung widerstehen, die Schuld an unseren persönlichen und politischen Umständen auf die Buhmänner und Phantomschurken zu schieben. Wir können unsere Gemeinden, unsere Bewegung oder irgendeine funktionierende Gesellschaft nicht neu aufbauen, ohne zuvor unsere Ideale zu analysieren und zu diskutieren. Nicht um der eigenen Nabelschau willen, sondern um die grundlegende Wahrheit zu erkennen. Es bringt nichts, die schlechten Ideen anderer zunichtezumachen, wenn wir nicht gelegentlich untersuchen, wie unsere Lebensumstände und Eigeninteressen unser Denken subtil beeinflussen. Wir müssen uns bewusst machen, wie oft wir an die Berechtigung unserer eigenen Ängste und Ressentiments glauben, während wir die Gefühle anderer, denen wir uns überlegen fühlen, verspotten oder abtun. Früher habe ich geglaubt, dass allein die Wut über meine Lebensumstände schon reicht, um die Gesellschaft zum Besseren zu verändern. Aber viele meiner Lebensumstände veränderten sich bereits, als ich mich von der Wahrheit weniger angegriffen fühlte: dass ich einige meiner Probleme selbst lösen muss. Der neue Horizont für alle Individuen und Bewegungen, welche die Gesellschaft radikal verändern möchten, ist die Erkenntnis, dass radikale Veränderungen auch in einem selbst nötig sind.

Die gute Seite dieser Selbstüberprüfung der eigenen Haltungen ist, dass man keine Behörde und keine Wohltätigkeitsorganisation braucht, die einem sagt, was man tun soll. Man kann sofort damit anfangen.

31

The Changeling

Anfang 2016 fand ich mich an der Spitze eines wütenden Mobs wieder. Die gefeierte Künstlerin und Aktivistin namens Ellie Harrison hatte in den sozialen Medien ein neues Projekt mit dem Titel »The Glasgow Effect« angekündigt, das fast augenblicklich den Spott der Öffentlichkeit auf sich zog. Ihre Zwecke und Ziele beschrieb sie vage auf einer Facebook-Seite, wo sie auch das Foto einer Pommestüte hochlud, um optisch den Geist ihres einjährigen Projekts zu demonstrieren. Kein Wunder, dass viele Leute sich vor den Kopf gestoßen fühlten.

Harrisons Projekt borgte sich den Titel von einer gleichnamigen, wissenschaftlichen Studie, die zu erklären versuchte, warum die Gesundheitsstatistiken in Glasgow alarmierender waren als in vergleichbaren armen Städten in Großbritannien. 2010 war das Glasgow Centre for Population Health zu dem Schluss gekommen, dass die Benachteiligungsprofile von Glasgow, Liverpool und Manchester fast identisch, die Fälle vorzeitigen Todes jedoch in Glasgow über 30 Prozent höher waren. Und auch, dass alle Todesfälle quer durch die Bevölkerung um 15 Prozent höher lagen.

Glasgows Sterblichkeitsraten sind die höchsten im ganzen Königreich und gehören zu den höchsten in Europa. Bei einer Bevölkerung von über einer Million beträgt die Lebenserwartung für Männer 71,6 und für Frauen 78 Jahre – das liegt zwischen jeweils sieben und vier Jahren unter dem nationalen Durchschnitt. 2008 schätzte die Weltgesundheitsorganisation die Lebenserwartung für Männer im Bezirk Carlton in Glasgow auf nur 54 Jahre. Um das in einen Zusammenhang zu stellen: Wäre ich, damals 33, in Carlton geboren worden, hätte ich die Hälfte meines Lebens bereits hinter mir. Mein Ableben müsste ich zehn Jahre vor dem Eintritt ins Rentenalter erwarten.

Als die Studie veröffentlicht wurde, wurde der Begriff »Glasgow Effect« zum Inbegriff der Armut. Wobei die relevanteste Erkenntnis darin bestand, dass es einen Zusammenhang gab zwischen der frühkindlichen Hirnentwicklung von in Armut lebenden Kindern und dem Gesundheitszustand sowie den prekären Bedingungen, unter denen sie später im Leben leiden. Der Bericht stellte fest, dass »chronisch aktivierte Stressreaktionen, vor allem bei Kindern, die Struktur von Teilen der Stirnlappen im Gehirn beeinflussen, und dass diese die Körperreaktion auf Stress bestimmen, was zu einem chronisch schlechten Gesundheitszustand führen kann«. Der Chief Medical Officer Harry Burns legte außerdem nahe, dass ein guter Gesundheitszustand zum Teil davon abhängt, ob die Leute ihre Umgebung als bedrohlich oder unterstützend empfinden.

Für diejenigen von uns, die von diesen Phänomenen betroffen sind, war der Glasgow Effect der Beweis dafür, dass wir nicht verrückt oder paranoid waren – wenigstens nicht völlig. Der Beweis, dass wir zwar persönliche Verantwortung für unser Handeln übernehmen müssen, aber die sozialen Bedingungen, denen wir ausgesetzt sind, ebenfalls einen großen Einfluss haben. The Glasgow Effect beschrieb wortgewandt und in wissenschaftlichen Begriffen die Realität unseres Lebens; wie wir unsere Tage bewältigen, ohne uns der sozialen und psychologischen Nachteile bewusst zu sein, die unsere chaotischen und verkürzten Leben definieren. Er legte dar, warum die soziale Mobilität so gering war und wie das Leben unter chronischen Stressbedingungen uns hemmte, beeinträchtigte und deformierte.

Ellie Harrisons einjähriges Kunstprojekt schien sich, weil es durch eine triefende Tüte Pommes symbolisiert wurde, über die Ernsthaftigkeit und die Komplexität dieses Problems lustig zu machen.

Auch wenn Harrison dies damals nicht sehr deutlich machte, galt ihr Projekt doch dem Versuch herauszufinden, wie eine geografische Beschränkung, in diesem Fall auf Glasgow, ihre Fähigkeit beeinträchtigte, als professionelle Künstlerin zu leben. Für die Dauer eines Jahres wollte sie dokumentieren, wie diese Beschränkung sie beeinflusste, von ihrem Sozialleben, ihrer Identität und psychischen Gesundheit bis hin zu ihrer Beschäftigungsfähigkeit und sogar zu ihrer CO_2-Bilanz. Das Projekt reflektierte Ellies persönliche Interessen als Aktivistin und Künstlerin sowie als Bürgerin, die in Schottland lebte. Damit folgte ihr Projekt einem Interesse, das zwar berechtigt, aber leider nicht von vielen ärmeren Bewohnern Glasgows geteilt wurde, für die The Glasgow Effect nicht nur ein Konzept, sondern eine beklemmende Matrix einander überlappender Ungleichheiten war. Für Ellies Projekt war zudem nicht gerade förderlich, dass sie für die vage Beschreibung ihres Projekts eine akademische Sprache wählte und so die üblichen Vorurteile weckte bei jenen, die skeptisch gegenüber jeder Art von Fachkauderwelsch sind – weil sie diese Sprache mit politischer Ausgrenzung und Ausbeutung in Verbindung bringen.

Auf der für das Projekt eingerichteten Facebook-Seite schrieb sie:

> »›The Glasgow Effect‹ ist ein/e einjährige/s Action-Research-Projekt/Dauerperformance, für das die Künstlerin Ellie Harrison ein ganzes Jahr lang den Bereich Greater Glasgow nicht verlassen wird (Ausnahme ist die schwere Erkrankung/der Tod eines engen Verwandten oder Freundes). Durch diese einfache Einschränkung ihres gegenwärtigen Lebenswandels beabsichtigt sie, die Grenzen einer ›nachhaltigen Lebensgestaltung‹ auszuloten und die Reiseanforderungen einer ›erfolgreichen Künstlerin/Akademikerin‹ einer kritischen Prüfung zu unterziehen. Das Experiment wird sie in die Lage versetzen, ihren CO_2-Fußabdruck zu reduzieren und ihr Gefühl der Zugehörigkeit zu verstärken, indem es sie zu ›lokalem Handeln‹ zwingt. Sie wird austesten, was möglich wird, wenn sie alle ihre Ideen, ihre Zeit und Energie innerhalb der Grenzen der Stadt einsetzt, in der sie lebt.«

Diese kurze Beschreibung ist völlig unabsichtlich gespickt mit allem, was die Menschen aus den benachteiligten Gemeinden inzwischen mit großer Skepsis betrachten. Kultur, Teilhabe, Kunst; all diese Dinge, von denen behauptet wird, sie wären allgemein zugänglich, die aber als zunehmend exklusive Domäne derjenigen erscheinen, die Begriffe wie »Action-Research-Projekt« oder »nachhaltige Lebensgestaltung« verwenden – die Sprache von Leuten mit hohem Status, bei der alle Alarmglocken schrillen.

Und dann war da noch das liebe Geld. Nicht nur erhielt Ellie 15 000 Pfund dafür, dass sie ein Jahr lang die Misere der »erfolgreichen Künstlerin« untersuchen wollte; sie hatte freundlicherweise auch vor, »lokal zu handeln«. Ihre Sorgen, so angemessen sie auch gewesen sein mochten, wurden nicht geteilt in jenen Gemeinden, in denen die Leute wenig Gelegenheit haben, um über ihren CO_2-Fußabdruck oder die Arbeit eines erfolgreichen Gegenwartskünstlers nachzudenken. Die ungeschickte Vorgehensweise zu Beginn des Projektes, die in dem mangelnden Verständnis der in der Stadt vorherrschenden kulturellen Dynamik verwurzelt ist, löste in den sozialen Medien einen Shitstorm aus, der schnell außer Kontrolle geriet.

Die allgemeine Ansicht war, dass »irgendeine Künstlerin« »aus England« »15 Riesen kriegte«, um »ein Jahr lang in Glasgow zu leben« und dabei herauszufinden, wie die geografischen Beschränkungen ihre Arbeitsfähigkeit einschränkten. Um ehrlich zu sein, diese allgemeine Ansicht war nicht ganz unzutreffend, trotz vieler Stimmen, die das Gegenteil behaupteten. Die Leute fühlten sich zu Recht vor den Kopf gestoßen, weil die Künstlerin 15 000 Pfund bekam, um so zu tun, als würde sie in Glasgow festsitzen – wo viele Leute ja tatsächlich festsaßen. Die Prämisse des Projekts schien jene zu verhöhnen, die sozial nicht so mobil waren wie Ellie, eine Universitätsdozentin und professionelle Künstlerin.

Für viele war The Glasgow Project ein Symbol für die sich in vielfacher Weise ausdrückende Ungleichheit. Für Ellie und ihre Unterstützer – und Financiers – war es lediglich der

Titel, den man einem Kunstprojekt übergestülpt hatte, welches wiederum mit einer triefenden Tüte frittierten Essens illustriert wurde. Hätte das Projekt sich gegenüber einer anderen gesellschaftlichen Gruppe derart unsensibel verhalten, hätten die Leute, die jetzt Ellie beklatschten, das Fehlverhalten vermutlich scharf verurteilt und die Verantwortlichen beschuldigt, die üblichen Opfer der Gesellschaft weiter zu benachteiligen, die Leute gegeneinander aufzuhetzen, die verflochtenen Unterdrückungen des Kapitalismus oder des Patriarchats zu verstärken. Hier passierte jedoch nichts dergleichen. Zumindest sah es so aus.

Es war deshalb an mir, die Dinge richtigzustellen. Und ich beschloss, direkt auf Ellie loszugehen – mit dem Rückhalt der vielen Online-Unterstützer, die von mir verlangten, dass ich die Misere der Arbeiterklasse vertrat. Ich würde keine Ruhe geben, schwor ich mir, bis nicht jeder verstanden hatte, warum dieses Projekt beleidigend war. Ein großer Fehler. Warum die Künstlerin ihre Position dringend überdenken musste. Ich würde keine Ruhe geben, bis ich nicht bewiesen hatte, dass ich recht hatte.

Meine erste Aktion war die Veröffentlichung eines scharf formulierten Textes, in dem ich argumentierte, dass die öffentliche Verärgerung über Harrisons Projekt gerechtfertigt sei und vorwiegend in der Wut über die Klassenungleichheit wurzelte.

> »Wacht doch endlich auf. Es ging nie darum, ein unglücklich formuliertes Projekt anzugreifen. Wenn die einflussreichen Kreise der Kunstgemeinde nur so einfühlsam und wortgewandt wären, wie sie sich einbilden. Wenn sie nur begreifen würden, dass die Leute nicht wirklich wütend

sind auf Ellie oder die Konzeptkunst. Wenn sie es in den Kopf bekommen könnten, dass die Leute eigentlich verärgert sind über die Wortwahl: Sie ärgern sich über die wachsende soziale Ungleichheit, und wie sie kulturell zum Ausdruck kommt.

Wir müssen uns aufrichtig fragen, woher die Skepsis gegenüber gewissen Formen von Kunst und Kultur kommt. Sie kommt aus der Tatsache, dass wir in zwei verschiedenen Welten leben. Immer wieder werden die Symbole der Kultur und der Identität aus den Gemeinden der Arbeiterklasse herausgerissen, umbenannt, verkauft oder auf mysteriöse Weise abgebrannt oder abgerissen – im Namen des Fortschritts.

Wenn also Creative Scotland beschließt, einer Künstlerin Geld zu geben, damit sie untersucht, wie es unser Sozialleben, unsere Karriere und unsere psychische Gesundheit beeinflusst, wenn man in Glasgow festsitzt, dann darf man verdammt noch mal nicht überrascht sein, dass einige Glasgower stinksauer reagieren.«

Der Text wurde weit verbreitet, und bald trat der *Daily Record* mit der Bitte um einen Kommentar an mich heran. Ich kam dem gern nach, da ich die Gelegenheit sah, aus der Kontroverse eine Diskussion über die Klassengesellschaft zu machen. Ich überlegte mir sehr gut, wie man Ellies Projekt neu ausrichten könnte.

Am nächsten Tag gab ich folgende Erklärung ab: »Es gibt Tausende Künstler, die zum Ausdruck bringen, wie es ist, in Armut zu leben. Diese Künstler werden oft an den Rand gedrängt. Vor Kurzem zeigte eine Studie im *Guardian*, dass die Kunst von der Mittelklasse dominiert wird. Ellies Projekt versinnbildlicht das. Es ist haarsträubend, jemanden auf Armutssafari in unsere Gemeinden zu schicken.«

Und da war der Begriff: »Armutssafari«. Viele Leute kratzten sich den Kopf und fragten sich, was ich mit der Formulierung wohl meinte. Ich hatte mich in die Diskussion eingemischt und zu formulieren versucht, wogegen sich die öffentliche Verärgerung richtete. Ich hatte erklären wollen, dass vieles unglücklich vermittelt und deshalb missverstanden worden war. Die Sache ist ja ein Thema, mit dem ich mich herumschlage, seitdem mir ein gewisses Podium geboten wird innerhalb der von liberalen Mittelklasseperspektiven dominierten Kunst- und Medienkultur. Ich war es gewöhnt, dass man mir die Zusammenhänge zu erklären versuchte, sobald ich auch nur den Mund aufmachte, deshalb hatte ich das Gefühl, es wäre an der Zeit, dass zur Abwechslung die anderen mir zuhörten und sich diese eine Sache erklären ließen. Ich sah es als meine Verantwortung, als Übersetzer zwischen den Klassen zu fungieren und jedem verständlich zu machen, dass die Leute sich nicht direkt über Ellies Projekt aufregten. Dass ein Großteil der Verärgerung aus einem Ineinanderfließen vollkommen disparater Themen entstanden war – Jugendjahre, Bildung, Lebenswandel, Benachteiligung, soziale Mobilität, politische Ausgrenzung. Dass Ellie das Pech hatte, durch ihr Auftreten zum Sinnbild zu werden für etwas, das viele Leute für das eigentliche Problem hielten: die Klassengesellschaft. Es war kaum überraschend, dass die Kommentatoren in den Medien und einflussreiche Kreise der Kunst mir bald über den Mund fuhren; Leute vor allem, die man extra dafür in Stellung gebracht hatte.

Der Aufschrei aus Teilen der Bevölkerung – und die Skepsis gegenüber Politik, Kunst, Medien und Kultur – muss in diesem größeren Kontext gesehen werden. Die Leute, die sich über Ellies Projektankündigung ärgerten, fühlten sich nun ein weiteres Mal in ihren Bedürfnissen und Ansprüchen ignoriert – übergangen, geschmäht, verhöhnt oder ausgebeutet. Als ich den Begriff »Armutssafari« prägte, war das nicht nur ein schneller Hieb gegen Ellies Projekt, es war der Versuch, alles zusammenzufassen, was ich als ein Junge aus der Arbeiterklasse gelernt hatte, als ich der Armut entrinnen wollte und dabei höchst unterschiedliche kulturelle Bereiche durchquerte. »Armutssafari« war ein Versuch, Ellies guten Absichten den Spiegel vorzuhalten und aufzuzeigen, warum sie zwangsweise missverstanden werden mussten. »Armutssafari« war meine Antwort auf die Frage: »Warum seid ihr so wütend?«

Aber sogar dieser Versuch wurde entweder als irregeleitet oder aber als anstößig empfunden.

Und wie es zumeist der Fall ist, war bei der Geschichte noch etwas anderes im Spiel, das mir passenderweise entgangen war, als ich mich kopfüber in den Hexenkessel einer nationalen Debatte stürzte. Während viele meiner Argumente korrekt waren und ich erfolgreich die Gedanken und Gefühle vieler ausdrückte, waren die Motive, warum überhaupt ich mich einmischte, weniger klar. Meine ganze Haltung gegenüber Ellies Projekt orientierte sich zwar an meinem persönlichen Interesse am Thema der sozialen Ungleichheit, es war aber auch gefärbt durch meine Vorurteile gegen Ellie selbst – als Menschen aus der Mittelklasse. Ich betrachtete sie durch meine Klassenbrille. In Wahrheit wusste ich über ihr Projekt nur, was ich in den sozialen Medien darüber gelesen hatte. Wenn ich völlig ehrlich bin, mischte ich mich nur ein, weil es eine gewisse Erwartungshaltung diesbezüglich gab. »15 000 Pfund, um ein Jahr lang in Glasgow zu leben? Unerhört. Ich frage mich, was Loki dazu zu sagen hat.« Die Bühne war bereit, man wartete darauf, was ich sagen würde, also sagte ich etwas, ohne mir wirklich überlegt zu haben, was eigentlich vor sich ging. Die Gegenreaktionen auf Ellies Projekt wurden allmählich global, und vielleicht ärgerte sich ein Teil von mir über die Beachtung, die sie erhielt. Ein Teil von mir war wütend, vielleicht sogar neidisch, weil ihr Projekt im Mittelpunkt so vieler Diskussionen stand. Für mich waren die Themen, mit denen sich ihr Projekt befasste, abgehoben, naiv und exklusiv; dass so viele Leute darum stritten, wirkte auf mich wie eine furchtbare Verschwendung.

Irgendwann dachte ich dann gründlicher darüber nach, warum ich mich eingemischt hatte. Und was bei diesem Nachdenken herauskam, war ziemlich überraschend für mich. Unter meiner ganzen Klassenkampfrhetorik und meinen Erkenntnissen zum Thema der sozialen Ungleichheit und Mobilität strömte ein Fluss reinen Ressentiments, der auf mich wirkte wie eine Droge. Dieses Ressentiment, für das ich entweder blind war oder es als legitim betrachtete, hatte meinen Verstand genau in dem Augenblick vernebelt, als ich glaubte, am klarsten zu denken. Ich handelte in dem Glauben, von einer Sache motiviert zu sein, obwohl es in Wahrheit um etwas ganz anderes ging. Mein Impuls war, anzugreifen, zuzuschlagen, ohne den Versuch zu unternehmen, die Grundlagen der Thematik zu verstehen. Dieser Impuls war so stark und so sehr von meiner Selbstgerechtigkeit stimuliert, dass ich absolut keinen Zweifel daran hatte, zum Angriff auf Ellie berechtigt zu sein. Ich hatte keinen Zweifel daran, dass Ellies Projekt niedergemacht und sie als Künstlerin in Verruf gebracht werden müsste.

Es gibt sicherlich Umstände, unter denen ein solches Vorgehen gerechtfertigt gewesen wäre, doch mir wurde erst später klar, dass ich aus Rache gehandelt hatte. Nicht gegen Ellie persönlich, die ich ja gar nicht persönlich kannte, sondern gegen etwas Unbestimmteres, Undefinierbareres. Tief unter meiner schon fast arroganten Fassade fühlte ich mich so machtlos, dass die Versuchung, gegen diesen vermeintlichen Gegner zu punkten, unwiderstehlich war – auch wenn das bedeutete, dass ich kleinlich wurde und mich unredlich verhielt. Als sich die Gelegenheit ergab, mich selbst ins Gespräch zu bringen, war ich blind für die Tatsache, dass ich Ellie entmenschlichte und auf eine Karikatur reduzierte. Ihre »Mittelklassehaftigkeit« gab mir die Gelegenheit, sie und ihre Unterstützer auf eine beherrschbare Größe zurechtzustutzen und mich in meinem so tröstlichen falschen Glauben zu wiegen. Ich rüstete Ellie mit einer Mittelklasse-Identität aus, obwohl ich rein gar nichts über sie wusste, und benutzte diese Zuschreibung dann als Rechtfertigung, um ihr Projekt zu Fall zu bringen. Es ging nicht um Klasse oder um soziale Ungleichheit, zumindest nicht auf die Art, wie ich glaubte. Es ging darum, dass ich mich gegen Leute wehren und sie verletzen wollte, von denen ich glaubte, dass sie mich ausgrenzten. Das Problem war, dass Ellie zwar in das Profil der Ausbeuterin und Unterdrückerin, das ich im Kopf hatte, zu passen schien, dass sie in Wirklichkeit aber nichts dergleichen war. Wie berechtigt die Kritik auch sein mochte, sie wurde schwer beschädigt von der Art, wie ich sie zu präsentieren suchte.

Als sich mir die Gelegenheit bot, eine internationale Debatte über die Selbstdarstellung von Klasse zu entfachen, ergriff ich sie nicht, da ich eine Rechnung zu begleichen versuchte und mich in das Mäntelchen des Aktivisten hüllte.

Und es war nicht das erste Mal. (Seitdem habe ich selbst viel von dieser Art Zorn abbekommen, und ironischerweise waren die ersten Worte, die mir aus dem Mund kamen, als der Lynchmob vor meiner digitalen Tür stand: »Bitte, bleibt ruhig.«) So unangenehm es mir ist, das zuzugeben, aber ich hätte mir die Zeit nehmen müssen, gründlich darüber nachzudenken, wie ich auf Ellies Projekt am besten reagieren könnte. Mir wurde der Glaube in die Wiege gelegt, dass jede Wut, die ich fühle, gerechtfertigt ist, einfach nur, weil ich aus der Unterschicht stamme. Aber auch wenn das zutreffend wäre, wäre die Wut doch nur dann gerechtfertigt, wenn sie im richtigen Augenblick und auf die richtige Art formuliert wird. Wie beim Alkohol, den Kippen, den Drogen und dem Junk-Food verfliegt auch beim gerechten Zorn der Reiz des Neuen recht schnell und hinterlässt nur den Zwang, sich immer weiter zu erhitzen und aufzuregen, auch wenn einem die angemessene Lösung schon direkt ins Auge springt.

Hätte ich mir Ellies Projekt ein bisschen genauer angeschaut, hätte ich viele Gemeinsamkeiten zwischen uns entdeckt. Ellie war eine angesehene, soziale Aktivistin mit einem starken Interesse an der Renationalisierung des Busverkehrs – nicht gerade ein sehr abgehobenes Thema. Und auch wenn ihr Umweltanliegen mir anfangs ein wenig naiv erschien, war Ellies politisches Vorgehen doch fast identisch mit dem des Pollok Free State, einer Gruppe, die ich seit Teenagertagen verehrte, weil sie mir als Inbegriff einer ethischen Gemeinschaft erschien. Als ich eingehender über Ellies Arbeit nachdachte, erkannte ich eine Frau mit starken Prinzipien in Bezug auf soziale Gleichheit, politische Teilhabe und Umwelt. Sie schob nicht einfach leere Behauptungen oder Plattitüden vor, sondern hatte ganz offensichtlich entschieden, nach gewissen Prinzipien zu leben. Ihre Ernährungsweise, die Transportmittel, die sie bevorzugte, ihre Konsequenz beim Recycling sowie überhaupt ihre Kunst und ihre Karriere sprachen eine eindeutige Sprache: Ellie hatte sich immer bemüht, in Übereinstimmung mit ihren Werten zu leben. Sie übernahm Verantwortung für die Welt, in der wir leben. Ich fing an, sie in einem neuen Licht zu sehen, zuerst widerwillig, bis ich dann endlich meine Vorurteile über Bord warf.

Die irritierenden Schlagworte der Mittelklasse: Veganismus, Fahrradfahren, gesunde Ernährung – all diese Dinge hatten eine praktische Funktion und waren nicht unbedingt so prätentiös, wie ich gedacht hatte. Es ging bei diesen Lebensentscheidungen um ein Leben in Einklang mit den Bedürfnissen einer größeren Gemeinschaft und der Umwelt sowie um die Entwicklung einer nachhaltigen Lebensführung. Trends und Produkte, von denen ich gemeint hatte, sie seien für Wohlhabende und Hipster, waren oft praktische, gesunde, umweltbewusstere Alternativen. Ellies Ehrgeiz, ein ethisches Leben zum Wohle aller zu führen, manifestierte sich auch in ihrem Glasgow Project. Sie versuchte aktiv herauszufinden, ob es für sie als aktive Künstlerin möglich war, ein Jahr lang an einem Ort zu bleiben, ihre Zeit einer einzigen Gemeinde zu widmen und dabei ihre persönliche Umweltbilanz zu verbessern.

In vieler Hinsicht war ihre Untersuchung eine praktische Weiterführung meiner eigenen Armutsforschung. Aber während ich mich vor allem für die Vergangenheit interessierte, für die Wohnsiedlungen oder meine eigene Erziehung etwa, brachte sie zum Ausdruck, was als Nächstes kam. Sie begann, die Gesellschaft, die so viele in unserer Gemeinde ausgegrenzt und uns hatte apathisch und krank werden lassen, neu zu konzipieren. Als ich erkannte, dass wir im Grunde für dieselbe Sache kämpften, veränderte das meine Wahrnehmung von Klasse und Armut. Nachdem ich mir eingestanden hatte, dass meine Herangehensweise irregeleitet war, sah ich mich gezwungen, darüber nachzudenken, wo ich mich sonst noch geirrt haben könnte. Und was für eine Überraschung, kaum war meine Einstellung weniger feindselig geworden, waren auch die Leute, die anderer Meinung waren als ich, bereit zuzugeben, dass sie sich ihrerseits vielleicht geirrt hatten.

Vielleicht sollte man von jemandem, der sich selbst als arm oder Teil einer geschädigten oder unterdrückten oder marginalisierten Gruppe sieht, nicht erwarten, dass er das eigene Denken und Verhalten einer kritischen Prüfung unterzieht. Aber mir fällt doch auf, dass ein Großteil meines Denkens und der Argumentationen der vergangenen Jahre von Scheinheiligkeiten durchsetzt war. Scheinheiligkeiten – weil ich mich freisprach von der Verantwortung für ein Verhalten, das genauso war wie das der Leute, die ich kritisierte, und zugleich wunderte ich mich, dass der Dialog so frustrierend und entmutigend war.

Ein paar Wochen, nachdem der Skandal um den Glasgow Effect sich gelegt hatte, wurde ich zu einer Podiumsdiskussion mit Ellie eingeladen. Als ich am Veranstaltungsort ankam, sah ich sie sofort am Eingang stehen, sie trug die Jacke einer Schülerlotsin. Die Arroganz, die ich ihr unterstellt hatte, war tatsächlich Selbstironie: Sie nahm sich ganz offensichtlich weniger wichtig als ich mich selbst. Mein Herz schlug schneller, da ich den Augenblick unserer ersten Begegnung oft durchgespielt hatte, sich unsere Wege jetzt aber ganz unerwartet und unvermittelt hier draußen schon kreuzten. Zum Glück wurde sie umringt von Fans, deshalb ging ich in das Gebäude hinein, als wäre ich gerade noch einmal davongekommen, und sammelte mich. Eigentlich war es meine Absicht gewesen, mich vor Beginn der Diskussion bei Ellie zu entschuldigen, aber nun ging es hier am Veranstaltungsort zu turbulent zu und die Sache hätte wohl nicht die nötige Aufmerksamkeit bekommen. Ich setzte mich neben einen Freund, dem Verfasser einer der vielen Reaktionen auf meine Intervention, die mich zur Selbstreflektion gezwungen hatten. Rechts von mir begrüßte Ellie einige Freunde und Zuschauer. Da ich jetzt im selben Raum mit ihr war, sah ich, unter was für enormem Stress Ellie seit dem Skandal ganz offensichtlich gestanden hatte. Sie wirkte nervös und erschöpft. Was es bedeuten musste, von den Bluthunden der sozialen Medien gejagt zu werden, dämmerte mir erst jetzt; Ellie hatte eine entsetzliche Tortur durchstehen müssen. Der Skandal hatte über Wochen angedauert und war noch verschlimmert worden durch die Tatsache, dass ihre Geld- und Auftraggeber hatten intervenieren müssen, um gewisse Details ihres Jobs und ihrer Bewerbung zu erklären. Dies hatte zu noch mehr Nachforschungen und Spekulationen über ihr Privatleben geführt. Ellie hatte nicht nur die robuste Kritik der Mainstream-Medien ertragen müssen, sie hatte auch Unmengen von ekelhaftem, frauenfeindlichen, hasserfüllten Schwefel im Netz abbekommen. Alles, von ihrer Karriere bis zu ihrer persönlichen Erscheinung und ihrer Sexualität, war zum Abschuss freigegeben worden, während Tausende Möchtegernkritiker sich an der Schmutzkampagne beteiligt hatten – einer Schmutzkampagne, die ich miterzeugt hatte. Während ich ziemlich verlegen dasaß und über meinen Teil an dieser ganzen Sache nachdachte, tauchte ein weiterer Freund von Ellie auf.

Sie umarmten sich, und diese Umarmung dauerte länger als eine schlichte Begrüßung. Ich fragte mich, ob die beiden sich vielleicht länger nicht gesehen hatten – ob es vielleicht ihre erste Begegnung war, seit Ellie zur Volksfeindin Nummer eins geworden war?

Dann hörte ich, trotz des Lärms um mich herum, ein Schluchzen. Aus dem Augenwinkel heraus sah ich, dass Ellies Kopf sich an der Brust des Freundes hob und senkte. Da ich jetzt mit dieser realen Frau konfrontiert war und nicht mit der Karikatur, die ich geschaffen hatte, war es vollkommen unmöglich, die Überzeugungen aufrechtzuerhalten, auf die ich mich zuvor berufen hatte. Hier war ein anständiges, zerbrechliches menschliches Wesen, das in guter Absicht gehandelt hatte, und weinte sich die Seele aus dem Leib. Eine Frau, die fast am Boden zerstört war. Meine Selbstrechtfertigungen in Bezug auf Klasse und Kultur fühlten sich plötzlich hohl, eigennützig und wahnhaft an. Ja, ihre Herangehensweise war töricht, ungeschickt und schlecht konzipiert gewesen. Ja, ihr Bild vom Leben in den Arbeitergemeinden musste angefochten werden. Ja, es gab wichtige Fragen darüber, warum so viele Leute sich politisch ausgegrenzt und kulturell falsch dargestellt fühlten und ihr Wut und Zorn manchmal berechtigt und sogar nötig waren. Aber als sie sich die Augen wischte und ich so tat, als würde ich es nicht bemerken, wurde offensichtlich, wie destruktiv meine Klassenpolitik wirklich geworden war. Ich war so erfüllt von meiner Wut und meiner moralischen Gewissheit gewesen, dass ich nicht erkannt hatte, wie sehr Ellie Harrison, in all ihrer Mittelklassepracht, nicht der Feind, sondern eine Verbündete war in dem Kampf, den ich schon mein ganzes Leben lang führte. Etwas missmutig kam mir der Gedanke, dass ich, falls ich in Zukunft einmal wieder zuschlagen wollte, mir genauer anschauen sollte, auf wen ich da einprügelte.

32

Rules for Radicals

»Aber nein, wir haben keine zu geringe Zeitspanne [des Lebens], sondern vergeuden zu viel davon«, schrieb der Stoiker Seneca im alten Rom in einem Traktat, das sich als sehr vorausschauend erweisen sollte. Man kann annehmen, dass er nicht der Erste war, der über das Dilemma der richtigen Lebensführung nachdachte, aber wir können alle froh sein, dass er den Gedanken aufschrieb, bevor er ihn wieder vergaß. Es ist schon sehr tröstlich zu wissen, dass sogar damals schon, als die Lebensspanne im Allgemeinen noch viel kürzer war – etwa 40 Jahre –, die Leute ihre Nachmittage damit verplemperten, über die unlösbaren Probleme ihrer Existenz nachzudenken. Ich frage mich, was Seneca dazu gesagt hätte, dass wir zweitausend Jahre später – mit einer doppelt so langen Lebenszeit – noch immer kein bisschen schlauer sind.

Als Nebenprodukt ihres Grübelns erschufen Denker wie Seneca einen Großteil des intellektuellen Gerüsts, an dem noch heute viele unserer Gedanken und Meinungen hängen; die Schichten und Ebenen des Verständnisses, die Blickwinkel, in denen wir auf Themen schauen, der Verlauf, den unsere Erkundungen nehmen. Diese Gedanken entstanden nicht immer so einfach und natürlich, wie es heute scheinen mag. Sie waren das Produkt schwieriger Debatten, von denen viele Entrüstung und Unbehagen hervorriefen, schließlich aber eine riesige Patchwork-Karte für den Weg durchs Leben lieferten. Eine Karte, an die wir inzwischen so gewöhnt sind, dass wir sie nur noch als Klischee betrachten.

Denken Sie an jedes unscheinbare Sprichwort, das Sie kennen, und stellen Sie sich vor, wie es war, als es zum ersten Mal geäußert wurde. Für uns sind diese kleinen Juwelen der Weisheit ganz selbstverständlich. Ein Großteil des Wissens, das wir heute als Währung nutzen, beruht auf der Vorarbeit eines anderen. Wir sind alle bloß Nachahmer, Betrüger und Schwindler. Unser unsteter Verstand ist voller Informationsfetzen, die von anderen Menschen lange vor uns in die Welt gesetzt wurden – Menschen, denen wir kaum danken oder Anerkennung zollen, außer vielleicht, um mit unserer eigenen Intelligenz zu prahlen. Aber diese Wahrheiten, von anderen destilliert und später von uns Sterblichen übernommen, versuchen allesamt, zum Kern einer Sache vorzudringen, indem sie die Hybris der jeweiligen Zeit durchstoßen. Und es gibt wenige Klischees, die so schlicht und so allgegenwärtig sind wie »Das Leben ist zu kurz«, was allem Anschein nach das Thema war, mit dem Seneca der Jüngere sich in seinem Essay »Die Kürze des Lebens« herumschlug.

»Lange genug ist das Leben«, schrieb er, »und reichlich bemessen auch für die größten Unternehmungen – wenn es nur insgesamt gut angelegt würde. Doch sobald es in Verschwendung und Oberflächlichkeit zerrinnt, sobald es für keinen guten Zweck verwendet wird, dann spüren wir erst unter dem Druck der letzten Not: Das Leben, dessen Vergehen wir gar nicht merkten, ist vergangen.«

Ein Großteil meines eigenen Lebens habe ich mit nachlässigem oder fehlgeleitetem Denken verschwendet. Wieder aufgewärmte, alte Argumente, vermeintliche Siege, üppige Phantasien, die über das Normale hinaus ins Absurde und Extreme gingen – zu viel davon hat mich viel zu lange unglücklich gemacht. Da ich nicht herausfinden konnte, warum das so war, legte ich mir meine falschen Überzeugungen zu.

Ich dachte an die Vergangenheit zurück, weil ich glaubte, so der Wahrheit auf den Grund zu kommen. Tatsächlich war es jedoch nur eine vorgetäuschte Forschung. Ich wollte in einem Konflikt immer nur meine eigene Rolle definieren, genauer, ich wollte mich von jeder Schuld freisprechen – während ich sie anderen großzügig zuwies. Wenn ich den Leuten, gegen die ich etwas hatte, so viel Freiraum zugestanden hätte wie mir selbst, was wäre dann gewesen? Vielleicht ist es normal, sich als Protagonisten der eigenen Geschichte darzustellen. Das Leben nur aus der eigenen Perspektive zu sehen. Aber nur weil es normal ist, muss es noch nicht richtig sein. Auch jetzt räume ich noch den Schutt eines Lebens weg, das auf wenig anderem basierte als dem Vorsatz, immer nur das zu tun, was sich gerade gut anfühlte. Ich zog es vor, die Weisheit derer zu ignorieren, die vor mir gekommen waren, und ich zahlte einen hohen Preis dafür.

Für viele ist nichts frustrierender oder verwirrender als die Weisheit der eigenen Eltern. Zum Glück liegt dieser Konflikt in meiner Vergangenheit; die Beziehung zu meinem Vater hat sich verbessert, je erwachsener ich wurde. Die Zeit heilt alle Wunden – um ein weiteres wunderbares Sprichwort zu verwenden. Und oft hilft auch ein bisschen Abstand. Wenn der

Stress eine Familie zerreißt und jeden Einzelnen auf Kollisionskurs mit dem eigenen Leben treibt, dann ist es zumeist ratsam, sich gegenseitig aus dem Weg zu gehen. Man schafft Gelegenheit für die nötigen Reflektionen, man wächst vielleicht an sich selbst, und im Fall meines Vaters und mir hat ein bisschen körperlicher Abstand auch das Potential für Mitgefühl und Verständnis geschaffen.

Das Leben scheint in die Spur zurückzufinden, wenn zwischen den gegnerischen Fraktionen einer Familie die Harmonie wieder hergestellt wird. Man erkennt die Sinnlosigkeit des Streits. Die einen müssen lernen, sich auf die Zunge zu beißen, die anderen, weniger oft zu Besuch zu kommen. Auch wenn es nicht immer einfach ist – oft ist Vergeben und Vergessen die einzige Lösung. Alles andere macht einen krank, ganz egal, wie gerechtfertigt die eigene Wut ist. Normalerweise ist es so, dass denjenigen, die uns Unrecht getan haben, irgendwann davor auch Unrecht getan wurde, so wie es auch wahrscheinlich ist, dass einer, dem von anderen ein Schaden beigebracht wurde, im Verlauf seines Lebens diesen Schaden unzählige Male weitergeben wird. In gewissem Grade sind wir alle in unterschiedlichen Stadien unseres Lebens Opfer und auch Täter, aber wir neigen dazu, uns nur an das Unrecht zu erinnern, das uns selbst zugefügt wurde.

Was meine Mutter betrifft, so hatte sie nie eine Chance. Nachdem sie in jungen Jahren vergewaltigt und von ihrer Mutter verstoßen wurde, weil sie offen davon sprach, suchte sie Zuflucht in Sex, Alkohol, Drogen und später im Kinderkriegen. Aber jede Suche meiner Mutter scheiterte; ihre Bewältigungsstrategien liefen ins Nichts. Als ihre Eltern ihren eigenen Süchten erlagen und ihr immer kleiner werdender Kreis aus Freunden und Geschwistern sich um ihr jeweils eigenes Leben kümmerte, nüchtern wurde oder mit der Nadel im Arm starb, entfernte meine Mutter sich immer mehr von der Wirklichkeit. Sie konnte niemals erkennen, wie abnormal ihr Leben war und dass es auch eine andere Art des Denkens und Seins gab. Es gab einfach nichts, womit sie ein solches Leben hätte vergleichen können. So wie ich unsicher und ängstlich war, wenn ich es mit Leuten zu tun hatte, die ich innerhalb der Klassengesellschaft als höherstehender betrachtete, schreckte meine Mutter vor der grundlegendsten menschlichen Interaktion zurück, wenn sie nicht berauscht war. Sogar vor der mit ihren Kindern. So gering war ihre Selbstachtung. Wo ich in den Augen meiner Mutter früher nur Hass gesehen habe, sehe ich jetzt Schmerz, Trauma und eine tiefe Frustration, weil sie sich nach einer Verbundenheit mit ihrem Umfeld sehnte, aber nicht wusste, wie man sie herstellt. In ihren Augen sehe ich mich selbst. In ihrem kurzen Leben sehe ich meine eigene Zukunft, sollte ich in Versuchung geraten, in diese Welt aus Rauch und Spiegeln zurückzukehren. Je älter ich werde, umso besser verstehe ich, wie schwer es für meine Eltern gewesen sein musste, die selbst noch Kinder waren, als ich geboren wurde. Im Klischee ihres Lebens erkenne ich jetzt die Samen der Weisheit.

Während ich mich weiter von der Vergangenheit erhole und mich an die oft wenig idealen Rhythmen des Lebens gewöhne, machen die alten, in meinen jugendlichen Idealen verwurzelten Ressentiments Platz für einen neuen Pragmatismus. Diese Tendenz weg von der Ichbezogenheit und hin zu dem Wunsch, die Vergangenheit beiseitezuschieben, ist nicht völlig altruistisch, auch wenn sie anderen nützt. Sie wurzelt in einer unbequemen Wahrheit: Je länger ich lebe, desto höher ist die Wahrscheinlichkeit, dass ich ähnliche Fehler mache wie jene, die ich für so lange Zeit verurteilt habe.

Als Kind verurteilte ich die Sauferei meiner Mutter und hasste sie, weil sie als Mitglied unserer Familie nicht anwesend war. Als Teenager konnte ich selbst nur mit meiner Familie zusammen sein, wenn ich getrunken hatte. Ich konnte nicht verstehen, wie meine Mutter uns verlassen konnte, ohne sich zu fragen, wie es uns wohl ging und was wir taten. Als ich zu trinken anfing, interessierte ich mich kaum für das Leben meiner Geschwister, außer wenn sie zu einer meiner Partys kamen. Natürlich war das Trinken, wie bei allen meinen Befürchtungen und Fehltritten, immer etwas anderes, wenn *ich* es tat. Es gab immer einen argumentativen Winkelzug, ein akrobatisches Kunststück der Selbstrechtfertigung, um meine eingebildete moralische Überlegenheit nicht aufgeben zu müssen, aber tief drinnen wusste ich doch, dass ich ein Heuchler, ein Betrüger und Lügner war. Ich habe gelernt, meine Entrüstung über das Verhalten anderer zu zügeln. Ich beobachte vor allem das Verhalten meiner Eltern sehr genau, weil meine Erfahrung mir sagt, dass ich dazu verurteilt bin, die Dinge zu wiederholen, die ich früher kritisiert habe – wenn ich nicht aufpasse.

Tatsächlich kommt vieles von der Weltsicht, die ich mir jetzt langsam aneigne, von meinem Dad; meine Werte, Haltungen und Überzeugungen wie auch meine Fehler und Schrullen. Irgendwann in meinem Leben – wahrscheinlich, als ich hinausgeschickt wurde, bevor meine Mutter starb – fing ich an, meinen Vater für den Bösewicht in meiner persönlichen Geschichte zu halten. Ich war undankbar, noch nicht reif genug. Beweise für die Unaufrichtigkeit meines Denkens liefert meine Bereitschaft, alle meine Misserfolge und Probleme meinen Eltern zuzuschreiben, aber jeden Erfolg mir selbst als Verdienst anzurechnen. Mein jugendlicher Glauben bestand darin, dass ich der Schwerkraft der Armut nur trotz meiner Mutter und meines Vaters entkommen könnte. Nicht wegen ihnen.

Ich glaube, später übertrug ich dieses Wahnbild auf die ganze Gesellschaft.

Meine Arroganz und Naivität machten mich blind für die Tatsache, dass der Einfluss meines Vaters in meinem Leben allgegenwärtig war – bis hin zu meiner Entscheidung, Künstler zu werden. Wie bei den Denkern der Alten Welt, die für uns die Schwerarbeit übernommen hatten, minimierte und verwarf ich die Weisheit meines Vaters als überholt und altmodisch, obwohl sie mir doch in Wahrheit einen festen Stand vermittelte. Nur ein Jahr nach meinem Auszug von zu Hause, als ich endlich die Möglichkeit hatte, all die Dinge zu tun, denen mein Vater enge Grenzen gesetzt hatte, also zu saufen, zu rauchen und Junk-Food in mich hineinzustopfen, war mein Leben rettungslos aus dem Ruder gelaufen.

Mein Vater hatte immer großen Wert darauf gelegt, dass ich finanziell Verantwortung übernahm und die Wünsche und das Eigentum anderer respektierte. Doch kaum war ich aus der Tür, wurde ich zu einem verantwortungslosen, impulsiven Wirrkopf, der sich immer heftigeren Exzessen hingab. Mein Vater tat alles, um mich zu gesundem Essen und regelmäßiger Bewegung zu ermutigen, sorgte dafür, dass wir alle funktionierende Fahrräder hatten, und ging einmal pro Woche mit uns zum Schwimmen. Vor allem sagte er mir immer wieder, dass ich nie und unter keinen Umständen einen Job annehmen dürfe, der mir nicht gefiel, wenn ich den Traum hatte, Schriftsteller zu werden.

Die Tugenden, die er mir zu vermitteln versuchte, hätten mir wahrscheinlich viele Jahre voller Elend und Stress erspart. Aber ich verachtete ihn, verbannte seine Weisheit völlig aus meinem Denken und entschied mich stattdessen, die Weisheiten von Schönwetterfreunden und manipulativen Saufkumpanen anzunehmen, die mir ohnehin nur erzählten, was ich hören wollte. Mit Schaudern denke ich daran, wie wenig ich wusste, als ich glaubte, alles zu wissen, und wie verletzlich ein solcher Mangel an Einsicht mich machte. Das ist der Grund, warum ich nicht glaube, dass ich mir je einer Sache wieder ganz sicher sein werde – abgesehen von meinem Talent vielleicht, mich auf verblüffende Weise zu irren.

Heute ist der Tag, an dem ich mein Buch endlich abschließen werde. Wenn ich gewusst hätte, dass es so schwer würde, eines zu schreiben, hätte ich es bleiben lassen und lediglich eins gelesen. Es ist Vormittag, ich sitze im Starbucks, mit Blick auf das Foyer des Silverburn, fast neun Jahre nach Eröffnung der Mall. Ich hätte nie gedacht, dass ich ausgerechnet hier landen würde. Jahrelang habe ich die Augen verdreht, wann immer dieses Einkaufszentrum erwähnt wurde; ich hob den Mittelfinger in die Luft, wenn ich nur daran vorbeiging. Das Silverburn wurde, wie so viele andere Dinge, zu einem Symbol, das alles umfasste, was falsch war in meinem Leben. Aber die Dinge haben sich verändert, und ich mich ebenfalls. Manchmal mache ich mir Sorgen, ich könnte mich nicht zum Besseren verändert haben. Dass ich mich zu weit von meinen Wurzeln entferne oder absorbiert werde von genau dem System, gegen das ich mein ganzes Leben angewettert habe. Oft hatte ich das Gefühl, dass ich keine andere Wahl habe, als mich zu verändern, und dass das Problem, falls es eins gibt, bei denen liegt, die stur so bleiben, wie sie sind, trotz allem, was geschieht. Ich nehme an, ich werde nie ganz herausfinden, ob diese Veränderung, die ich durchmache, passiert ist, weil ich meine Prinzipien verraten habe, oder weil ich tiefere Einsichten in das Leben gewonnen und mich weiterentwickelt habe. Was auch zutreffen mag, zum Glück habe ich kaum noch Zeit, über solche Sachen nachzudenken.

Neben mir steht ein leuchtend orangefarbener Kinderwagen mit hochgezogenem Dach. Gut verpackt liegt darin, im morgendlichen Nickerchen laut schnurrend, ein einjähriger Junge namens Daniel. Mein Sohn. Es war der erste Tag, an dem ich ernsthaft versuchte, mit dem Rauchen aufzuhören, als ich die Nachricht erhielt, dass ich im Frühling 2016 Vater werden würde. Diese Nachricht war besonders erschreckend, nicht zuletzt, weil ich mein Leben im Stillen mit der Frage zugebracht hatte, was für ein schlechter Vater ich sein würde, sollte jemals ein Kind das Pech haben, unter meine Fittiche zu geraten. Jahrelange verbitterte Selbstgespräche hatten mich überzeugt, dass ich nicht fähig wäre, die Vaterrolle zu übernehmen. Tatsächlich internalisierte ich die pompöse Vorstellung, mein größtes Geschenk an die Welt wäre es, mich niemals fortzupflanzen. Tief drinnen war meine größte Angst, dass ich als Vater meinem Kind meine falschen Überzeugungen vererben und sein kleines Leben so mit sinnlosem Schmerz, Konflikten und Selbstzweifeln beladen würde. Als der Junge geboren wurde, sah er nicht aus wie ein Baby. Ich weiß noch, er ähnelte einem kleinen blauroten Alien in einer durchsichtigen Tasche. Meine einzige Erfahrung mit dem Thema Geburt waren bis zu diesem Zeitpunkt die Medizinserien gewesen, die ich als Kind gesehen hatte und bei denen meine Großeltern immer verlegen hüstelten, wenn die Ärzte von »Vaginas« sprachen. Aus diesem Grund erwartete ich, dass mein Sohn voll entwickelt und in einem *Dschungelbuch*-Strampler auf einem Kinderstuhl sitzend auftauchen würde. Dann war die Sache jedoch extrem blutig; meine Partnerin wurde halb wahnsinnig vor Schmerzen, und zugleich waren wir uns voll bewusst, dass das Baby keinen Ton von sich gab. Diese ersten Sekunden der Stille waren die längsten; mir wurde schlecht bei dem Gedanken, dass etwas nicht stimmen könnte.

Und dann schrie er. Seine Babyhaut wechselte von blaurot zu rosig, seine Augen öffneten sich langsam, und seine kleine Lunge presste den Schrei aus seinem winzigen Mund. Ich hätte mir nie gedacht, dass es mich so erleichtern würde, ein Baby schreien zu hören.

Der Reiz des Neuen ließ schnell nach. Ein Jahr später hat sich nun alles in meinem Leben verändert. Nicht unbedingt, weil ich es so wollte, sondern weil es eben nicht anders ging. Das alte Leben funktionierte nicht mehr. Heute weiß ich, der beste Beitrag, den ich für eine Gesellschaft leisten kann, ist es, ihr ein gesundes, glückliches und behütetes Kind zu schenken. Heute weiß ich, die eigene Veränderung ist die beste Möglichkeit, um die Gesellschaft zu verändern. Nur wenn man sich selbst erfolgreich verändert, kann man so vielen Menschen wie möglich erklären, wie genau man es geschafft hat.

Einige werden einwenden, dass meine Innenschau nur eine andere Form struktureller Unterdrückung ist; ein Auswuchs der neoliberalen Ökonomie, die uns ermutigt, den Blick von den Ungerechtigkeiten der Welt abzuwenden und uns stattdessen auf die Selbstoptimierung zu konzentrieren. Andere werden sagen, die Innenschau ist Drückebergerei, weil sie die Macht nicht herausfordert. Denen sage ich: Ihr seid völlig nutzlos für jede Familie, Gemeinschaft, Sache oder Bewegung, wenn ihr nicht zuerst in der Lage seid, die Maschinerie eures eigenen Lebens zu steuern. Das heißt nicht, dass jeder Widerstand aufhören muss. Es heißt auch nicht, dass Macht, Korruption und Ungerechtigkeit nicht angeprangert werden dürfen; es heißt ganz einfach, dass parallel zu allen notwendigen Aktionen die Bereitschaft da sein muss, das eigene Denken und Verhalten einer kritischen Prüfung zu unterziehen. Das ist keine Drückebergerei, das ist der Radikalismus des 21. Jahrhunderts.

Mein ganzes Leben hat mich ein Gefühl der Antriebslosigkeit verfolgt. Ich war zu antriebslos, um ein Buch zu lesen, zu antriebslos, um Poesie zu genießen. Ich war zu antriebslos, um toxische Beziehungen zu verlassen, zu antriebslos, um auf Junk-Food zu verzichten, zu antriebslos, um mit dem Alkohol- und Drogenkonsum aufzuhören. Meine Lösung für jede Situation, in der mir der Antrieb fehlte, bestand darin, dass ich darauf bestand, jemand anders an meiner Stelle müsste intervenieren: Der Zugang zu Junk-Food müsste beschränkt, Werbung müsste gedrosselt, Alkohol und Drogen müssten verboten werden. Ich träumte von einer implodierenden Gesellschaft, glaubte naiv, ihr Niedergang würde mein Leben einfacher machen. Alles war unmoralisch, ungerecht und von Korruption durchsetzt. Schlimmer noch, ich glaubte das alles so inbrünstig, dass es mich beleidigte, wenn jemand das Gegenteil behauptete. Wie sich zeigte, war das eine sehr törichte Art von Energieverschwendung. Aber es ist oft einfacher, die Löcher in der Geschichte eines anderen zu sehen, als zu erkennen, welche Lügengeschichten man sich selbst zusammengesponnen hat.

Während ich nun hier im Starbucks sitze, auf dem Friedhof meiner jugendlichen Ideale, beschleicht mich das tröstende Gefühl, dass das Leben vielleicht doch nicht so schlecht sein könnte. Der Pollok Free State wurde eben nicht zu einer fernen Erinnerung, sondern lebt weiter im GalGael Trust unter der Führung von Colin Macleods Witwe und dem Umweltschützer Gehan Macleod. Der GalGael ist ein erfolgreiches lokales Gemeinschaftsprojekt, das »als Zufluchtsort für all jene dient, deren Leben von Stürmen wie Arbeitslosigkeit, Depression oder Sucht durchgeschüttelt wurde«.

In Govan ansässig, bietet die Initiative ein Arbeitsumfeld, das inspirierende Bedingungen schafft, einen Ort, wo Fehler nicht nur gemacht, sondern als lehrreich und unverzichtbar anerkannt werden, wo alte Themen zurückgelassen und neue Identitäten geschmiedet werden. Eines der Hauptanliegen der Initiative besteht darin, die Leute zu ermutigen, Verantwortung für das eigene Leben zu übernehmen und über ihre Feindseligkeit hinauszuwachsen.

Die jungen Sozialisten, die Mitte der 1990er-Jahre vom Zusammenbruch ihrer Bewegung demoralisiert wurden, sind jetzt einflussreiche Aktivisten, Gewerkschaftler, Journalisten und richtungsweisende Persönlichkeiten unserer Gesellschaft, die subtil die nationale Debatte über eine Vielzahl von Themen lenken – Menschenrechte, Gleichberechtigung und natürlich Armut. Drüben in Castlemilk wurde Cathy zwar nicht gewählt, aber die Erfahrung, einen Wahlkampf zu führen, erwies sich als unbezahlbar; die CAA wächst weiter in ihrem Bemühen um politische Teilhabe und Selbstbestimmung.

Und letzte Woche wurde meine Schwester, trotz aller Schwierigkeiten, die sie im Leben hatte, an der Glasgow University für ein Studium der Politologie zugelassen – die Erste in unserer Familie, die eine Universität besucht.

Und während ich versuche, die letzten paar Hundert Worte niederzuschreiben, bevor mein Sohn aufwacht, bin ich gezwungen, mich mit der früher undenkbaren Vorstellung herumzuschlagen, dass die Gesellschaft trotz all ihrer internen Widersprüche vielleicht doch nicht so grausam, gefühllos und unveränderbar ist, wie ich früher glaubte. Dies anzuerkennen, ist keine Geringschätzung derer, die zu kämpfen haben. Ich bin überwältigt vor Dankbarkeit, dass die Gesellschaft, in die ich zufällig hineingeboren wurde, trotz ihrer schreienden Ungerechtigkeit und des enormen Verbesserungsbedarfs, so viel von ihrer grundlegenden Integrität bewahren konnte, dass ich in der Lage war, meine persönlichen Schwierigkeiten zu überwinden und ein aufrechteres und sinnvolles Leben zu führen. Jetzt, da ich ein Kind aufzuziehen habe, macht der Gedanke an eine Revolution mir Angst. Junge Aktivisten erscheinen mir zuweilen selbstgerecht und unvernünftig. Wenn ich die Linke betrachte, sehe ich einen besorgniserregenden Mangel an Selbsterkenntnis und einen pathologischen Glauben an die Legitimität der eigenen Ressentiments, die jedoch das höhere Ziel der sozialen Gerechtigkeit zu untergraben beginnen. Ich sehe Leute aus der Arbeiterklasse, die nicht in das Denkschema der Linken passen und abgeschrieben werden von den Aktivisten, Künstlern und Politikern, die sie eigentlich verteidigen und inspirieren sollten. Und am schlimmsten, ich bekomme allmählich das Gefühl, dass Ansichten wie die meinen immer weniger willkommen sind. Manchmal habe ich das Gefühl, dass für jemanden wie mich die Linke kein sicherer Ort mehr ist. Aber ich habe mich auch in der Vergangenheit schon geirrt. In mir sind Instinkte erwacht, von denen ich gar nicht wusste, dass ich sie in mir trage. Ich denke an den Schutz meiner Familie, an das Leben, das ich meinem Sohn ermöglichen möchte. In dieser nächsten Phase, da ich nun aufs mittlere Alter zusteuere, wird es darum gehen, die neue Realität meines Lebens als verantwortungsvoller Vater mit dem Idealismus meiner Vergangenheit zu versöhnen.

Wer weiß, vielleicht verrate ich, indem ich mir selbst eine Entwicklung gestatte, meine eigene Klasse. Vielleicht ist es Blasphemie zu behaupten, dass wir, als Individuen und Gemeinschaften, ein gewisses Maß an Verantwortung übernehmen müssen für die Art, wie wir denken, fühlen und leben. Dass eine Gesellschaft, die nach anderen Prinzipien aufgebaut ist, nicht erstrebenswert ist. Vielleicht habe ich aufgegeben, mich unterworfen. Vielleicht ist das alles der große Ausverkauf. Es steht mir wirklich nicht zu, das zu sagen, oder? Sagen kann ich nur, dass es ein viel größerer Verrat an mir selbst und meiner Klasse wäre, würde ich leugnen, dass ich mich, trotz bester Bemühungen, geändert habe. Das ist das Radikalste, was ein Mensch tun kann.

Dank

Wenn die Freundlichkeit, die Geduld und der gute Wille der anderen und nicht zuletzt die Unterstützung und Ermutigung durch meine Partnerin Rebecca nicht gewesen wären, hätte ich dieses Buch unmöglich fertigstellen können. Für die letzte Kraftanstrengung musste ich mir ein paar Wochen Urlaub nehmen und sie zu Hause in einer Zeit allein lassen, in der sich in unserem Leben beträchtliche Umbrüche ereigneten. Zum Glück bekommen wir viel Unterstützung, vor allem von Linda und Edward Wallace, Rebeccas liebenden Eltern, wie auch vom Rest ihrer Familie, die uns regelmäßig unter die Arme greift. Ich weiß nicht, was wir ohne euch tun würden. Vielen Dank für eure Freundlichkeit und euer gutes Vorbild. Ich danke meiner Tante Rosie und meiner Schwester Sarah Louise, die das Band sind, das unsere Familie zusammenhält; und Onkel Thomas dafür, dass er immer da war, wenn es etwas Schweres zu heben gab. Danke euch allen, dass ihr mir beigebracht habt, wie man sich nützlich macht und dabei immer eigensinnig bleibt. Eure Unterstützung wird immer als solche bemerkt.

An meine engen Freunde, die ich nicht so oft sehe, wie ich

möchte: Ich schreibe immer mit euch in Gedanken. Wenn wir erst mal die Trümmer unserer Adoleszenz weggeräumt haben, werden wir hoffentlich neue Wege des Miteinanders finden, ohne dass Lady Massaker uns über die Schulter schaut.

Eine Danksagung muss auch an David Burnett alias Big Div gehen, den ersten Menschen, der mein Talent erkannte und förderte, als ich noch ein unberechenbarer junger Mann war; der Hip-Hop hat mir ein außergewöhnliches Leben ermöglicht, und vieles von dem, was ich erreicht habe, kann ich zurückführen auf diese frühen Tage im Ferguslie Park. Dank auch an Sace Lockhart und David »Defy« Roberts; sie waren die großen Brüder, die ich nie hatte, und haben mich in meinem ganzen bisherigen Leben unterstützt.

Ein besonderer Dank geht an Gavin von Luath Press für sein Vertrauen in meine Vorstellungskraft, und weil er intuitiv spürt, was ich als aufstrebender (will sagen: junger) Autor brauche. Auch an Jennie Renton für ihren Einsatz gegen Ende der Lektoratsarbeit (ich zucke zusammen bei dem Gedanken, was ich vor Beginn ihrer Mitarbeit herauszugeben bereit war) und an Hilary Bell, die am Anfang, als ich noch keine Ahnung hatte, was ich tat, eine große Hilfe war.

Vielen Dank auch an Neu! Reekie!, weil ihr für mich einer der wenigen sicheren Orte innerhalb der schottischen Kulturlandschaft wart. Vieles von dem, was in diesem Buch gelandet ist, stammt aus Erkundungen, zu denen mich Neu! Reekie! ermutigt haben – es ist schön, wenn Leute einen der Öffentlichkeit präsentieren, ohne sich im Voraus dafür zu entschuldigen. Dank schulde ich auch den Lektoren, Direktoren, Journalisten, Experten und Mentoren, deren Unterstützung, Anleitung und konstruktive Kritik grundlegend waren für den Fortschritt meines Schreibens, vor allem Mike Small, Paul McNamee, Claire Stewart, Stephen Daisley und Karyn, Graham und June von VRU. Danken möchte ich auch meinen Collegedozenten Kathleen, Felicity, Karen, Mary und Charles, weil sie mir den Unterschied zwischen Meinung und Journalismus beigebracht haben, und meinen leidgeprüften Klassenkameraden, vor allem Cat, Connor und Anna-Roisin, die mir nach einem schweren Rückfall in die Trunksucht durch den Kurs halfen.

Dankbar bin ich auch den schottischen Schriftstellern und Künstlern, ob Profis oder nicht, die auf verschiedene Weise eine Quelle der Inspiration und der Unterstützung für mich waren, und vor allem Tom Leonard. Für seine Ermutigung, seine Weisheit und Ernsthaftigkeit bin ich ihm zu tiefem Dank verpflichtet – und dass er mich daran erinnerte, womit ich es als ehrgeiziger Schriftsteller aus Pollok zu tun bekommen würde. Dank außerdem dafür, dass er mir erlaubt, sein Gedicht »Liason Coordinator«, ursprünglich veröffentlicht in »Ghostie Men«, in dieses Buch aufzunehmen.

Ich ziehe den Hut vor der Poverty Truth Commission, der Klasse von 2009 – ihr seid das Original und die Besten. Unsere gemeinsame Zeit hat die Richtung meines Denkens und damit mein Leben fundamental verändert. Ich hoffe, ich habe ein Buch geschrieben, das unsere Hoffnungen, Ängste, Dilemmas und Widersprüche widerspiegelt. Ein besonderer Dank an Paul Chapman für seine Rücksichtnahme und sein Mitgefühl; wenn man mich fragt, ob ich ein Mann des Glaubens bin, sage ich noch immer: »Habe ich wirklich eine Wahl?« In diesem Sinne auch ein Dank an meinen Sponsor James, der mir eine neue Art zu leben gezeigt hat. Nur nüchtern konnte mir all dies gelingen.

Entscheidend für das vorliegende Buch waren zudem die Spenden von 228 Menschen, die meinem Crowdfunding-Aufruf folgten und es mir so ermöglichten, mich ein Jahr lang aufs Schreiben zu konzentrieren, in dem Bewusstsein, dass meine Familie nicht schwer betroffen sein würde und ich mich vor niemandem rechtfertigen müsste. Ich bin euch allen dankbar, dass ihr mir die Zeit und den Raum gegeben habt, *Armutssafari* zu schreiben – eure Unterstützung war eine Quelle des Lichts in einer Zeit, in der ich nur wenig zuversichtlich war; ihr habt mir den Weg gezeigt durch einen dichten Wald aus Selbstzweifeln, durch den ich mich im ersten Jahr meiner Vaterschaft kämpfen musste – mein Sohn Daniel ist das größte Geschenk von allen.

Schließlich einen Dank an meinen Vater, der immer glaubte, ich könnte ein Schriftsteller werden. Vielleicht hast du ja recht. X

Darren McGarvey, im Juli 2017

Liaison Co-ordinator

efturryd geenuz iz speel
iboot whut wuz right
nwhut wuz rang
boot this ntaht
nthi nix thing

a sayzti thi bloke
nwhut izzit yi caw
yir joab jimmy

am a liason co-ordinator
hi sayz oh good a sayz
a liason co-ordinator

jist whut this erria needs
whut way aw thi unimploymint
inaw thi bevvyin
nthi boayz runnin amock
nthi hoossyz fawnty bits
nthi wummin n tranquilisers
it last thiv sent uz
a liason co-ordinator

sumdy wia digree
in fuck knows whut
getn peyd fur no known
whut thi fuck ti day way it

Tom Leonard

Inhalt

Die Originalausgabe erschien 2017 unter dem Titel »Poverty Safari. Understanding the Anger of Britain's Underclass« zunächst bei Luath Press Limited, Edinburgh, und 2018 bei Picador, London.

Dieses Buch ist auch als E-Book erhältlich.

Verlagsgruppe Random House FSC® N001967

1. Auflage

First published 2017 Luath Press Limited, Edinburgh.
First published 2018, in association with Luath Press Limited,
by Picador, an imprint of Pan Macmillan,
a division of Macmillan Publishers International Limited.
Satz: Uhl + Massopust, Aalen
Druck und Einband: CPI books GmbH, Leck
Covergestaltung: Buxdesign, München
Covermotiv: © Mauritius Images/Martina Bocchio/ Awakening/Alamy
Printed in the Czech Republic
ISBN 978-3-630-87612-2

www.luchterhand-literaturverlag.de
www.facebook.com/luchterhandverlag